Bibliografische Information der Deutschen Nationalbibliothek
Die Deutsche Nationalbibliothek verzeichnet diese Publikation in der Deutschen Nationalbibliografie; detaillierte bibliografische Daten sind im Internet über http://dnb.ddb.de abrufbar.

Axel Melzener
Genre
Ein Leitfaden für Autoren
Praxis Film, 98
Köln: Herbert von Halem Verlag 2022

Aus Gründen der besseren Lesbarkeit wird in dem Buch auf die gleichzeitige Verwendung weiblicher und männlicher Sprachformen verzichtet. Mit den Personenbezeichnungen sind stets beide Geschlechter gemeint.

ISSN 1617-951X

ISBN (Print) 978-3-7445-2037-9
ISBN (PDF) 978-3-7445-2030-0

Den Herbert von Halem Verlag erreichen Sie auch im Internet unter http://www.halem-verlag.de
E-Mail: info@halem-verlag.de

Lektorat: Imke Hirschmann
Druck: docupoint GmbH, Magdeburg
Satz: Herbert von Halem Verlag
Gestaltung: Claudia Ott Grafischer Entwurf, Düsseldorf

Axel Melzener

Genre

Ein Leitfaden für Autoren

HERBERT VON HALEM VERLAG

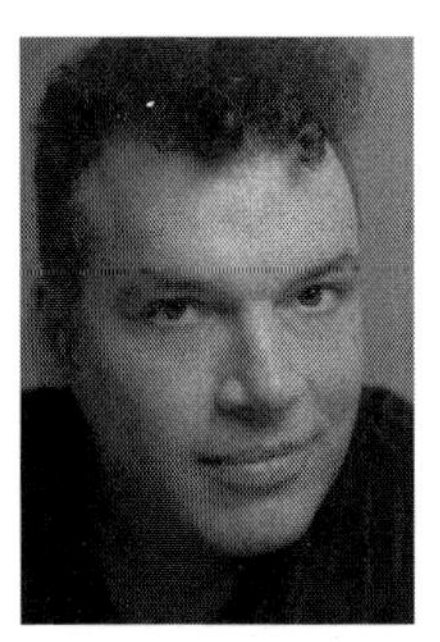

Axel Melzener (geb. 7.11.1975) stieg mit 16 Jahren als Komponist und Game Designer für Computerspiele in die Medien ein. Von 1996 bis 2001 studierte er Drehbuchschreiben an der Filmakademie Baden-Württemberg. Seitdem ist er freiberuflicher Autor und verfasste Drehbücher für Filme und Serien aller möglichen Genres wie *Abgefahren* (2003), einer Romantic Comedy im Milieu illegaler Straßenrennen, den mit dem bayrischen Fernsehpreis ausgezeichneten für Pro7 gedrehten Horrorfilm *Schreie der Vergessenen* (2011), den Kriegsfilm *Höre die Stille* (2016), der zahlreiche Preise auf internationalen Festivals gewann, sowie den Familien-Animationsfilm *Manou der Mauersegler* (2019), dem Kate Winslet und Willem Dafoe im englischen Original ihre Stimmen liehen. Zusammen mit seiner Co-Autorin Julia Nika Neviandt hat er Episoden für *Alarm für Cobra 11 – Die Autobahnpolizei* (2017-2018) und das ZDF-Herzkinomelodram *Ein Sommer an der Moldau* (2020) geschrieben sowie die von ZDFneo produzierte und auch auf Netflix veröffentlichte Noir-Detektivserie *Dunkelstadt* (2020) konzipiert und verfasst.

Als Dozent war er von 2001 bis 2010 an der Drehbuchschule Stuttgart und von 2005 bis 2015 an der München Film Akademie tätig. Auch im Ausland gab er zahlreiche Seminare, etwa an der Universität Zürich (2006) und der englischsprachigen International School of Film & Television auf den Philippinen (2008), wo er das Screenwriting Department leitete. Als Sachbuchautor hat er den Ratgeber *Mit jeder Seite besser* (2010), das Standardwerk *Kurzfilm-Drehbücher schreiben* (2011) sowie *Weltenbauer* (2011), eine transmediale Betrachtung des Fantasygenres, veröffentlicht. Er lebt und arbeitet in Köln.

Inhaltsverzeichnis

Vorwort

Ein Kellner wird mit einem berühmten Schauspieler verwechselt. Zuerst streitet er die Ähnlichkeit ab, wird es dann aber leid, die Leute um sich dauernd zu enttäuschen und beginnt, Autogramme zu schreiben, einfach um in Ruhe gelassen zu werden. Als er versehentlich in trunkenem Zustand eine Straftat begeht, verwechselt ihn die Presse mit dem Star, der im Gegenzug den Kellner verklagt, und das Leben beider gerät aus den Fugen.

Was für eine Art von Film ist das? Man könnte die Geschichte humorvoll erzählen. Davon abhängend, wie man die Handlung ausgestaltet, würde sie aber auch einen beängstigenden Thriller über Identitätsdiebstahl abgeben. Vielleicht wird es sogar ein Melodram mit Herzschmerzgarantie – was, wenn sich die beiden verlieben?

Der verwechselte Kellner erwies sich nach langen Jahren stillen Grübelns über das Thema ›Genre‹ als Initialzündung für mich, endlich dieses Buch in Angriff zu nehmen. Ich hatte obige Idee einmal einer Freundin erzählt und sie sagte: »Klingt nach Hitchcock.« Ich war verwirrt, hatte ich mir den Stoff doch als Komödie vorgestellt (und eher so französisch). Offensichtlich hatte meine Beschreibung der Konstellation in der Zuhörerin nicht die Wahrnehmung ausgelöst, dass diese Story lustig werden sollte. Vielleicht hätte ich deutlicher sagen sollen, dass die Straftat, die der Kellner begeht und die seinen Doppelgänger in Schwierigkeiten bringt, nie als Mord gedacht war, sondern als schrulliges Bagatelldelikt. Eine einzelne Information, die aber einen großen Unterschied macht. Als Storyteller muss man wissen, was man will, und wenn man es weiß, muss man es auch richtig erklären können.

Gewissheit darüber zu erlangen, welche Art von Geschichte aus einem drängt und was sie sagen, wen sie ansprechen soll, ist eine beträchtliche Herausforderung. Storytelling heißt nicht nur, viele Ideen haben zu müssen, sondern auch, viele Ideen wieder zu verwerfen. Da wird sortiert, gesiebt und gejätet. Was soll Teil der Geschichte bleiben, was wird weggemeißelt? Jede Erzählung ist nur eine mögliche unter Tausenden, eine Hand voll herausgepickter Rosinen aus einem riesigen Pool von Einfällen. Storykonzeption ist ein Reduktionsprozess, der andauernd nach Entscheidungen verlangt. Klarheit in Bezug auf eine Erzählgattung, die man bedienen möchte, gewinnt man eben auch und gerade durch Festlegung des Abwesenden: Ein Horrorfilm ist selten lustig und eine Romantic Comedy meist nicht gruselig (es sei denn, man mischt die Genres absichtlich). Weniger ist mehr, auch wenn es manchmal schwerfällt, sich einzuschränken.

Das Verständnis dafür, was kinematisches Storytelling sein kann und was es zu bewegen im Stande ist, lässt sich nur wecken, wenn Film und Serie in ihrer ganzen narrativen und ästhetischen Vielfalt zugelassen und geschätzt werden. Dazu gehört, sich mit dem in Deutschland bisher eher stiefmütterlich behandelten Thema ›Genre‹ auseinanderzusetzen. Das hiesige Desinteresse bezüglich des Sujets mag darin begründet liegen, dass Film in unseren Breitengraden in erster Linie als Kulturgut betrachtet wird, nicht als Produkt, das Käufer benötigt, um seine Existenz zu rechtfertigen, und ›Genrefilme‹ gehören dem allgemeinen Konsens folgend in letztere Kategorie. Kunst und Kommerz haben sich auszuschließen – eine Betrachtungsweise, die den kreativen Umgang, aber auch das ökonomische Potenzial des Mediums unnötig begrenzt. Können wir dieses über Jahrzehnte eingeschliffene Dogma der Spaltung überwinden? Es würde uns sicher helfen, im globalen Storytellingwettbewerb, den die Streamingdienste weiter befeuern werden, nicht unterzugehen.

Diese Tür zukünftig weiter zu öffnen, läge auch in der Verantwortung der Filmhochschulen, die sich bezüglich dieses Themas immer eher bedeckt gehalten haben. Bis heute stark beeinflusst vom Autorenfilm der Nachkriegszeit, haben sie sich lange darauf fokussiert, Studenten zu Künstlern statt Entertainern zu erziehen. Im Unterricht lag der Schwerpunkt bisher verstärkt auf dem Arthausfilm; was an der Spitze der aktuellen Streaming- oder Kinocharts rund um den Globus geschieht, die den Publikumsgeschmack in messbaren Zahlen wiedergeben, fand hingegen kaum Beachtung. Werden wir an einen Punkt gelangen, an dem man spürt, dass Stoffe wieder eher für ein Publikum als für Fördergremien entwickelt werden?

Die Weigerung, ein breiteres Spektrum an Erzählformen zuzulassen, hat vor allem jüngere Konsumenten seit den 1980er-Jahren verstärkt in die Arme Hollywoods getrieben. Sie haben das Gefühl, dass die Sorten von Filmen, die sie interessieren, ihnen von ihrer eigenen Kultur nicht angeboten werden. Ein Blick auf die leicht zu ergooglende Liste der weltweit erfolgreichsten Filme aller Zeiten kann schnell manche Frage zum Publikumsgeschmack beantworten. Keine Überraschung: Die darauf am häufigsten vertretenen Genres sind die, die von der deutschen Filmindustrie geflissentlich ignoriert werden.

Laut einer Umfrage des britischen Medienanalyseunternehmens Ampere Analysis von 2019 unter deutschen Fernseh- und Streamingzuschauern sind die vier beliebtesten Genres hierzulande Krimi, Horror, Science Fiction und Comedy (in dieser Reihenfolge) – aber nur die Hälfte davon, nämlich Krimi und Comedy, wird auch regelmäßig im eigenen Land produziert. Wo haben sie sich versteckt, die fiktiven Magier und Vampire, Geister und Raumpiloten, Geheimagenten und sprechenden Tiere aus unseren Breitengraden? Und wer hat eigentlich festgelegt, dass sich diese farbenfrohen Symbole für alle möglichen Facetten des Menschseins nicht mehr zeigen dürfen?

Dabei ist die deutsche Filmindustrie in der Kunst der Verzauberung einmal richtungsweisend gewesen. Das ist allerdings schon hundert Jahre her. Sie entwickelte eine große stilistische Bandbreite und war damit maßgeblich an der Definierung von Genreerzählweisen beteiligt, die weltweit Nachhall fanden. Der Stempel, den Fritz Lang der Science-Fiction mit *Metropolis* aufdrückte, die Einflüsse von F.W. Murnau auf den Horrorfilm mit *Nosferatu*, die von Robert Wiene auf den Thriller mit *Das Kabinett des Dr. Caligari* und die von Luis Trenker mit seinem Bergfilm auf das Abenteuerkino – sie wirken bis heute nach. Es ist auffällig, dass die internationale Strahlkraft des deutschen Films immer mehr nachließ, je weiter er sich von diesen Wurzeln entfernte.

Lediglich im Bereich des Kinder- und Jugendfilms wurde dem Genrekino in den letzten Jahrzehnten eine kommerziell überraschend erfolgreiche Nische zugestanden. Das präsexuelle Wesen wird vom Markt gut bedient: Kleine Hexen, zeitreisende Mönche und Lokomotivführer auf großer Reise ins Drachenland sind hier gang und gäbe, und um sie herum gibt es sogar Fandom, Merchandising und Community Building. Aber was ist mit den Erwachsenen? Sie bekommen für ihre Rundfunkgebühren vor allem (Unmengen von) Krimis, volkstümliche Schwänke und Vergangenheitsbewältigungsdramen, die die Sehnsucht nach Entführung, Verführung und ungläubigem Staunen in dem Sinne, dass ihre Figuren und Narrative größer als das eigene Leben, größer als die vertraute Realität wären, nicht wirklich befriedigen. Es sei dem Zuschauer ja gegönnt, mit dem *Traumschiff* über die Weltmeere zu tuckern, aber wo ist das Lagerfeuer, um das sich diejenigen versammeln können, die diese Vorliebe nicht teilen? Auch der Teil des Publikums, der nicht betreut und belehrt, sondern erschreckt und verwirrt werden will und das System ebenso mitfinanzieren muss, sollte sich auf etwas freuen dürfen. Gibt es nicht noch andere Storywelten als Krankenhaus, ›Drittes Reich‹ und DDR? Wo bleibt der Mut der Verantwortlichen zu kinematisch zugespitzteren Formen?

Es gibt einige, die ihn haben, und ihre Zahl wächst. Das macht Hoffnung. Eine neue Generation erhält Einzug an der Tastatur und am Set, in Produktionshäuser und Fernsehredaktionen. Sie ist im Begriff, deutsches Genre in Film und Serie wieder salonfähig, ja massentauglich zu machen. Ich begegne täglich mehr Kreativen und Produzenten, die Berührungsängste diesbezüglich über Bord werfen. Dementsprechend erweitert sich das Spektrum akzeptierter narrativer Formen langsam wieder. International erfolgreichster deutschsprachiger Film 2019 war *Heilstätten* – ein Horrorfilm. Und die ARD bedient im Rahmen ihrer Mediathekoffensive seit 2020 ein größeres Erzählspektrum, das sich bereits in mehreren spannenden Science-Fiction-Fernsehspielen bemerkbar gemacht hat. Noch vor fünf Jahren wäre beides wohl undenkbar gewesen. Und die weggelaufenen Zuschauer wenden sich diesen Produktionen neugierig und verwundert zu, ein neuer Pakt zwischen Machern und Publikum nimmt Gestalt an. Es geht bergauf.

Maßgeblichen Anteil am erhöhten Ausstoß von genreorientierten Produktionen aus Deutschland hat zweifellos die explosive Verbreitung von Streamingdiensten. Serie als Erzähl- und Konsummodell hat im Zuge ihres Erfolges den Film als künstlerisches Leitmedium im Bewegtbildbereich in den westlichen Industrienationen abgelöst. Waren die Inhalte der US-Riesen dabei anfangs logischerweise von amerikanischen Produktionen geprägt, so mischen nun auch andere Länder auf Augenhöhe mit, und so bekommen wir plötzlich Politthriller aus Indien und Vampirgeschichten aus der Türkei zu sehen. Wer hätte gedacht, dass eine deutsche Gangster-Teeniekomödie wie *How to Sell Drugs Online (Fast)* einmal Fans auf der ganzen Welt gewinnen würde? Goldene Zeiten für neugierige Zuseher, die den bunten Reigen an Geschichten goutieren, der aus aller Welt zu ihnen fließt, und Goldgräberstimmung bei den Kreativen, denn endlich ist für solche Geschichten das Geld da, das vorher angeblich immer fehlte – wo es in Wirklichkeit vor allem der Wille war.

Dass die deutsche Medienlandschaft diesen dringend nötigen Wandel nicht selbst gewollt und aus eigener Kraft geschafft hat, sondern wie so oft von risikofreudigeren Machern von jenseits des Atlantiks zur Evolution genötigt werden musste, ist zwar etwas beschämend, doch immerhin: Die Blockaden lösen sich, die Freude am Grellen und Schrecklichen, am Lauten und Bizarren, am Verworrenen und Verwunschenen, am Psychedelischen und Ab- und Jenseitigen, am Mindfuck, an der Enthemmung und Erregung, sie lebt endlich wieder. Wir bekommen nach Jahrzehnten in der Wüste eine Ahnung, was für Storys wir schreiben können, wenn man uns nur lässt: ein Erlebnis, ein Ereignis, anregend, aufregend, anders.

Das vorliegende Buch soll dabei helfen, die wachsende Lust am Fabulieren weiter zu beflügeln. Es gliedert sich in vier Teile: Das erste Viertel ist als Einleitung zu verstehen und verknüpft filmhistorische Betrachtungen mit kulturphilosopischer Analyse. Es hilft, den zweiten Part besser zu verstehen, der eher die Form eines Lexikons hat und alle Genres in übersichtlicher Form erklärt. Der dritte Teil beschäftigt sich mit Genremischungen und setzt dabei zur Veranschaulichung auf Diagramme. Das letzte Viertel geht gesondert auf Genretheorie in Bezug auf die Serienlandschaft ein.

Axel Melzener, September 2021

1. Begrifflichkeiten

›Genre‹ ist Französisch und bedeutet Art, Sorte, auch Geschlecht. Nachfolgend wird es hier also um Film- und Seriensorten oder, weiter gefasst, Gattungen von Geschichten gehen, denn die dargelegten Prinzipien sind universell und somit auch durchaus auf andere Formen des Storytellings wie Theater, Literatur und Games anwendbar. In diesem Buch wird Genre als mehrdimensionales Phänomen behandelt, das Systeme der Gruppierung, Bezeichnung und Erwartung beinhaltet, die von ästhetischen und thematischen Konventionen zusammengehalten werden, aber der Schwerpunkt wird immer auf dem narrativen Aspekt liegen, da es sich primär um ein Buch für Autoren handelt.

Gehen wir also davon aus, dass verschiedene ›Storygeschlechter‹ existieren – ein Spektrum an erzählerischen Strategien, die sich über die Verwendung bestimmter Elemente, vor allem das Hervorrufen verschiedener Wirkungen definieren. Woher stammen sie?

In den Jahrtausenden, in denen Menschen Geschichten überlieferten, bildeten sich bestimmte Erzählmuster heraus, die von den Rezipienten als besonders befriedigend empfunden wurden. Dazu gehörten nicht nur strukturelle Kriterien wie der Zusammenhang von Ursache und Wirkung samt der Erzeugung der dazwischen liegenden Erwartungshaltung, sondern vor allem die Identifikation mit bestimmten Figuren, die bestimmte Dinge taten. Geschichtenerzähler lernten, diese populären Charaktere und die mit ihnen verknüpften Konfliktfelder gezielt einzusetzen. Und so bildeten sich durch langes *trial and error, retelling and rewriting* Kategorien heraus.

Sie waren vor allem darauf ausgerichtet, den Hörern (und später den Lesern und Zuschauern) emotionale Erlebnisse zu garantieren, sollten jedoch auch Lehren zur Alltagsbewältigung vermitteln. Die Vorzeitmenschen, die sich ums Feuer versammelten, wollten je nach Stimmung eine lustige Geschichte hören. Oder eine unheimliche. Oder eine traurige. Oder eine von Jagd oder Krieg, in der es um Sieg oder Niederlage ging. Sie wollten ihr eigenes Leben wiedererkennen, sich von Worten auf fast magische Weise in Situationen zurückversetzen lassen, die sie selbst erlebt hatten, oder in etwas hineinträumen, das sie gerne noch erleben würden.

Natürlich wurden auch Geschichten erzählt, die zugleich lustig und unheimlich und traurig sein sollten und auch noch Jagden oder Kriege beinhalteten, aber sie kamen oft gar nicht so gut an wie die, die ihre gesamte Energie auf die Betonung einer prägnanten Emotion aufwandten oder nur eine einzelne Lektion ans Ende stellten. Als besonders populär entpuppten sich somit die Storys, die spezifisch waren, dabei unkompliziert und verschlankt, mit klarer Richtung, klarem Stempel und einer gewissen Rhythmik. Sie ließen sich leichter merken und damit besser weiterzählen. Das war das Erfolgsgeheimnis dieser ersten ›Bestseller‹: ihre Überlieferbarkeit. Aus ihnen wurden die großen Mythen der Menschheit.

Unser Geist ist darauf trainiert, Muster zu erkennen. Der gesamte Prozess des Lernens basiert auf der Wahrnehmung von Ähnlichkeiten, denn sie erlauben es dem Gehirn, Informationen leichter abzuspeichern. Nur dadurch, dass wir begriffen haben, wie man Dinge miteinander vergleicht, können wir Farben, Gerüche, Sternbilder oder Elemente im Periodensystem als verschieden registrieren, Widersprüche erkennen und auflösen, Fakten definieren und in Systeme integrieren, die uns wiederum helfen, neues Wissen zu erlangen. Es war eine wesentliche Zielsetzung des frühen Menschen: Ordnung ins Chaos zu bringen, eine feindliche Welt zu durchschauen, über die man immer zu wenig wusste, damit man ihre Herausforderungen so gut es ging meistern und die eigene Existenz sichern konnte. Dazu wurde es irgendwann notwendig, Informationen nach bestimmten Kriterien zu ordnen. Die Erfindung der Schrift vor etwa 5000 Jahren stellte den entscheidenden Schritt schlechthin in dieser Richtung dar. Ab sofort konnten wir uns Wissen nicht nur aneignen, sondern auch festhalten und teilen – wir konnten ›katalogisch‹ denken. Zu den frühesten schriftlichen Aufzeichnungen der Menschheit zählen dann auch, wenig überraschend, Listen. Etwa die im 2. Jahrtausend vor Christus entstandene sumerische Königsliste, die brav chronologisch die Herrscherfolge des antiken Reiches zwischen Euphrat und Tigris festhielt. Wissen war, und ist, Macht. In der klassischen Epoche waren die erfolgreichsten, sprich meist duplizierten Schriftstücke Traktate über Heilkunde, die einem modernen Lexikon glichen – etwa die ›Epidemien‹ des Griechen Hippokrates. Und der römische

Grammatiker Flaccus ordnete zu Beginn unserer Zeitrechnung schließlich das erste Wörterbuch alphabetisch.

Wer sich mit Storytelling im Allgemeinen und Genreerzählungen im Besonderen auseinandersetzt, kommt kaum umhin, das Streben unseres Verstandes nach Strukturisierung und damit auch den Sinn von Kategorien zu akzeptieren. Man könnte es auch Schubladendenken nennen, ein Terminus, dem eine negative Konnotation anhaftet. Umso wichtiger ist es, zu begreifen, dass diese Schubladen, diese Formeln, die von vielen Künstlern als billig, flach und unkreativ gebrandmarkt werden, nicht nur vollkommen natürlich, sondern nützlich und vielleicht sogar essenziell sind, wenn es darum geht, sich eine Geschichte auszudenken, die tatsächlich jemand sehen, hören oder lesen will.

Dabei ist ein Genre viel mehr als nur eine Kategorie. Es ist die geheime aber doch deutlich herauszuschmeckende Zutat im Film- oder Serienrezept. Es ist der stille Vertrag, den der Macher mit dem Zuschauer abschließt und jenem zugesteht, dass er bekommt, wofür er bezahlt. Es ist ein System, das dem Autor erlaubt, seine Geschichte zu formen, so wie ein Schauspieler ein System hat, Texte zu lernen oder ein Herstellungsleiter, einen Drehplan zu erstellen. Es ist ein fixes Modell, das zugleich zu Abweichungen ermuntert. Es ist eine Heimat, in die man zurückkehrt und eine Familie, zu der man gehört. Der Kitt, der in einem Film oder einer Serie alles zusammenhält, von der ersten Idee bis zur Marketingkampagne. Der rote Faden, dem alles folgt und der unter Umständen auch den verlorenen Autor wieder aus dem Labyrinth seiner eigenen Gedanken herausführen kann.

Kurzum, das Genre ist nicht der Gegner des Geschichtenerzählers, sondern sein wichtigster Verbündeter.

2. Zeremonien des Geläufigen

Moderne Filme und Serien haben ihren Vorläufern, der Literatur und dem Theater, viel zu verdanken. Diese waren über Jahrhunderte hinweg das Testgelände für verschiedenste Erzählmuster, die die narrativen Grammatiken hervorgebracht haben, mit denen wir heute wie selbstverständlich hantieren. Die von Aristoteles in Bezug auf das Drama vorgenommene Trennung von Komödie und Tragödie war vermutlich die erste Genredefinition überhaupt. Ohne Jules Verne hätten wir keine Science-Fiction-Filme, ohne J.R.R. Tolkien wären alte Sagen nicht als moderne Literaturform wiederauferstanden, und hätte sich Edgar Allen Poe nicht so sehr für Polizeiarbeit interessiert und darüber geschrieben, gäbe es auch keine Krimiserien. Ohne die starke Segmentierung des Unterhaltungsangebotes seit dem 19. Jahrhundert, zu der die Ausprägung von Genres besonders beigetragen hat, hätten Kino und Fernsehen den Stand, auf dem sie jetzt sind, nie erreichen können.

Die Storyteller von heute stehen, oft ohne sich dessen bewusst zu sein, in einer langen Tradition, die sie sich nun aneignen und weiter entwickeln müssen. Wer eine Geschichte erzählt, steht nicht allein im luftleeren Raum, sondern vor einem bewährten Netz, in das man sich fallen lassen kann.

Homo sapiens ist ein Gewohnheitstier. Feste Abläufe schaffen Verlässlichkeit bei der Alltagsbewältigung. Man hat sein Lieblingsessen, seine Lieblingshose und eben auch den Lieblingsfilm mit der Lieblingsschauspielerin. Präferenzen schaffen Identität: Wenn man weiß, was man mag, weiß man auch, wer man ist, und das ist ein beruhigendes Gefühl.

Nicht umsonst wollen Kinder, dass man ihnen immer wieder dasselbe Märchen vorliest. Die Kleinen finden es toll, die Dialoge mitzusprechen, die sie schon hundert Mal gehört haben. Sie können es nicht erwarten, die nächste Wendung in der Geschichte herauszuposaunen. Zu wissen, was kommt, langweilt sie keineswegs, sondern versetzt sie in eine entzückte Erwartungshaltung. Sie fiebern hin ›auf diese eine Stelle‹ in der Story, an der etwas geschieht, das sie ganz besonders lustig oder unheimlich finden. Sie würden auch sagen, dass ›die Geschichte falsch‹ ist, wenn der erwartete Moment fehlt. Die Freude auf etwas, das man kennt und liebt, ist eben mindestens so groß wie die Sehnsucht nach Neuem, wenn nicht größer. Das Primat der Erwartung hat enorme Macht. Es scheint so, als ob das Wiedererkennen, die bloße Bestätigung dessen, was wir ohnehin schon wissen, ein Weg ist, uns im Sein zu verankern. Und das gilt nicht nur für Kinder: Freuen wir Erwachsenen uns nicht jedes Jahr zu Silvester wieder auf das Tigerfell, über das Butler James im Kurzfilmklassiker *Dinner for One* stolpern wird?

Storys haben eben nicht nur emotionalen und inhaltlichen Wert, sondern auch rituellen. Sie führen Menschen aller Schichten im Kino oder vor dem Bildschirm zusammen wie Liturgien in Gotteshäusern, schaffen Gemeinschaft selbst für den, der allein schaut, weil er damit doch nie ganz allein ist, und erzeugen dadurch Kontinuität und Stabilität. Um diese zeremonielle Funktion zu erfüllen, die das Publikum unbewusst erwartet, müssen die Geschichten aber von möglichst vielen verstanden werden. Das erfordert eine gemeinsame Sprache, derer sowohl der Filmemacher als auch der Zuschauer mächtig ist.

Hier kommt den Genres eine Schlüsselrolle zu, da ihre repetitive Natur, also die Betonung immer wiederkehrender Mechanismen, diese soziologisch vereinenden Aspekte verfestigt. Romantic-Comedy-Fans (oder die Anhänger jeder anderen Erzählform) wissen durch den Konsum und die daraus folgende Verinnerlichung der zugrunde liegenden Formeln recht genau, wie ihr Lieblingsgenre funktioniert, und sie erwarten, dass es Autor und Regisseur auch tun. Filmemacher, die das etablierte Vokabular der Erzählgattung, die sie bedienen wollen, nicht beherrschen und dem vereinbarten Kanon den Rücken zudrehen, entlarven sich hingegen vor dem Publikum – und das reagiert im Internetzeitalter schnell und hart. Gegen die Sehgewohnheiten des Zuschauers zu kämpfen, heißt, gegen den Zuschauer zu kämpfen, und dieser Kampf ist aussichtslos. Warum sollte man es überhaupt wollen? Das bedeutet nicht, dass man Gewohnheiten nicht herausfordern kann, aber man sollte ihnen Respekt zollen. Wie soll man mit einer Erwartungshaltung spielen, wenn man nicht weiß, dass sie existiert?

Einer der größten Schreckbegriffe in deutschen Redaktionsstuben ist der des Klischees. Nahezu panisch wird nach ihm in jeder eingereichten Geschichte gefahndet, um es auszumerzen. Indem Schablonen als schäbig stigmatisiert werden, riskiert man aber auch, Vertrautes, Funktionierendes zu verlieren. Wer das Klischee streicht, streicht mit ihm auch dessen sprichwörtlichen wahren Kern. Das Resultat ist dann häufig ein langweiliger Filmbrei, der sich vom Zuschauer nicht richtig greifen und schon gar nicht lieben lässt. Es ist ein Irrtum, dass Stereotype schädlich wären; sie sind nützlich und die erfolgreichsten Filme aller Zeiten sind genau genommen sogar pure Anhäufungen davon. Diese Feststellung soll nun keine Aufforderung an Autoren sein, den einfachsten Weg zu wählen und jeglichen Innovationswillen über Bord zu werfen. Sie ist vielmehr als Erinnerung daran zu verstehen, dass beim Storytelling konstant ein schmaler Grat zwischen der Sehnsucht des Publikums nach Berechenbarkeit einerseits und Überraschung andererseits beschritten wird.

Die Anzahl von Geschichten, die man erzählen kann, ist ohnehin begrenzt. Würde man nur ›neue‹ Geschichten im Kino zulassen, hätte man das Medium schon einstampfen können, bevor der Tonfilm erfunden war. Nicht von ungefähr identifiziert Ronald B. Tobias in seinem Buch *20 Master Plots* weniger als zwei Dutzend grobe Handlungsverläufe die sich in Variation immer wieder manifestieren. Wir haben es im Grunde stets mit den gleichen Figuren, den gleichen Abläufen, Verknotungen und Auflösungen zu tun. Es haben sich diejenigen durchgesetzt, die das Denken und Fühlen unserer Spezies am besten spiegeln, beglaubigen, aber auch hinterfragen. Thematische Polaritäten wie Vertrauen und Verrat, Gefangenschaft und Flucht, Zärtlichkeit und Gewalt haben uns schon immer fasziniert und werden es weiter tun. Gegen die Urkräfte, die diese Spannungsfelder programmieren, sind wir wehrlos, und wir liefern uns ihnen gerne aus. Sie in uns zum Schwingen zu bringen, ist die Aufgabe des Geschichtenerzählers, nicht das Abfilmen steifer Versuchsanordnungen mit erhobenem Zeigefinger. Und das heißt eben: mit Formeln arbeiten, statt sie zu ignorieren, und das Ritualhafte, das ihnen innewohnt, gezielt für sich nutzbar machen. Beweisen, dass man sein Handwerk beherrscht, im richtigen Medium arbeitet und den Endverbraucher schätzt. Dieser hat sehr spezifische Erwartungen, wenn er sich einen Film oder eine Serie anschaut, und Originalität wird nur soweit dabei willkommen geheißen, als sie die antizipierte Erfahrung intensiviert, ohne sie grundlegend zu verändern.

Letztlich sind Genres über Jahrtausende durchgeführte empirische Studien darüber, wie Menschen denken und fühlen; darüber, was ihnen wirklich wichtig ist. Dieses kulturelle Recycling sagt viel über uns aus. Die Kraft des Genres zu negieren, heißt, das Menschsein zu negieren.

3. Narrative als Industrieprodukt

Wenn man sich mit Filmgenres auseinandersetzt, erkennt man schnell, dass das Thema nicht ohne eine Reflexion der Produktionsmethoden und -umstände zu betrachten ist, da der moderne Genrefilm ästhetisch und inhaltlich maßgeblich von ökonomischen Prozessen geformt worden ist. Die Filmindustrie stellt künstlerische Erzeugnisse her, diese Erzeugnisse sind aber, anders als Autos oder Tische, Unikate. Der Filmkritiker Lewis Jacobs formulierte in seinem Buch *The Rise of the American Film: A Critical History* bereits 1939 treffend: »Henry Ford konnte tausende von Autos herstellen, die exakt gleich waren; ihre Ähnlichkeit war hier eine Tugend. Aber jeder Film musste anders sein, sonst würden die Zuschauer nicht immer und immer wieder ins Kino gehen.«

In der Filmindustrie werden also, wie in anderen Industrien, Kopien von jedem Artikel hergestellt, aber die kopierten Artikel sind alle Einzelposten und müssen sich daher in vielen Belangen unterscheiden. Die Autoindustrie sorgt mit Produktlinien, Modellen und Moden dafür, dass neue Märkte erschlossen werden können und eine konstante Nachfrage aufrechterhalten bleibt. Aber die einzelnen Artikel innerhalb des jeweiligen Sortiments sind so identisch, wie es eben möglich ist. Für die Filmindustrie sind die Genres das Äquivalent zu Sortimenten, sie erzeugen eine Nachfrage nach Ähnlichem innerhalb des Vielfältigen. Die Abwechslung und ›das Neue‹ werden zwar bei jedem Film oder jeder Serie immer wieder betont, doch zugleich gibt es starke Verwandtschaften der Artikel innerhalb derselben Produktlinie, also der Filme oder Serien desselben Genres. Im schlechtesten Fall ändert sich nur die Verpackung, während der Inhalt identisch bleibt (ein Rip-off, das im Käufer das Gefühl wecken kann, betrogen worden zu sein); im besten Fall entsteht aber ein herausragendes Produkt, das durch besondere Eigenschaften die Konkurrenz auf seinem spezifischen Feld hinter sich lässt.

Hier befindet sich die produzierende Seite immer auf einer Gratwanderung: Einerseits schafft ein Imitat zwar mehr Vertrauen beim Käufer, doch dieser will keinesfalls dasselbe Produkt zweimal erwerben. Diese Betrachtungsweise der Filmherstellung, die in Hollywood geboren und auf die Spitze getrieben wurde, hat zwei Ziele: einerseits die Steuerung von Angebot und Nachfrage und andererseits die Risikominimierung, die in Anbetracht steigender Budgets (die meisten *tentpole pictures* der Studios kosten mittlerweile über 200 Millionen Dollar) in den letzten Jahren noch enorm an Gewicht gewonnen hat.

Die Beziehung von Angebot und Nachfrage ist bei Filmen und Serien besonders fragil, weil sie wie wenige andere Produkte Trends und zeitgeistigen Strömungen ausgesetzt sind. Während manche Genres in der über hundert Jahre langen Film- und Fernsehgeschichte stabile Umsätze einfuhren – wobei vor allem die Komödie zu nennen ist –, kommen und gehen andere, meist in mehr oder minder langen Zyklen. So führte eine Überproduktion an Horrorfilmen, gepaart mit schlechten Kritiken und politischer Empörung über exzessive Gewaltdarstellungen Anfang der 1980er-Jahre dazu, dass Hollywood seinen Output diesbezüglich stark drosselte; ab den 2010er-Jahren kam das Genre dafür mit ungeheurer kreativer Wucht und kommerziellem Erfolg zurück. Der Italowestern war ein reines Produkt der 1960er-Jahre, das sich auch relativ schnell verflüchtigte, als diese Zeit vorüber war, während der traditionelle amerikanische Western im Abstand von etwa zehn Jahren immer wieder aufflammt, aber nie wieder die Besucherzahlen und gesellschaftliche Bedeutung wie in den 1950er-Jahren erreicht hat. Genres sind somit ziemlich unberechenbare Systeme, fast wie Wesen mit Eigenleben, die kommen, gehen und wiederkehren.

Dafür haben Filme und Serien als immaterielle, heute ausschließlich in digitaler Form vertriebene Produkte einen unbestreitbaren Vorteil gegenüber materiellen: Sie sind nicht nur vor Verschleiß und Defekten gefeit, die sie auf dem Schrottplatz landen lassen würden, sondern haben eine lange grundsätzliche Lebensdauer (im Englischen gibt es dafür das schöne Wort *shelf life*). Kein Mensch fährt heute mehr ein Auto aus den dreißiger Jahren, Charlie Chaplins Komödien aus dieser Zeit sind allerdings immer noch lustig. Ist ein Film einmal hergestellt, kann man ihn immer wieder zeigen und verkaufen, wobei sich nur die Darreichungsform ändert, das eigentliche Produkt jedoch unverändert bleibt.

In den Anfangszeiten des Kinos wird man dieses kommerzielle Potenzial nur in Ansätzen erkannt haben; wirklich offen trat es erst zutage, als durch massenhafte Produktion ein Katalog aufgebaut werden konnte, der immer weiter an Wert gewann, je mehr erfolgreiche Beiträge ihn vergrößerten. Viele Studios und Sender verdienen heute mit der Auswertung ihres Gesamtportfolios wesentlich mehr Geld als mit neuen Produktionen. Früher geschah das vor allem durch Lizenzierungen, heute geht der Trend wieder zum direkten Verkauf an den Endverbraucher. Dies zeigt sich besonders deutlich bei Streamingdiensten wie Disney+, die sich bisher sehr auf ihre Klassiker verlassen haben, auch wenn die Zahl von Neuproduktionen zukünftig rasant steigen wird. Aber die ›ollen Kamellen‹ geben es her; im Fall von Mickey, Donald & Co. kann man von enormer Popularität, sogar kultureller Prägungshoheit sprechen, und die Zuschauer geben gern Geld für diese Lieblingsprodukte aus.

Ein weiterer Aspekt, der die Entstehung und Weiterentwicklung von Genres besonders in den USA begünstigt hat, sind Produktionsmethoden, die sehr spezifisch für das Hollywood-Studiosystem waren. MGM, Paramount und Konsorten drehten auf denselben Geländen Tausende von Filmen und perfektionierten dabei industrielle Abläufe. Das hat ihnen im Rest der Welt den (sicher nicht ohne gewissen Neid geäußerten, aber keineswegs unbegründeten) Vorwurf eingebracht, ›am Fließband‹ zu produzieren. Anders als in Deutschland war von staatlicher Alimentierung für Entertainmentprodukte in der neuen Welt eben nie eine Spur, und die Produzenten, die in einem freien marktwirtschaftlichen System überleben mussten, wurden von einem enormen Erfolgsdruck gezwickt. Dieser führte aber dazu, dass sie ihr Publikum gut kennenlernten und zu bedienen verstanden.

Im Hollywood des goldenen Zeitalters wurde rund um die Uhr gedreht. Kulissen kamen und gingen, aber die Hallen, in denen sie standen, blieben, und auch die anderen Departments, die an der Filmherstellung beteiligt waren wie Haar, Make-up und Kostüm bildeten eine Konstante. Während die ersten beiden auf zeitlich nur begrenzt nutzbaren Dienstleistungen fußen, stellte die Kostümabteilung allerdings Produkte her, die von Dauer sind – und das führte dazu, dass sie fortan immer wieder verwendet wurden. Wozu tausend neue Togas nähen, wenn doch nach der letzten Kleopatra-Verfilmung noch genug im Fundus lagen?

Als die Studios anfingen, dann auch noch Fernsehserien zu produzieren, konnten sie den Kleiderschrank dafür freudig wieder aufreißen. Je mehr Gelegenheit für Recycling eine Folge bot, umso lieber wurde sie realisiert, besonders in späteren Staffeln, wenn die Geschichten im etablierten Setting ausgingen. Das erklärt, warum Captain Kirk in *Raumschiff Enterprise* (1966-69) auf seinen (Zeit)reisen auch gern mal Cowboys, Ritter oder Wehrmachtssoldaten traf oder gar selbst in entsprechende Uniformen schlüpfte: Die Kostüme waren schon da und dazu wurden erzählerische Variationen durch Genremischungen möglich.

Die Idee, Kosten zu sparen, indem man Objekte einfach wiederverwendete, war so naheliegend wie genial. Im Umkehrschluss bedeutete das aber auch: Die Studios mussten viele ähnliche Filme produzieren, um tatsächlich spürbaren Nutzen aus der Strategie ziehen zu können. Das erklärt die Vorliebe von Warner Bros. für Piratenfilme und von Universal für Monster-Movies in gewissen Perioden.

Die Nutzung der permanenten Verfügbarkeit bestimmter Requisiten setzte aber voraus, dass auch Bücher entwickelt wurden, die dem Vorschub leisteten, und so färbten die drehbedingten Parameter auch auf die (damals noch von fest angestellten *screenwriters* ebenfalls auf dem Studiogelände durchgeführte) Storyentwicklung ab - und die typischen Figurenkonstellationen und Themen, die wir heute von Genrefilmen erwarten, kristallisierten sich heraus. Die Folge war, dass sich die Profile der verschiedenen filmischen Gattungen immer weiter schärften, was bei der Vermarktung half, weil das Publikum besser verstand, was es bekam, was aber auch die Gefahr barg, Alleinstellungsmerkmale zu verlieren, da die Wiederholungen einen Abnutzungseffekt zur Folge hatten.

Das bis heute andauernde Ringen um Innovation und Fortentwicklung und das gleichzeitige Festhalten an traditionellen Fabrikationsmustern hatte seinen Lauf genommen. Aber einer blieb immer das Zünglein an der Waage: König Kunde.

4. Fankultur und soziale Komponenten

In einem Buch über Genres ist es sinnvoll, auch einmal den Zuschauer in den Mittelpunkt der Betrachtung zu rücken. Vor allem Science-Fiction, Fantasy und Horror haben - sei es in Bewegtbild, Literatur oder Games - starke globale Fanbases, die entsprechende Beiträge begierig aufsaugen und damit das Überleben einzelner Marken im Besonderen und den Fortbestand und die Weiterentwicklung der damit verbundenen Erzählgattungen im Allgemeinen gewährleisten.

Das Fandom und sein Wille, mitzudenken und mitzugestalten, haben in den letzten Jahrzehnten enormen Einfluss auf die Filmindustrie und das Geschehen an deren Rändern genommen. Ergebene Anhänger sind heute mehr als bloße Konsumenten, und sie sind vor allem nicht allein. Es gilt, den Zuschauer als dynamisches Konglomerat aus Vorlieben zu betrachten, das, wenn sich genug Deckungsgleichheit für eine Sache findet, genug kritische Masse erlangen kann, um wahrgenommen und sogar gefürchtet zu werden.

Das Internet hat die Kommunikation und damit die Transparenz von (und den Austausch über) Film- und Serienproduktionen beschleunigt und verstärkt. Auch das Wissen über filmemacherische Prozesse per se ist heute durch Youtube-Tutorials oder die Möglichkeit, Drehbücher von vorhandenen oder noch nicht gedrehten Filmen oder Serienfolgen herunterzuladen und zu lesen, viel leichter zugänglich als noch vor zwanzig Jahren. Manche schneiden sogar einfach Filme um, wenn sie ihnen nicht gefallen haben, und stellen das Resultat online. Jeder trägt heute in Form eines Smartphones ein eigenes kleines Fernsehstudio in der Tasche. Der Zuschauer kann besser mitreden als früher und von dieser Möglichkeit macht er Gebrauch.

Die Rolle der Fankultur bei der Herstellung, Vermittlung und Rezeption von Genres ist bisher relativ unerforscht, ihr Einfluss allerdings fraglos.

Fans können die Produktion von Projekten schon vor Beginn beeinflussen, wie 2015, als die Ankündigung der Paramount Studios, dass das Reboot der Horrorserie *Freitag der 13.* im Found-Footage-Stil gedreht werden würde, soviel Gegenwind erzeugte, dass der Ansatz verworfen wurde, und das ist bei Weitem nicht das einzige Beispiel.

Der Konsument mag erkannt haben, dass er eine Stimme hat, aber wie bei allem in der virtuellen Welt hat das nicht nur Vorteile. Die Möglichkeit, dass jeder seine Meinung über jeden Castingvorschlag in die Welt posaunen kann, gepaart mit der Heckenschützenmentalität die von der Anonymität sozialer Netzwerke beflügelt wird, hat im letzten Jahrzehnt spürbar toxische Züge in die Fankultur einfließen lassen und sie damit auch für viele potenzielle Teilnehmer uninteressant gemacht. So schön es für Studios und Produzenten sein mag, in direkten Kontakt mit dem Publikum treten zu können, umso böser kann dies bei falscher Handhabung auch nach hinten losgehen. Schließlich steht ›Fan‹ für Fanatiker, ein Terminus mit Beigeschmack.

Andererseits können diese Zeloten auch als Retter auftreten, etwa indem sie bereits tot gewähnte Projekte wiederbeleben. Die vielen erfolgreichen Fanpetitionen vor allem in den USA zeigen, dass man einem Sender mit genug Hartnäckigkeit weitere Staffeln aus dem Kreuz leiern kann. Besonders beliebt sind dabei Aktionen, bei denen den Verantwortlichen per Post massenhaft ikonische Ausstattungsgegenstände aus der von Absetzung bedrohten Serie zugesandt werden; so landeten im Rahmen einer Petition für *Jericho* 20.000 Kilo Nüsse bei CBS, für *Arrested Development* hagelte es Plastikbananen bei den Produzenten und bei *Roswell* Tabasco-Fläschchen. *Family Guy* wurde nach drei Staffeln eingestellt, aber die Fans kauften so massiv DVDs, dass der Sender aufmerksam wurde und die Serie dann doch 13 Staffeln lang fortführte. *The Expanse* wäre nicht mehr auf Sendung, wenn Fans nicht mit absurdesten Aktionen Amazon Studios überzeugt hätten, die strauchelnde Serie von SyFy zu übernehmen. Die Stammseher von *Veronica Mars* griffen sogar tief in die eigene Tasche und sammelten Spenden, damit die Serie durch einen Film abgeschlossen werden konnte. Und Fans von Regisseur Zack Snyder haben durchgesetzt, dass seine bevorzugte Schnittfassung seines Films *Justice League*, der sogenannte ›Snyder-Cut‹, auf dem Streamingdienst HBO Max veröffentlicht wird. Von soviel Anerkennung und Liebe für ihre Produkte können deutsche Filmschaffende nur träumen – vermutlich, weil auch nur die wenigsten von ihnen sie anstreben.

Nicht eine demokratische Mehrheit bestimmt also, was produziert und gesendet wird, sondern es sind kleine, dafür aber umso lautere Nischen, die maßgeblichen Einfluss ausüben. Der Grad an Mobilisierung, der dabei an den Tag gelegt wird, ist enorm. Denn Geschichten und die darin agierenden Figuren können geliebt werden. Und diese Liebe verbindet. Fankultur ist ein sicherer Hafen, ein vertrauter Ort mit vertrauten Gesichtern und Verhaltensweisen, oft sogar einer eigenen Art von Humor. Macht es nicht am meisten Spaß, über Witze zu lachen, die nur Eingeweihte verstehen? *Easter eggs*, kleine Querverweise, in Filmen und Serien zu finden, von kundigen Machern dort versteckt und nur von wahren Fans verstanden? Diese Hingabe kann fast spirituelle Züge tragen; sie ist vielleicht für viele postmoderne Menschen tatsächlich so etwas wie eine Ersatzreligion geworden, mit den Charakteren aus der Lieblingsserie als Götzen und der Story des Lieblingsfilms als heilige Schrift. Nicht umsonst tragen viele Protagonisten in Superheldengeschichten, den großen Mythologien unserer Zeit, göttliche oder halbgöttliche Züge.

Der bereits erwähnte ritualhafte Aspekt des Storykonsums kommt hier besonders deutlich zum Tragen. Er ist jedoch kein Selbstzweck, sondern stillt neben der Sehnsucht nach Zugehörigkeit auch die nach Werten, Strategien zur Alltagsbewältigung oder einfach zuverlässigen Konstanten. Es ist berührend, wenn Menschen in *Star Trek*-Fanforen sehr persönliche Geschichten darüber teilen, wie ihnen die Identifikation mit Serienhelden wie Mr. Spock und Seven of Nine geholfen hat, in der Schule mit einer Außenseiterrolle umzugehen oder sich mit der eigenen Geschlechtsidentität zu arrangieren. Geschichten können helfen und heilen.

Allerdings wirkt nicht jede Medizin bei jedem gleich gut. Die Spezifik, die Genres innewohnt, kann Separatismus hervorrufen. Es ist manchen Genres anzumerken, dass ihnen der Dünkel einer gewissen Exklusivität anhaftet. Ähnlich wie bei musikalischen Genres ist es bei manchen Filmgenres so, als seien sie scheinbar eher darauf angelegt, bestimmte Konsumentenschichten von sich fernzuhalten, als sie zum Kaufen zu überreden. Gabber-Musik will nur von denen gehört werden, die sie verstehen, und ebenso will der Splatterfilm nur von denen konsumiert werden, die ihn für das verehren, was er ist. Das Lieblingsgenre des einen ist nach dieser Betrachtungsweise dann oft ein Buch mit sieben Siegeln, oder sogar ein rotes Tuch, für manch anderen. Denn Konsumgewohnheiten unterscheiden sich je nach Kultur, Geschlecht, Alter und individueller charakterlicher Disposition teilweise beträchtlich.

Trotzdem sind gewisse universelle Muster erkennbar. T.J. Roberts nimmt in seinem Buch *An Aesthetics of Junk Fiction* (1990) eine flapsige, aber schlüssige Kategorisierung von Lesern von Groschenheften vor (ein Medium, in dem der Genrebegriff ebenfalls eine wichtige Rolle spielt), die sich durchaus auf Film- und Serienkonsumenten ummünzen lässt. Ihm zufolge gibt es fünf Typen:

- *Der Exklusivist* sieht sich als Hüter der wahren Lehre und konsumiert ausschließlich Unterhaltungsprodukte, die einem einzelnen Genre entspringen. Dabei wird mit fast neurotischer Penibilität auf die Einhaltung der Konventionen geachtet, ›Reinheit‹ ist wichtig, Vermischungen sind unerwünscht.
- *Der Süchtige* zeichnet sich durch heftigen Medienkonsum aus, wobei seine Leidenschaft mehr als einem Genre gelten kann und er sich auch freut, wenn diese miteinander vermengt werden. Er verfügt oft über enzyklopädisches Wissen über seine Lieblingsgenres und deren Produzenten. Kauft Merchandisingprodukte. Der typische Filmnerd.
- *Der Fan* zeichnet sich nicht nur durch die unverbrüchliche Treue zu einem oder mehreren Genres aus, sondern besonders dadurch, dass er aktiv den Austausch mit Gleichgesinnten sucht. Ihm geht es weniger um quantitativen Konsum oder Besitz, als um den Gemeinschaftsgedanken und das Gefühl des Aufgehobenseins. Geht daher sehr gern auf Messen oder Fantreffen (Cons).
- *Der Gelegenheitsleser* betrachtet ein Genre als das, was es ist: eine Gattung unter vielen. Sein Interessenspektrum ist breit gestreut und er entscheidet eher aus einer Laune heraus, was er gerade lesen (oder sehen) möchte. Er hat von konkreten Funktionsweisen der Genres keine Vorstellung und sie interessieren ihn auch nicht, er möchte nur die Wirkung spüren. Dieser Typ dürfte unter Film- und Serienkonsumenten die Norm bilden.
- *Der Allergiker* weigert sich beständig, Produkte aus einem Genre oder mehreren zu konsumieren. Das von ihm gehasste oder gefürchtete Genre wird von ihm verbal herabgewürdigt, oft aus einer reinen Vorurteilshaltung. Andere Genres werden akzeptiert, vielleicht sogar geliebt, aber die Abstinenz von ›dem einen‹ wird militant gepredigt. Bestes Beispiel dafür ist die starke Abneigung der meisten männlichen Zuschau-

er gegen Liebesfilme. Wie der Fan lässt sich der Allergiker mit anderen Typen mischen: Jemand kann ein Science-Fiction- und Horrorsüchtiger und -fan sein und zugleich allergisch gegen andere Gattungen.

Es ist festzustellen, dass Geschichten über den Moment des unmittelbaren Konsums hinaus einen Mehrwert für den Rezipienten zu bieten scheinen, eine gewisse Nachhaltigkeit entwickeln, und zwar offenbar ganz besonders dann, wenn sie innerhalb von erfolgreichen Genresystemen erzählt werden (es ist mir zumindest nicht bekannt, dass ein deutsches Sozialdrama jemals T-Shirts verkauft hätte). Ihnen scheint ein besonderer Magnetismus innezuwohnen. Vielleicht, weil diese Erzählungen die Welt besonders komprimiert und vereinfacht abbilden und dem Leben dadurch den Anschein von mehr Übersichtlichkeit und Kontrollierbarkeit verleihen. Eine faszinierende, wenngleich sehr politisch gefärbte Erklärung in dieser Richtung liefert der erstmals 1974 im Filmmagazin *Jump Cut* veröffentlichte Artikel *Genre Films and the Status Quo* von Judith Hess Wright (Übersetzung A.M.):

> »Genrefilme entstanden und erreichten finanziellen Erfolg, weil sie vorübergehend Ängste linderten, die durch die Bewusstwerdung sozialer und politischer Konflikte entstanden sind. Ihre Aufgabe war zugleich, Gegenwehr zu unterbinden, die durch den Druck, mit solchen Problemen leben zu müssen, hätte aufflammen können. Genrefilme produzieren Zufriedenheit, nicht Aktivismus; sie bewirken Mitleid, nicht Revolution. Sie dienen den Interessen der herrschenden Klasse, indem sie bei der Aufrechterhaltung des Status Quo assistieren, und sie werfen unterdrückten Gruppen ein paar Krümel hin, die, weil sie unorganisiert sind und sich daher vor Widerstand scheuen, begierig die absurden Scheinlösungen aufsaugen, die der Genrefilm präsentiert. Wenn wir uns wieder den realen Problemen stellen müssen, stellen wir ernüchtert fest, dass sich nichts geändert hat, und suchen erneut Trost in den Genrefilmen – daher ihre Beliebtheit.«

Viele Filmemacher sind selbst Fans und beteiligen sich aktiv an Fankultur. Schließlich ist man als Kreativer auch Rezipient. Für die erfolgreichsten unter ihnen kann sich der Traum erfüllen, Beiträge zu einer Marke zu leisten, die sie bereits als Kind verehrten. Ein kleiner *Star Wars*-Kinogänger von 1976 ist heute Showrunner von *The Mandalorian*. In Los Angeles sind jetzt die Nerds am Ruder und sie fahren einen Erfolg nach dem anderen ein, während wahre Leidenschaft für das, was man tut, in Deutschland eher als Charakterschwäche interpretiert wird: Wer 10.000 DVDs besitzt, kann nur wahnsinnig sein, dem darfst du kein Geld für einen Film anvertrauen.

Diese Künstler streben an, mit ihren eigenen Produktionen Teil dieser Kultur zu werden und Respekt von ihr zu erfahren. Damit beweisen sie, dass sie wissen, was sie tun, und positionieren sich geschickt in einem etablierten und mächtigen Koordinatensystem. Aber wer auf Teufel komm raus liebgehabt werden will, gerät in Versuchung, sich dem *fandom* mit aller Macht anzubiedern. Es ist wenig sinnstiftend, eine Karriere darauf aufzubauen, dass man dauernd nur zu erahnen versucht, was die Fans denn gern sehen würden, und dabei zu vergessen, dass man voll und ganz hinter dem eigenen Produkt stehen muss. Wer das tut, läuft Gefahr, zur Epigone zu werden – einem bloßen Abglanz derjenigen Künstler, die man bewundert und vielleicht selbst gern wäre. Hier birgt das Terrain des Genrefilms eine nicht zu unterschätzende Problemstellung.

5. Die Epigonenfalle

Der voyeuristische Abgleich des eigenen Lebens mit dem anderer (eine wesentliche unbewusste Motivation für den Konsum von Storys) wird umso interessanter, je größer die Diskrepanz zwischen beiden ist. Eine Serie wie *The Crown*, die den Aufstieg von Königin Elizabeth II. und ihrer Familie nacherzählt, zieht deswegen Millionen Zuschauer in ihren Bann, weil hier das glamouröse, wenngleich keineswegs einfache, Leben einer winzigen radikal privilegierten Minderheit erzählt wird. Keiner von uns lebt wie sie und genau das steigert unsere Neugier. Die Realität haben wir immer vor der Haustür, wir müssen kein Kino besuchen, um sie zu sehen. Massenwirksames Geschichtenerzählen muss Erlebniswelten jenseits des Alltäglichen schaffen, und die fantastischen und utopischen Genres sind dafür besonders gut geeignet.

Ein Grund, warum sich Kreative, die vor allem im Westen Nachkriegsdeutschlands solche Geschichten erzählen wollten, stets schwergetan haben, ist der Mangel an Vorbildern aus der eigenen Kultur, der aber viel weiter zurückreicht als in die Ära des Fernsehens oder Kinos. In der Tat ist diesbezüglich die Vormachtstellung der angelsächsischen Welt unübersehbar: Fast alle langlebigen ikonischen Figuren und Geschichten, die beständig ein breites Publikum über die eigenen Landesgrenzen hinaus ansprechen, stammen aus Großbritannien oder den USA. Ein Charles Dickens oder eine Agatha Christie haben dem deutschen Literaturbetrieb immer schmerzlich gefehlt. Sicher, wir haben oder vielmehr hatten unseren Fontane, Böll und ein paar Manns, Kunst eben, mit der es sich trefflich Preise gewinnen ließ, aber für die sich kein Käufer schon um Mitternacht in die Schlange vor dem Buchladen gestellt hätte wie für Harry Potter. Einen deutschen Edgar Rice Burroughs oder Douglas Adams hat es nie gegeben; kein deutscher Schriftsteller hat jemals einen so bildhaften Charakter wie Tarzan, Sherlock Holmes oder Viktor Frankenstein erfunden – allesamt Figuren, die auf der ganzen Welt geliebt werden. Und diese Liebe geht, wie im letzten Kapitel dargestellt, über den reinen Wunsch nach Entertainment hinaus, sie hat eine sinnstiftende Kraft, verbindet Menschen. Fandom ist mehr als Merchandise, es bedeutet Kommunikation, Verständnis, Identität.

Als Konsequenz stehen wir in Deutschland seit sehr langer Zeit vor einem ›Popvakuum‹: Kultur gilt uns nur als Kultur, wenn sie nicht pop(ulär) ist, also der breiten Masse verborgen bleibt und somit auch keine monetären Ziele verfolgt. Internetmemes über deutsche Fiction-Inhalte werden, außer von den Herstellern selbst zu Werbezwecken, nur überaus selten angefertigt, da sie nicht cool genug sind und keine Sprüche hergeben, die man auf dem Schulhof klopfen könnte. Auf der German ComicCon, auf der sich regelmäßig Tausende Film- und Serienfans treffen, findet man so gut wie nie deutsche Schauspieler, die Autogramme geben, einfach weil die Produkte, die sie zu Stars machen könnten, gar nicht hergestellt werden – denn Nerds und Geeks werden von staatlich alimentierten Produzenten belächelt, statt als der wichtige Kundenstamm erkannt zu werden, der sie sind. Für etwas, das Fanartikel kaufende Man-Babies erreicht, ist man sich hier zu fein, stattdessen versucht man 60-jährige Akademiker zu erreichen, die sowieso nicht ins Kino gehen. Da es in Deutschland auch stets die einhellige Meinung des Bildungsbürgertums war, dass ›Fernsehen dumm macht‹ und exzessiver Medienkonsum etwas Krankhaftes ist, hat sich die hiesige Kultur einer besseren Ausgangsposition zur Herstellung weltmarktkompatibler Bewegtbildware bisher konsequent selbst beraubt.

Dass Phänomene wie Trend, Zyklus und Zeitgeist bei uns abschätzig betrachtet, wenn nicht gar völlig ignoriert werden, verwundert unter diesen Gesichtspunkten nicht. Vielleicht, weil in populären Formen Macht liegt und dieser Macht historisch bedingt starkes Misstrauen entgegengebracht wird. Vielleicht dürfen die Deutschen nicht träumen, weil ihre drei größten Träume, die demokratische Revolution von 1848, die nationalsozialistische Weltherrschaft und die sozialistische Utopie im 20. Jahrhundert, allesamt gescheitert sind, was jeweils lange nachwirkende Traumata zur Folge hatte.

Alles Ikonografische zu stigmatisieren und sich selbst alle Sehnsüchte zu verbieten, heißt aber auch, sich einer ganzen Dimension des Menschseins zu berauben. Und das bleibt auf Dauer nicht ohne Folgen. Wer den Wert des Fiktiven nicht anerkennt, negiert auch Fantasie, Erfindergeist und Innovationskraft. Eine Gesellschaft, deren größte Rohstoffe von jeher immaterieller Natur waren, die den Computer und das Auto erfunden hat (aber auffälligerweise in beiden Bereichen schon lange nicht mehr richtungsweisend ist), ist auf diese Faktoren angewiesen, wenn ihr Weiterbestehen gesichert sein soll. Fortschrittlichkeit und Entwicklungen beginnen im Denken und in der Erlaubnis, das Gedachte auch auszusprechen und umzusetzen. Vorstellungsvermögen ist Treibstoff für Wissenschaft und Kunst.

Und eben diesem Treibstoff steht die deutsche Film- und Fernsehindustrie immer noch größtenteils skeptisch gegenüber. Natürlich sind auch Rosamunde-Pilcher-Melodramen und Schweighöfer-Komödien ›erdichtet‹ und entspringen der Einbildungskraft ihrer Macher, aber sie wagen es nur in äußerst geringem Maße, den Erlebnishorizont des Zuschauers zu überschreiten. Entsprechend stark ist hierzulande auch die Fixierung auf wahre Begebenheiten: Deutsche Event-Zweiteiler erzählen mit auffälliger Häufigkeit nur Dinge nach, die vorher schon einmal wirklich stattgefunden haben. Dabei hat es so historisch korrekt wie möglich zuzugehen – erfolgreiche Alternativweltstorys wie *Bridgerton* oder *The Man in the High Castle*, die völlig frei mit Geschichte umspringen, wären nach diesen Maßstäben nicht nur unerwünscht, sondern regelrecht skandalös. Nein, das geschilderte Ereignis muss sich nachweislich genau so abgespielt und die meisten Akteure darin tatsächlich gelebt haben, denn nur dann – so redet man sich ein – bleibt der Inhalt kontrollierbar und das Publikum bleibt brav im Laufställchen der Realität.

Eine solche Denkweise blockiert natürlich Geschichten aus Genres wie Horror, Fantasy und Science-Fiction, die von Szenarien leben, welche der Spekulation entspringen.

Generell geht in Deutschland kaum etwas ohne Vorlage, es herrscht wenig Vertrauen in ›Originale‹. Dieses Zurückschrecken vor Erfundenem ist allerdings kontraproduktiv, weil es im Keim erstickt, was Geschichtenerzählen ausmacht. Für viele scheint das Wort ›erfunden‹ etwas Unehrliches zu haben, sie sehen in Schöpfung Lüge, nicht Magie. Ja, es stimmt, Filme machen heißt täuschen – aber Täuschung ist die Essenz des Kinos. Film lügt mit jedem einzelnen Bild, 24 Mal pro Sekunde. Nichts, was man dort sieht, ist echt. Und doch kann es wahr, im Sinne von wahrhaftig, sein. Jeder Film erfindet seine eigene Realität, seine eigene Wahrheit. Genau dafür schließt eine wachsende Zahl mündiger Zuschauer unter 70 heute lieber ein Netflix-Abo ab, als deutsches Free-TV einzuschalten: um Wunder zu erleben, geistig und emotional manipuliert und in die Irre geführt zu werden, um Wechselbäder der Gefühle zu durchleben, aber zugleich genau in dieser filmischen Fata Morgana tiefere Wahrheiten über die eigene Existenz entdecken zu können – und nicht, um ideologisch konstruierte, als Realität getarnte Scheinwelten ohne Doppelbödigkeit, aber voller offensiver Belehrungen auszusitzen. Dieses Publikum sucht das *visual storytelling*, das Metaphorische, das Erfühlen von Bedeutung im Abstrakten. Es will dabei auch nicht in Watte gepackt, sondern gefordert werden. Eine gute Geschichte erschafft keine Komfortzone, sondern sprengt sie. Eben dafür wurde das bewegte Bild doch erfunden.

Thema dieses Kapitels sind Vorbilder – aber um Vorbildern folgen zu können, muss man erst einmal welche haben. Und um welche zu haben, muss die Mentalität, die einen prägt, sie überhaupt zulassen. Ein Konsens der deutschen Gegenwartskultur scheint aber zu sein, dass in ihr keiner ›den Helden spielen‹ darf, weder in der Realität noch in der Fiktion. Für Autoren stellt das ein nicht zu unterschätzendes Problem dar, weil diese Haltung die Freiheit des Erzählens einschränkt. Viele beliebte Filmgenres sind ohne starke Heldenfiguren im Mittelpunkt ihrer Narrative nämlich gar nicht denkbar. Der politische Missbrauch des Heldenbegriffes im Zweiten Weltkrieg hat jedoch dafür gesorgt, dass die Deutschen heute unter kollektiver Herophobie leiden. Was nicht bedeutet, dass sie heldenhaftes Verhalten per se ablehnen; sie lehnen es nur als Möglichkeit eigenen Handelns ab. An anderen bewundern sie es durchaus, was den überwältigenden Erfolg von Marvel-Superheldenfilmen auch an der hiesigen Kinokasse erklärt. Aber Helden gibt es eben nur anderswo, nicht hier. Eine schizophrene Haltung, die als Kern des Problems gewertet werden kann, warum man sich in unseren Breitengraden mit dem Genrekino so schwertut.

Es gibt zwei populäre Heldentypen, die uns immer wieder in ausländischen Filmen und Serien begegnen, aber so gut wie nie in deutschen Produktionen in Erscheinung treten: den ›selbstlosen Helden‹, der moralisch handelt, sich für die Gemeinschaft einsetzt, für ein höheres Gut kämpft und sogar bereit ist, sich dafür zu opfern, und den ›selbstverwirklichenden Helden‹, der Grenzen überschreitet, sich unter schwierigen Bedingungen vervollkommnet und von dieser Leistung auch in erster Linie selbst profitiert.

Ein Film wie *Rocky* (1976), in dem ein Boxer sich durch hartes Training aus der Armut heraus und zu Ruhm und Reichtum emporkämpft, könnte in Deutschland auch heute noch nicht gemacht werden, da der Schilderung des Prozesses eines quasidarwinistischen Aufstiegs, die einen Menschen ja über andere stellt und dadurch vermeintliche Ungleichheit erzeugt, etwas Anrüchiges anhaftet (dass Balboas Körper, nicht Geist, in dem Fall Werkzeug der Wahl ist, erhöht das Strafmaß). Der Ausbruch aus einem System ist eines der erfolgreichsten narrativen Motive der Menschheitsgeschichte, der deutsche Burgeois hat jedoch im System zu bleiben und darin zu funktionieren. Er will sich auch gar nicht weiterentwickeln und selbst überwinden, sondern findet sich ganz okay so, wie er ist – ist ja auch einfacher.

Aber ein Held wie Tony Stark alias Iron Man aus *Avengers: Endgame* (2019), dem erfolgreichsten Film aller Zeiten, wäre bei uns genauso wenig denkbar. Als in ihm die Streiter für das Gute im finalen Kampf gegen einen übermächtigen Gegner zu unterliegen drohen, ist es Stark, der sein Leben gibt, um seine Freunde zu retten. Übertrieben große Geste, der glaubt wohl, er sei was Besseres? Aber gut, er ist Amerikaner, die dürfen das.

Beide Heldentypen repräsentieren ein Extrem und genau diese Extreme sind dem Deutschen zuwider: Karriere ist ihm zu primitiv, Opferbereitschaft zu kitschig. Er bevorzugt Protagonisten wie den braven Kommissar oder Arzt, die ihre Pflicht erfüllen und sich wie jeder andere im Hamsterrad für das Finanzamt abstrampeln, ohne dabei groß aufzufallen. Natürlich dürfen diese Protagonisten auch einmal Erfolge einfahren, diese entspringen jedoch stets einem Auftrag, der von außen diktiert wird, und nicht etwa einer selbst gewählten Zielsetzung oder gar einem lang gehegten Traum – denn ›Träume sind Schäume‹. Wenn er überhaupt gewinnt, gewinnt der teutonische Non-Heros nicht, um die Welt zu retten, und erst recht nicht, um sich selbst besser zu fühlen, sondern schlicht und ergreifend, weil es nunmal sein Job ist.

So bleibt er als Vertreter einer Diktatur des Mittelmaßes aber immer nur *life* und wird niemals *larger than life*, womit ihm genau die magnetische Aura verwehrt bleibt, die ikonische Filmfiguren ausmacht. Denn die Energie, die eine Geschichte größer als das Leben werden lässt, lauert in eben diesen verpönten Extremen an den Rändern der menschlichen Existenz, nicht in dessen Mitte, wo das Scheitern anstelle des Siegens kultiviert wird. Wer universelle Sehnsüchte aus bequemen Minderwertigkeitskomplexen heraus institutionell blockiert, kann niemals erfolgreich die ganz großen Geschichten erzählen.

Kabarettist Vince Ebert verfasste zu dem Thema, wenngleich in anderem Kontext, im April 2021 einen Facebook-Post, der die Sache gut auf den Punkt bringt:

> »In dem amerikanischen Blockbuster *Gladiator* befreit Russel Crowe Rom und stirbt. In der deutschen Arminius-Story stirbt Her-

> mann der Cherusker, nachdem er alles verloren hat und die Römer kommen ungestraft davon. Die englische Heldenfigur Robin Hood stürzt den Sheriff von Nottingham und gewinnt zum Schluss die Liebe von Lady Marian. Die deutsche Heldenfigur Klaus Störtebeker wird von ausbeuterischen Kaufleuten gefangen genommen und geköpft. Deutsche Helden mühen sich ab, erreichen nichts und verlieren zum Schluss alles. Das finden wir erstrebenswert und edel. Ein Happy End ist uns total suspekt. Wir Deutsche sind auf eine verstörende Art und Weise verliebt ins Scheitern. Erfolg ist uns viel zu oberflächlich. Weil wir von unseren Problemen so dermaßen fasziniert sind, dass wir es viel zu schade finden, sie zu lösen.«

Wer auf einer Popkulturbrache aufgewachsen ist und sich nach spannenden Geschichten über das Unheimliche oder Utopische sehnte, die Erfahrungen über den Horizont des eigenen Alltags hinaus versprechen, war früher förmlich gezwungen, auf kulturelle Importe auszuweichen. Die einzige nennenswerte Ausnahme in der Vergangenheit mögen die Werke von Karl May gewesen sein, die ikonische Charaktere inklusive siegreicher Helden, Unterhaltungswert und Genrevielfalt boten, doch diese sind nicht weltweit bekannt und der Internetgeneration zu verstaubt. Sie wurden nicht durch ständiges reflektierendes Zitieren oder Variation für die jeweils nächste Generation am Leben erhalten, gefeiert und weiterentwickelt, wie es Hollywood ebenso stolz wie schamlos mit seinen Topmarken macht. Der inhaltlich und stilistisch deutlich anspruchsvollere, aber noch vorsintflutlichere E.T.A. Hoffmann, Mitbegründer der deutschen Schauerromantik und damit Wegbereiter der modernen Fantastik, ist in Vergessenheit geraten. Die Erzählungen von Michael Ende waren in Deutschland einst sehr populär, doch ein internationaler Bestseller gelang ihm nur mit *Die unendliche Geschichte* und sein Erbe wird wenig gepflegt. Schriftsteller wie Wolfgang Hohlbein sind sehr erfolgreiche aber letztlich lokale Phänomene, denen der globale Appeal abzugehen scheint. So blieb dann lange Zeit vielleicht ausgerechnet Richard Wagner der einzige deutsche Fantasyautor mit globalem Nachhall. Erst in den letzten zwanzig Jahren hat sich hier etwas maßgeblich bewegt und eine neue Schriftstellergeneration mit Akteuren wie Cornelia Funke, Kai Meyer, Markus Heitz und Dietmar Dath bedient gleichermaßen anspruchsvoll wie erfolgreich den Genrebuchmarkt.

Und im bewegten Bild? Man kann von heutigen Teenagern nicht verlangen, dass sie schwarz-weiße Stummfilme oder alte, nicht auf den neuesten technischen Stand remasterte Serien vergötzen. Wo sollten sie sie auch sehen? Unsere Film- und Fernsehgeschichte ist nicht im Streaming vertreten. Selbst wenn man sich über sie informieren möchte – es gibt gar keinen Zugang zu ihr.

Dabei ist es paradox, dass ausgerechnet in Deutschland, dem Land der Märchen und Sagen, das Fremdartige und Unheimliche so lange von Leinwand und Fernsehschirm verbannt gewesen ist – ein paar preiswert hergestellte Brüder-Grimm-Verfilmungen im Öffentlich-Rechtlichen zu Weihnachten einmal ausgenommen. Heimische Alternativen zu Superhelden und Jedi-Rittern waren bisher jedenfalls nicht in Sicht. Dabei sind auch erwachsene deutsche Zuschauer bereit, sich in andere Welten entführen zu lassen; sie wollen gefesselt werden, sich als Teil von etwas Größerem fühlen und auch mal eine Kaffeetasse kaufen, mit der sie das beweisen können. Sie erwarten in diesem Zusammenhang allerdings gutes Storytelling und dabei geht Qualität immer vor Patriotismus. Der ist in diesem Fall äußerst gering ausgeprägt, was sich daran zeigt, dass hiesige Filmfans das Wort ›deutsch‹ eher als Schimpfwort benutzen. Ihr Vertrauen in Entertainmentprodukte aus den eigenen Gefilden zurückzugewinnen oder sich zumindest das der nachwachsenden Generation mühsam von Grund auf zu verdienen, ist eine schwierige, aber nicht völlig aussichtslose Aufgabe. Dazu braucht es aber Leuchtturmprojekte, die inspirieren.

Um deren Entstehen zu begünstigen, ist eines dringend notwendig: die Abnabelung von den vorwiegend angelsächsischen Vorlagen und der Mut und Wille, eigene Wege zu gehen; nicht, was die Technik betrifft – den dort gelegten Messlatten muss man sich stellen –, sondern bezüglich der soziokulturellen Koordinaten. Aufstrebende deutsche Genremacher müssen sich von dem Stigma befreien, dass sie nur Nerds sind, die ihre Lieblings-Hollywoodfilme nachdrehen, und sich inhaltliche und ästhetische Individualität erarbeiten.

Tatsächlich ist in Deutschland trotz aller überschäumender Motivation und stilistischer Versiertheit eine Weigerung zahlreicher im Genresektor beheimateter Autoren und Regisseure zu beobachten, die universellen Mechanismen, die ein Filmgenre konstituieren, mit der eigenen Lebenswelt zu verzahnen. Sie machen nicht Filme über Menschen, sondern Filme über Filme. Dadurch fehlt die individuelle Gestaltungshöhe. Hiesige Genregehversuche haben daher oft den Charme einer gefälschten Handtasche: Sie sehen toll und teuer aus, bleiben aber ein Imitat. Man sollte sie durchaus als Schritte in die richtige Richtung werten, aber zugleich auch als Verpflichtung sehen, weiter zu gehen.

Wo das nicht geschieht, tappen Kreative in die ›Epigonenfalle‹: Sie bleiben einzig ihren Vorbildern verhaftet. Sie möchten Filme machen wie in Amerika, sind aber nicht in Amerika. Hier tut es Not, anzuerkennen, dass längst nicht alle Merkmale, die einen spannenden Film ausmachen, eins zu eins von einem Herstellungsland ins andere übertragen werden können. Der Backwood-Slasher, der in Isolation lebende degenerierte Hillbillys als Bösewichte einsetzt, lässt sich schwerlich in eine Umgebung verfrachten, die keine Weite und Wildnis mehr kennt und in dem man alle fünf Kilometer über eine Stadt stolpert. In den USA mag es auch glaubhaft sein, dass jeder Protagonist eine Schusswaffe besitzt, bei uns keineswegs. Dort mag auch ein Chemielehrer Drogen herstellen und verkaufen müssen, um für die Behandlung seines kranken Sohnes zu bezahlen. In Deutschland mit seinem Krankensystem funktioniert diese Prämisse kaum. Wer sich diesen Realitäten verweigert und Settings einander überstülpt, die nicht zusammenpassen, erhält am Ende ein unauthentisches Resultat, das außer unter einer mageren Handvoll Gleichgesinnten keinen Anklang finden wird.

Was daran vor allem nachdenklich stimmt, ist, wie sehr sich hiesige Genrefilmer, meist in der Altersgruppe unter 40, gedanklich und emotional von der eigenen Kultur, von ihrer Heimat entfremdet haben. In ihren Köpfen dominieren die Paradigmen Hollywoods, mit denen sie aufgewachsen sind und die sie unbewusst geprägt haben. Oft ohne es überhaupt zu merken, emigrieren sie geistig, da sie die Umgebung, in der sie leben, in keinster Weise als fruchtbaren Boden für ihr Schaffen empfinden. Das ist nicht ihre Schuld, sondern Ausdruck eines gesellschaftlichen, auch politischen, Versagens. Der ewige Fluch des Deutschseins resultiert in der unbändigen Sehnsucht, nicht deutsch sein zu wollen.

Allerdings weichen die betreffenden Filmschaffenden, was ihre eigenen Konsumgewohnheiten angeht, da nicht von der breiten Masse ab: Deutsche Fiction-Produktionen sind im eigenen Land notorisch unbeliebt, weil sie sich eben Jahrzehnte lang zu wenig Mühe gegeben haben, ein Publikum zu finden. Laut einer Umfrage der englischen Medienforscher von Ampere Analysis von 2019 bevorzugen nur 35 Prozent der Deutschen Filme und Serien aus dem eigenen Land. In Frankreich und Italien ist die Zahl geringfügig, in Spanien deutlich höher (54%), in Großbritannien bevorzugen sogar 74 Prozent der Zuschauer Produktionen aus eigener Herstellung. Diese traurigen Verhältnisse kann man unmöglich beibehalten wollen.

Die Rückgewinnung des deutschen Publikums für deutsche Fiction, damit eben auch deutsche Genreerzählungen, und deren Beachtung jenseits der eigenen Grenzen kann nur gelingen, wenn sich vorher die Macher selbst zu ihrer Herkunft und Sozialisierung bekennen und sich für die gedankliche Transferleistung öffnen, dass das Ruhrgebiet nicht Texas ist und es niemals sein wird, egal wie sehr man es sich erträumt – und dass das auch okay so ist. Man muss ja seine Vorbilder nicht weniger lieben, nur weil man sich von ihnen emanzipiert. Das Ziel sollte sein, weniger zu kopieren und mehr zu variieren. Denn auch innerhalb von vermeintlich steifen Genreformeln ist erfrischendes Storytelling möglich. Aber wie?

6. Nichts ist in Stein gemeißelt

Nicht alle Filme begegnen dem Genrewissen des Zuschauers auf die gleiche Weise und mit der gleichen Intensität. Während sich manche Geschichten die Muster etablierter Genres nur ausleihen, schieben andere deren Charakteristiken so weit in den Vordergrund, dass die Konzepte selbst eine Rolle zu spielen beginnen und zu Metaerzählungen mutieren. Deshalb fühlt sich ein Western von Quentin Tarantino anders an als einer von John Ford, und ein Kriegsfilm von Stanley Kubrick anders als einer von Oliver Stone. Gib fünf Köchen die gleichen Zutaten und sie kochen fünf verschiedene Gerichte. Das Genre ist letztlich nur das Werkzeug; was zählt, ist der Mensch, der es einsetzt.

Ein Konsumartikel kann auch Kunstwerk sein. Wer hätte vor 50 Jahren geahnt, dass die Braun-Elektrorasierer mit dem schlichten Design von Dieter Rams, das später in Apple-Produkten Nachhall fand, heute im Museum bestaunt werden würden? Aber das Design war originell, es war gut, sogar zeitlos gut, weil es eigenständig und zugleich zweckmäßig war. Um diese Eigenständigkeit im Genrenarrativ zu stärken und auch seine sinnstiftenden Deutungsmöglichkeiten zu skalieren, gibt es verschiedene Methoden.

Das erste Augenmerk könnte dabei auf der Figurenzeichnung liegen. Charakteren in Genregeschichten wird oft vorgeworfen, eindimensional und in ihrem Handeln berechenbar zu sein. Abhilfe kann hier die Vitalisierung von Stereotypen schaffen, wie sie J. Cawelti in seinem 1976 erschienenen Buch *Adventure, Mystery and Romance: Formula Stories as Art and Popular Culture* empfiehlt. Diese Vitalisierung kann in zwei Formen auftreten: »Der erste ist der stereotype Charakter, der jedoch auch Qualitäten aufweist, die seinen stereotypen Zügen zuwiderlaufen.« Als Beispiele nennt er die Figur des Sherlock Holmes und die von Gary Cooper gespielten Westernhelden. Holmes kombiniert Züge des »kühl überlegenen Geistesmenschen« mit denen des »verträumten romantischen Poeten«, während Cooper »typischerweise einen Gewaltmenschen mimt, erfahren im Umgang mit Colt und Fäusten, aber zugleich schüchtern, fast zart wirkt«.

Die andere Form der Vitalisierung ist die »Beigabe spürbarer Prisen menschlicher Komplexität oder Zerbrechlichkeit zu einer stereotypen Figur«. Hierfür lassen sich schnell viele Beispiele spinnen: Im Krimi kann das der Täter sein, der zugleich Opfer ist. Der Kommissar, der das Gesetz bricht und selbst kriminell wird, um mehr Unrecht zu sühnen oder zu verhindern. Der Informant, der nicht brav aussagt, um Gerechtigkeit herzustellen, sondern um sich zu bereichern oder Rache zu nehmen. Je mehr Widersprüchlichkeiten auftauchen, umso interessanter wird die Figur, wobei aber ihre grundsätzliche Rolle im Geschehen unangetastet bleibt: Der Kommissar bleibt Kommissar, der Krimi bleibt Krimi.

Und wer sagt, dass es in Teenagerkomödien immer darum gehen muss, dass jemand seine Jungfräulichkeit verliert; wäre es nicht spannender, wenn er oder sie versucht, sie zu behalten? Und der beste Kumpel, der kein Mädchen abkriegt, ist vielleicht nicht, wie üblich, dick und hässlich, sondern gutaussehend, und die Gründe, aus denen er scheitert, sind ganz andere. Auch hier würde gelten: Das Genre bleibt trotz der Veränderungen dasselbe, die Geschichte fühlt sich nur anders an als das hinlänglich Bekannte und gewinnt dadurch an Reiz.

Erzählt man eine Genregeschichte, so geht es nicht darum, alle Regeln einzuhalten, die ein Genre ausmachen (damit wird das Produkt schnell zu eigenwahrnehmend und landet in der Parodie), sondern nur eine ausreichende Zahl davon, um grundsätzlichen Merkmalen der Gattung Rechnung zu tragen. Sobald der Zuschauer verstanden hat, was er hier sieht, und seine Erwartungen richtig justiert sind, indem er eine überschaubare Zahl von Kästchen angekreuzt vorfindet, sind Abweichungen möglich und sogar erwünscht. Dann beginnt das Spiel mit den Erwartungen, in dem formale Transparenz durch gezielte Störungen gelockert wird, was Spannung erzeugt.

Solche Mechanismen werden bei uns, sehr teutonisch, ›Brechung‹ genannt; vielleicht wäre der Terminus ›Spiel‹ in diesem Zusammenhang angebrachter, weil konstruktiver. Denn es geht nicht darum, Figuren zu verstümmeln, sondern ein Spektrum an Möglichkeiten aufzuzeigen, wie vielschichtig Charaktere sein können. Ein spielerischer Ansatz hilft am besten, dies zu erforschen, und der funktioniert über das Ausprobieren, nicht über bloße Invertierung ins Negativ.

Interessant wäre hier auch, kulturspezifische Betrachtungsweisen einfließen zu lassen. Stereotype sind nicht in jedem Land identisch, der Kontext für jedes Genre ist somit auch ein geringfügig anderer. Das lässt sich besonders gut am bereits erwähnten Krimiermittler festmachen: Ist er in England gern das ›schrullige Genie‹ (Holmes), präferieren die Amerikaner den vom Western inspirierten ›Aufräumer‹ (Dirty Harry) und die Deutschen den ›väterlichen Mahner‹ (Derrick). Eine kleine Vermischung kann hier schon Wunder wirken – Semir Gerkhan, seit 1996 als Held in *Alarm für Cobra 11 – Die Autobahnpolizei* unterwegs, stellt zum Beispiel eine erfolgreiche Übertragung des amerikanischen Modells in einen deutschen Kontext dar. Oft sind es nur kleine Stellschrauben, an denen man drehen muss, um Vertrautes in neuem Glanz erstrahlen zu lassen.

Das zweite Augenmerk ist das Plotting, das Festlegen der eigentlichen Handlung. Der Grad, bis zu dem Storymuster in Genres vorhersehbar sind, hängt teils davon ab, was mit Storymuster gemeint ist, und teils davon, was mit Vorhersehbarkeit gemeint ist. Wenn ›Storymuster‹ sich auf die Form eines Narrativs im weitesten Sinne bezieht, so wird deutlich, dass das letzte Gefecht des Kriegsfilms und die glückliche Auflösung in der Romantic Comedy konstituierende Merkmale und damit auch erwartbar sind. Die Pfade, die zu solchen Kulminationen führen, können jedoch variieren. Wie pedantisch auch immer eine etablierte Formel eingehalten werden mag, das narrative Sichentfalten jedes einzelnen Kriegsfilms oder jeder romantischen Komödie ist von Augenblick zu Augenblick dann doch wieder weit weniger berechenbar als gemeinhin gedacht, denn zwischen Anfang und Ende kann viel passieren. Die Vorhersehbarkeit ist so gut wie nie total, sondern eben nur partiell. Davon abgesehen lassen die Storymuster des Kriegsfilms oder Westerns Tod oder Niederlage genauso zu wie den Sieg, und nicht jede romantische Komödie endet zwangsläufig damit, dass sich die Protagonisten, die sich zuerst begegnen, auch zwangsläufig am Ende kriegen – denn unterwegs findet sich vielleicht noch ein passenderer Deckel zum Topf.

Es geht hier darum, Lösungen zu finden, die innerhalb der Spielregeln des jeweiligen Genres plausibel sind. Das Genre ist dabei nicht als Korsett zu verstehen, sondern als Limitation, die die Kreativität anspornt: Wie kann man etwas immer gleich und zugleich ganz anders machen? Man soll dem Zuschauer geben, was er will, aber eben auf eine Art und Weise, die er nicht erwartet. Hier die feine Grenze zu erspüren, wann die Variation zu weit geht und die dehnbare, aber dünne Haut des Genres zum Platzen gebracht wird, und ob dieser Moment vom Publikum als störend oder bereichernd empfunden wird, ist vor allem Übungssache.

Ebenso wie die erwähnten kulturspezifischen Belange spielt auch die Epoche, in der der Film oder die Serie entsteht, eine nicht zu unterschätzende Rolle. Hier kommt wieder der Begriff des Zeitgeistes ins Spiel, jenes schwer greifbaren Mechanismus, der Trends kommen und gehen lässt und sich auf viele Aspekte menschlicher Koexistenz von der Beziehung zu Politik oder Religion über den Kleidungsstil bis hin zum Medienkonsum auswirkt. Er erklärt, warum manche Geschichten mehr, manche weniger ›aus der Zeit gefallen‹ oder ›überholt‹ wirken, wenn wir sie nach langer Zeit wieder hören, lesen oder sehen; warum manche Genres sich in über hundert Jahren Filmgeschichte stärker verändert haben als andere und manche ganz verschwunden scheinen.

Alles ist ständigem Wandel unterworfen, und das bedeutet für Storyteller auch, dass sie den Rekurs ins Außerfilmische nicht scheuen dürfen, sondern aktiv suchen müssen, um Konventionen von Gattungen zu hinterfragen und anpassen zu können. Neue Ideen neigen dazu, sehr schnell kanonisiert zu werden, wodurch sie ihre Frische verlieren. Die Variation von heute ist das Klischee von morgen.

Der Grund, warum Hollywood alle zehn, zwanzig Jahre Remakes seiner erfolgreichsten Filme dreht, findet sich nicht nur in den höheren technischen Anforderungen der Konsumenten oder der Tatsache, dass Frisuren oder Klamotten aus Omas Zeiten auf eine junge Generation eher belustigend wirken. Nein, das Update ist meistens viel grundsätzlicherer Natur und betrifft inhaltliche Aspekte wie neue Moralvorstellungen, einen veränderten Umgang mit Sprache oder obsolete Geschlechterrollen. Mit der Zeit verändern sich die weltanschaulichen Majoritäten innerhalb einer Gesellschaft, gar das Menschenbild an sich. Diesen ständigen Kontextwandel müssen Autoren berücksichtigen.

Voraussetzung dafür ist, dass sie verstehen, in welcher Zeit sie leben und was diese Zeit ausmacht. Auch eine erfundene Geschichte kann niemals gänzlich ohne Bezug zur realen Welt existieren oder sich der Umstände ihrer Entstehung komplett entledigen. Es findet hier ein stetiger Austausch in beide Richtungen statt: *life imitates art* ebenso wie *art imitates life*. Die Fiktion muss mit der Realität Schritt halten, aber auch umgekehrt – eine Transferleistung, die, so sei am Rande beobachtet, in Deutschland in Bezug auf Filme oder Serien aus dem eigenen Land schon seit mindestens dreißig Jahren nicht mehr funktioniert. Umso stärker wird die Verankerung im

Jetzt oder die Freude auf das (oder Angst vor dem) Morgen amerikanischer Importware überlassen.

Es lässt sich also feststellen, dass ein inhaltliches und ästhetisches System wie ein Genre zwar jeweils einer internen Logik folgt, Geschichten, die darin erzählt werden, aber für den Zuschauer nur dann glaubhaft sind, wenn ein Restbezug zur externen, sprich allgemeingültigen Folgerichtigkeit erhalten bleibt. Eine Genregeschichte zu erzählen, ist somit keineswegs gleichzusetzen mit einem Freifahrtschein dafür, ›pure‹ Fiktion, also ein Szenario, in dem restlos alles frei erfunden ist, zu schaffen; dies wäre infantil. Nur weil eine Fantasystory Schwerter und Drachen enthält, heißt das nicht, dass die Protagonisten, die (letztlich selbst wenn sie keine Menschen sind) auf Basis menschlicher Psychologie agieren, sich unlogisch verhalten oder Zusammenhänge von Ursache und Wirkung im Plot ignoriert werden dürfen. Und man darf selbst aufgestellte Regeln für die Storywelt nicht willkürlich durchbrechen, nur weil es gerade bequem ist, sonst läuft man Gefahr, den Rezipienten zu verlieren.

Der größte Irrtum, mit dem vor allem in Deutschland Genreerzählungen immer wieder begegnet wird, besteht in der Annahme, dass solche keinen inhaltlichen Tiefgang aufweisen können. Einem Abenteuerfilm, Thriller oder einer romantischen Komödie wurde das Potenzial, gesellschaftliche Zustände spiegeln und profunde Aussagen tätigen zu können, in den letzten Jahrzehnten rundheraus abgesprochen. Beim Horrorfilm geht das sogar so weit, dass ihre Produktion von Filmförderungen selten bis nie unterstützt, ja sogar ausdrücklich von der Einreichung abgeraten wird, mit dem Argument, ›man wolle keine Gewaltdarstellungen finanzieren‹ – ungeachtet der Tatsache, dass viele Horrorfilme einfach unheimliche Geschichten erzählen, die ganz ohne Blutvergießen auskommen, wohingegen der *Tatort* am ARD-Sonntagabend oft brutaler ist (und realistischer, was die Wirkung noch erhöht). Es wird nicht der Stoff an sich bewertet, sondern lediglich die Schublade, in die er vermeintlich gehört. Hier zeigt sich bei den Entscheidern eine deprimierende Mischung aus Unwissenheit und Vorurteilen, die die narrative Vielfalt der hiesigen Film- und Fernsehlandschaft empfindlich limitiert.

Dabei wird uns als Konsumenten ausländischer Film- und Serienware tagtäglich das Gegenteil bewiesen, nämlich dass Genrestorys Stellung zu sozialen Problemen beziehen und zum Nachdenken anregen können, heute vielleicht sogar müssen, um Aufmerksamkeit zu generieren und gegen die erdrückende Konkurrenz zu bestehen. Das neue Zauberwort heißt hier *elevated genre*: Genreerzählungen, die sich erhöhten thematischen und psychologischen Anspruch auf die Fahnen geschrieben haben. Die genretypischen Aspekte treten dabei manchmal so stark in den Hintergrund, dass sie als Drama vermarktet werden können und damit auch neue Zielgruppen erschließen.

Ein gutes Beispiel für einen Filmemacher, der diesen Weg eingeschlagen hat, ist der Autor und Regisseur Jordan Peele, der seine afroamerikanische Herkunft und deren Reibung an der US-Gesellschaft primär im Horrorfilm verarbeitet, dabei aber weitestmöglich von sturer Gewaltverherrlichung abrückt – in dem Genre sind ohnehin schon längst alle Tabus gebrochen. Seine HBO Max-Serie *Lovecraft Country* (2020) konfrontiert eine Familie, die im Amerika der späten 1950er-Jahre einen Reiseführer für Schwarze herausgibt, nicht nur mit den diesseitigen Schrecken der Segregation, sondern auch mit blutrünstigen außerirdischen Kreaturen, die für ›das Fremde‹, die Angst vor dem Anderssein stehen, die eine damals wie heute tief gespaltene Nation beschäftigt. In seinem Film *Wir* (2019) werden in einem unterirdischen Labor Klone afroamerikanischer Bürger hergestellt, die, jeglicher Individualität beraubt, die ›Originale‹ an der Oberfläche ersetzen sollen – eine Analogie auf die Sehnsucht der herrschenden weißen Klasse, Minderheiten unter Kontrolle zu halten. Am bekanntesten und erfolgreichsten war jedoch *Get Out* (2017), in dem ein schwarzer junger Mann mit seiner weißen Freundin deren Familie in einem abgelegenen Landhaus besucht, in dem das Monster ›Rassimus‹ haust. Peeles Metaphern mögen einfach sein, aber sie wirken: Der Film gewann den Oscar für das beste Originaldrehbuch und war für beste Regie und besten Film nominiert.

Inhaltlichen Anspruch in Genreerzählungen zu vermitteln, hat wesentliche Vorteile: Zum einen wird der Inhalt durch die formelhafte Verpackung leichter konsumierbar; der gewillte Zuschauer geht lieber in einen guten Horrorfilm, der zufällig auch noch Tiefgang hat, als in ein dröges Drama, das sich einzig über besagten Tiefgang vermarktet und den Unterhaltungswert vernachlässigt. Gepflegter Grusel, aber dazu noch etwas zum Nachdenken: Das Publikum hat hier das Gefühl, mehr fürs Geld zu bekommen.

Zum anderen ist das Filmerlebnis für den Zuschauer reizvoller, wenn er beim Anschauen gedanklich und emotional zwei verschiedene Ebenen – die Genreebene mit ihren bekannten Tropen und die gesellschaftskritisch-politische Ebene – in Einklang bringen muss. Gelingt dem Filmemacher das Spiel auf der dramaturgischen Klaviatur, verschmelzen beide

Ebenen nicht nur zu einer Einheit, sondern sorgen dafür, dass sich beide gegenseitig verstärken: Die genretypische Wirkung wird stärker, intensiver, dadurch, dass sie mit Bedeutung aufgeladen ist. Und die Bedeutung wird größer, nachhaltiger, wenn diese genretypische Wirkung sie transportiert.

Der große Vorteil an vor allem im Bereich der Fantastik angesiedelten Genregeschichten ist, dass sie das Konstruieren besonders kühner Szenarien erlauben. Dadurch, dass sie den Alltag transzendieren, erschaffen sie eine Bühne, die wie ein Vergrößerungsglas für philosophische Fragen wirken kann. Ein gutes Beispiel dafür ist *Torchwood: Children of Earth* (2009), die dritte Staffel einer britischen Sci-Fi-Serie. In ihr besuchen Außerirdische unseren Planeten und bieten den Regierungen Medikamente und hoch entwickelte Technologien an, die alle Probleme der Welt im Handumdrehen lösen könnten. Die Besucher verlangen allerdings eine Gegenleistung dafür: 10 Prozent aller menschlichen Kinder. Verlockend, aber unmoralisch. Kann oder darf man sich auf diesen Deal einlassen? Die Staatschefs der Erde diskutieren hinter verschlossenen Türen. Kinder opfern? Wenn ja, welche? Wohl kaum die eigenen. Lieber die aus dem Brennpunktviertel oder der dritten Welt. Oder?

Die ganz großen Themen kann man nur in den fantastischen Genres verhandeln. Die Rettung der Welt nebst allen damit verbundenen Dilemmata lässt sich eben nicht im Krimi erzählen, dazu braucht es Superhelden. Und erst dann kann man schildern, was Menschen in der extremsten denkbaren Situation tun und die Frage stellen, wie menschlich sie dabei bleiben. Insofern sind die Filme aus dem Marvel Cinematic Universe tiefgründiger und berührender als die meisten Arthaus-Filme, die Anspruch nur simulieren.

Ein ›anspruchsvoller‹ Film ist einer, der die Interpretationsfähigkeit und individuelle Affektivität des Zuschauers fordert, der ihn zwingt, zu decodieren, was der Filmemacher für ihn verschlüsselt hat. Die Botschaft kommt auf Umwegen, nicht direkt. Eine derartige Freude an der Abstraktion, und damit auch an dem, was das Medium ›Film‹ überhaupt ausmacht, ist uns in Deutschland abhanden gekommen. Hier ist in der Regel alles eins zu eins, *on the nose*, als würden wir Fiction mit Journalismus verwechseln. Die protestantisch-nüchterne Freudlosigkeit von Ferdinand von Schirach-TV-Verfilmungen wie *Terror* und *Gott* ist symptomatisch für dieses Problem. Dabei kann moralischer Diskurs auch Spaß machen. Dazu gilt es, die Lust an Bildern, Symbolen und versteckten Bedeutungen wiederzuentdecken, Verspieltheit zuzulassen und die Konventionen von Genres als Werkzeuge zu verstehen, die man in den Dienst seines kreativen Schaffens stellen kann.

Mit Genres zu arbeiten, muss also keineswegs heißen, zum Verzicht auf künstlerische Eigenständigkeit gezwungen zu sein. Hier kommt es auf den individuellen Blick, die Haltung an, nicht nur bezüglich der ästhetischen Gestaltungsmethoden, die innerhalb einer Gattung gedehnt oder verdreht werden können, sondern auch der thematischen Ausrichtung. Dafür, dem Zuschauer eine Weltanschauung zu vermitteln und ihn vielleicht für sie zu begeistern, ist nicht nur das Sozialdrama geeignet – auch eine Buddykomödie und ein Actionthriller können dankbare Vehikel sein, um Werte abzubilden und die eigene Sicht der Dinge mit einer unverkennbaren Handschrift zu vermitteln. Gerade weil es vielleicht nicht erwartet wird, ist es der schlauere, weil überraschendere Ansatz. Um Synkretismen wie die Verschmelzung von Arthaus- und Genrefilm ist in der Postmoderne nicht herumzukommen, dieser Prozess ist ohnehin schon längst in vollem Gange. Was letztlich zählt, ist die vom Künstler angestrebte Wirkung, die das Werk entfalten soll, und dieses Ziel wird immer über individuelle (und häufig verschlungene Pfade) erreicht.

7. Wirkungsorientierte Storykonzeption

Um uns der Definition dessen, was ein Genre genau ist, weiter anzunähern und um eine deutliche Unterscheidung dieser narrativen ›Geschlechter‹ zu ermöglichen, sollten wir kurz bei der Frage nach der Wirkung verharren. Gehen wir also einmal davon aus, dass jede Geschichte, die wir erzählen, einen bestimmten Zweck erfüllt. Dafür strebt sie eine Wirkung an, für die wiederum bestimmte Ursachen vorhanden sein müssen. Dabei ist die Wirkung etwas, das sich in jedem Zuschauer individuell entfaltet. Das begründet auch, warum nicht jeder Leser jedes Buch gut findet oder jeder Zuschauer jede Serie mag – persönlicher Geschmack, basierend auf persönlichen Erfahrungen, kann dafür sorgen, dass ein und dasselbe Produkt von unterschiedlichen Konsumenten verschieden bewertet wird. Die Ausgangspositionen dafür entziehen sich allerdings der Kontrolle des Publikums, stattdessen werden sie vom Künstler, im hier vorrangig behandelten Fall dem Autor, definiert.

Auf der einen Seite steht also der Sender (der Produzent), der etwas mitteilen will, auf der anderen Seite der Empfänger (Konsument), der auf Signale wartet, auf die er reagieren kann, und zwischen ihnen die Geschichte. Sie ist das Transfersystem für die vermittelten Informationen und die sich daraus entfaltenden Inhalte. Diese Story wird internalisiert; sie wird gehört, gesehen, gelesen oder, im Fall eines Films, einer Serie oder eines Spiels, alles gleichzeitig. Der essenzielle Vorgang bei der Übertragung ist somit der der Wahrnehmung. Diese spielt sich auf drei verschiedenen Ebenen ab:

1. Die *sensorische* Ebene ermöglicht den Zugang zur gewünschten Information. Sie ist Voraussetzung dafür, dass nachfolgend eine emotionale und eine intellektuelle Ebene erreicht werden können. Sie ist stärker

mit dem ›Sender‹ verknüpft, weil sie an technische Aspekte der Umsetzung gebunden ist. Denn um das Werk zu rezipieren, muss es erst geschaffen sein, also als Summe vieler Teile ins Bewusstsein des Empfängers dringen können. Dieser Installationsvorgang fußt auf der Erzählstrategie des Autors und wird durch Methoden der Reproduktion (etwa als Buch, fertig programmiertes Spiel oder projizierbarer Film) vollendet.

Wenn wir über die sinnliche Wahrnehmung eines Films sprechen, haben folgende Fragen Priorität: Wie sieht er aus? Wie klingt er? Welche Atmosphäre kreiert er aufgrund der Wahl spezifischer ästhetischer Mittel? Welche Farben, welches Licht, welche Musik setzt er ein, um das Informationspaket zu schnüren, das der Empfänger decodieren und dann in sich wirken lassen soll? Der Autor mag nicht Herr über alle diese Entscheidungen sein – Film ist eine kollaborative Kunst, bei der ein Heer Kreativer aus verschiedenen Gewerken an der Entstehung beteiligt ist –, aber diese Entscheidungen werden doch (im Idealfall) aufgrund der Zeilen getroffen werden, die er geschrieben hat. Das Drehbuch ist nicht der Film, aber es der Funke, der das Feuer entfacht, das im Film brennen muss, um sein Publikum mitzureißen.

Ohne unsere Sinne können wir weder eine emotionale noch intellektuelle Erfahrung machen. Nur durch sie bekommen wir das, wonach wir uns eigentlich sehnen, wenn wir einen Film oder eine Serie schauen: Ein Erlebnis, etwas, das unser Leben berührt. Und im besten Fall: Ein Ereignis, etwas, das uns in Erinnerung bleibt und vielleicht sogar dauerhaft prägt.

2. Die *emotionale* Ebene ist der Ort, an dem sich die ersten unmittelbaren, ungefilterten Eindrücke des Rezipienten sammeln. Entsprechende Reaktionen sind nur bedingt kontrollierbar und können heftig ausfallen – auf den *jump scare* im Horrorfilm reagiert unser Körper schneller, als wir ihn verstandesmäßig erfassen können. Was soll das Publikum empfinden, wenn es den Film oder die Serienfolge sieht, den Roman liest oder das Spiel spielt? Welche Gefühle werden ausgelöst? Ist es Schaudern oder Ekel? Oder vielmehr Belustigung, Schadenfreude, ein Amüsieren über etwas Absurdes? Oder Mitleid und Trauer, die uns die Tränen der Rührung oder Wut in die Augen treiben? Welche Emotionen bewegen das Herz, die Seele, und ›führen‹ uns durch die Serie, das Theaterstück, das Hörbuch? Welche Konfliktebenen werden dabei bedient, um den Zuschauer zu erreichen? Wie kann er sich mit dem iden-

tifizieren, was er sieht; erkennen wir uns selbst wieder in den Figuren, die hier Konflikte ausagieren? Repräsentieren sie unsere Ängste und Träume? Wie bewertet unser Herz ihr Treiben – lieben oder hassen wir sie für das, was sie tun?
Die meisten dieser Entscheidungen treffen wir unbewusst. Wir sind unzufrieden mit einer Komödie, wenn sie uns nicht zum Lachen bringt; wir betrachten einen Horrorfilm als gescheitert, wenn er uns nicht ängstigt. Denn wir verbinden bestimmte Erzählformen mit bestimmten Gefühlen, die sie in uns auslösen. Schon Aristoteles beschrieb in seiner *Poetik* das Gewicht der Dimension des Emotionalen: Der Zuschauer wird das Erlebnis des Theaterbesuches nur als befriedigend erachten, wenn er am Ende die ›Katharsis‹ – eine Art Reinigung durch heftige, sogar körperlich spürbare Reaktionen (wie Tränen, Übelkeit, Lachen) – erfährt. Und je größer die Achterbahnfahrt der Gefühle auf dem Weg zu diesem Ziel ist, umso besser. Im Idealfall entstehen dadurch einzigartige Filmmomente, die der Zuschauer sein ganzes Leben lang nicht vergessen wird.

3. Die *intellektuelle* Ebene spricht uns schließlich als denkendes Wesen an, das Informationen sammelt und verwertet. Eine Geschichte zu erleben, die uns in Buchstaben, Bildern und Tönen vermittelt wird, bedeutet nicht nur, eine unmittelbare emotionale Reaktion aus dem psychologischen Urgrund zu fördern, sondern auch, bewusste geistige Prozesse in Gang zu setzen. Da eine Geschichte zu senden und zu empfangen ein relativ abstrakter Vorgang ist, ist jede Story, die bei uns ankommt, auch eine Art Puzzle, das gelöst werden will und das wird es vorrangig mit dem Verstand, nicht den Hormonen. Worum geht es in der Geschichte? Hat der Film eine bestimmte Botschaft, die er uns vermitteln möchte? Bietet er mehrere Bedeutungsschichten, die es zu durchdringen gilt? Was soll das Publikum begreifen, wenn es das Buch liest, oder lernen, wenn es dieses Spiel spielt? Wenn der Film oder die Serienstaffel vorbei ist: Was nehmen wir daraus mit? Wozu war das alles gut? Worüber reden wir? Vielleicht nicht nur über das, was wir beim Erleben der einen oder anderen Szene gespürt haben, sondern auch darüber, welche moralischen Fragen damit verbunden sind. Denn Geschichten können und sollen ja zum Nachdenken anregen und vielleicht sogar Debatten auslösen. Darin liegt der Mehrwert einer Story, der über das eigentliche Narrativ hinauszeigt und ihre Lebensdauer innerhalb des popkulturellen Kanons mitdefiniert. Ein Krimi wirft dabei eine andere philosophi-

sche Frage auf (etwa: gibt es für jedes Verbrechen eine angemessene Strafe?) als ein Fantasyfilm (etwa: wie würde Magie unsere Welt verändern?). Eine Science-Fiction-Story wird eher eine Warnung vor falschem Einsatz von Technologien beinhalten als die Ermutigung, dass die Liebe über alles siegt – eine Aussage, die wir eher in der Romanze finden werden.

Verinnerlicht man die Existenz dieser Wahrnehmungsebenen, so kristallisieren sich schnell erzählerische Strategien heraus, um bestimmte Wirkungen hervorzurufen – und damit auch Methoden und Erzählgattungen voneinander abzugrenzen. Damit der Rezipient zuerst sinnlich angesprochen und dann in der Folge emotional und intellektuell auf verschiedene Weisen gefordert werden kann, wollen die richtigen Knöpfe gedrückt werden. Die Maximen, denen dabei gefolgt wird, sind nicht nur bei der Storykonzeption, sondern auch bei der Umsetzung bis hin zum Marketing gültig. Nicht umsonst kann man das Genre eines Films bereits am Kinoplakat ablesen: Bei Romantic Comedies sind die beiden Hauptdarsteller (gern Rücken an Rücken) meist vor einem weißen Hintergrund zu sehen, beim Horrorfilmplakat dominiert das Schwarz der Nacht, das Rot des Blutes und die Schemenhaftigkeit des Personals. Der Multiplexbesucher kennt diese Codes und kann so bereits anhand eines einzigen Bildes erahnen, was für eine Art von Geschichte ihn ungefähr erwartet, woraufhin er einen Abgleich mit den eigenen Präferenzen oder seiner spontanen Stimmung vornehmen (man hat eben nicht immer ›Lust‹ auf eine Satire oder einen Katastrophenfilm) und seine Konsumentscheidung entsprechend fällen wird.

Die Weichen werden aber Jahre, bevor das Plakat im Foyer hängt, gestellt, nämlich am Schreibtisch des Autors. Die Planungsphase einer Geschichte ist die wichtigste und in vielerlei Hinsicht schönste Phase, die der Beruf zu bieten hat. Eine Zeit, in der Ideen frei durch den Raum schwirren und eingefangen und zu einem größeren Ganzen zusammengefügt werden wollen. Es hilft wirklich, sich ausführliche Gedanken über die Handlung zu machen, bevor man sie schreibt, und vielleicht ein paar der gefürchteten Figurenbeschreibungen zu verfassen, wenn auch nur für den Eigenbedarf.

Die meisten Projekte scheitern nicht, weil Autoren zu faul wären, zu Ende zu bringen was sie angefangen haben, sondern weil sie sich im Labyrinth ihrer eigenen Schöpfung verlaufen und nicht mehr herausfinden. Ohne Plan draufloszuschreiben funktioniert so gut wie nie, auch wenn die Worte noch so schön sprudeln. Irgendwann merkt man, dass vorn und hinten nichts zusammenpasst. Diese Desorientierung führt zu Demotivation und in der Regel zu einem schnellen Ende des künstlerischen Unterfangens. Man kann eben nur ein Kaninchen aus dem Zylinder zaubern, wenn man weiß, wie es hineingekommen ist. Sich über die angestrebte Wirkung der eigenen Story Gedanken zu machen, ist dafür ein guter Ausgangspunkt.

Im Vergleich zur frühesten Phase der Storyentwicklung, in der man das Wunder erlebt, wie aus vagen Vorstellungen konkrete Plotbausteine werden, ist das Schreiben des eigentlichen Romans oder Skriptes eher Fleißarbeit und in der Wahrnehmung der meisten Autoren vergleichsweise ermüdend. In der Planungsphase baut man seine Welt, legt fest, wer der Mörder ist, wer mit wem schläft, wer Lucille ist, warum sie 300 Jahre alt ist und warum sie gern kegeln geht. Diese Landkarte der eigenen Geschichte langsam vor dem inneren Auge entstehen zu lassen, ist wie eine Reise in den eigenen Verstand oder eine Schachpartie, die man gegen sich selbst spielt.

Trotzdem verströmt diese Aufgabe für viele Kreative nur eine geringe Anziehungskraft. Eben jene, die die handwerklichen Aspekte ihres Berufs (oder ihrer Berufung) negieren, haben es aber in der Regel schwer, ihre Ziele zu verwirklichen. Sie verstehen nicht, dass die beste Methode, das eigene Interesse am Schreibprozess aufrechtzuerhalten, ist, die Übersicht über die Geschichte nicht zu verlieren. Viele ›künstlerische‹ Autoren argumentieren, dass Kunst keinen Regeln folgen muss und somit alle strukturellen Paradigmen oder Regeln zum Figurendesign obsolet sind, aber sie vergessen, dass Film eben auch, und vielleicht sogar vorrangig, ein Business ist. Und in dem spielen Regeln eine essenzielle Rolle.

Es ist sinnvoll, sich über das Genre der eigenen Geschichte so früh wie möglich bewusst zu werden und dabei zu bleiben, wenn man spürt, dass die Entscheidung richtig war. Die Wahl des Genres beeinflusst so ziemlich alle anderen Aspekte einer Geschichte, es ist der Nukleus. Wenn man sich auf die Regeln eines Genres einlässt (was nicht bedeutet, dass man nicht mit ihnen spielen kann), verringert sich die Gefahr, sich zu verlaufen, und die Chance, dass man seine Arbeit auf gelungene Weise abschließt, steigt. Will man das Genre der Geschichte zu einem späteren Zeitpunkt ändern, wird dies massives Umschreiben erfordern oder schlimmstenfalls, dass man ganz von vorn beginnen muss. Jeder Autor verflucht den Tag, an dem das geschieht. Man versucht nicht, ungestraft einen Katastrophenfilm in einen Spionagethriller zu verbiegen. Ohne klare Linie gibt es kein erfolgreiches Storytelling.

Die in diesem Zusammenhang immer wieder diskutierte Frage ist, ob jeder Film einem Genre zuzuordnen ist. Per Definition ist das der Fall, aber das bedeutet nicht, dass alle Filme ganz bewusst und absichtlich nach der strengen Maßgabe eines Genremodells hergestellt und auch entsprechend konsumiert werden. Wenn der Begriff ›Genre‹ auf eine umschreibende Funktion begrenzt ist, etwa zum Zweck der Klassifizierung, reden wir von einem ›Filmgenre‹. Wenn der Genrebegriff allerdings eine aktivere Rolle im Prozess der Produktion spielt, sprechen wir von einem ›Genrefilm‹ und erkennen damit an, dass die Entscheidung für eine bestimmte Erzählgattung eine fundamentale Komponente im Entstehungsprozess und in der Lenkung des Marketings ist.

8. Genres, die keine sind

Eine einheitliche Genretheorie existiert bisher nicht. Das Milieu, das sich vor allem aus Gründen der Vermarktbarkeit am meisten mit dem Thema beschäftigt hat, ist zweifellos das amerikanische Film- und Fernsehgeschäft, weswegen das dort geprägte Vokabular mittlerweile international Verwendung findet. In unserem Sprachraum werden manche dieser Begriffe in deutscher Übersetzung, manche aber im englischen Original verwendet, was für gewisse Verwirrung sorgen kann: Der Begriff ›crime‹ ist zum Beispiel nicht mit der deutschen Bezeichnung ›Krimi‹ identisch, sondern vielmehr ein Überbegriff für mehrere Genres, die sich um den Komplex des Verbrechens drehen. Unter ›Mystery‹ wiederum wird im Englischen eher eine Detektivgeschichte verstanden, als eine Story mit übernatürlichen Elementen, was eher der deutschen Definition entspräche. Es fliegen viele Bezeichnungen herum, die jedoch von denen, die sie verwenden, teilweise unterschiedlich aufgefasst werden, was immer wieder zu Missverständnissen führt und es schwer macht, überhaupt über das Thema zu sprechen.

Als Ausgangspunkt für eine Analyse können wir die Internet Movie Database heranziehen, die vielleicht wichtigste Quelle über Medien im Internet. Es handelt sich dabei um eine seit 1990 existierende Datenbank, die sich zum Ziel gesetzt hat, alle jemals produzierten Filme, Serienfolgen und seit einiger Zeit auch Computer- und Videospiele zu kategorisieren. Für Millionen Filmfans auf der Welt ist sie eine zentrale Anlaufstelle. Sie gibt eingeloggten Benutzern die Möglichkeit, Synopsen zu verfassen, persönliche Kritiken abzugeben und Filme und Serien nach einem Sternesystem zu bewerten. Das daraus generierte sogenannte ›IMDb-Rating‹ ist ein wesentlicher Indikator für die Qualität von Produktionen oder zumindest dem, was die meisten User darunter verstehen.

Interessanterweise kann man jedem Eintrag in der Datenbank auch eines oder mehrere Genres zuweisen und dabei steht eine riesige Anzahl von Gattungen zur Auswahl. Da jeder registrierte User Änderungen am Inhalt der Datenbank vornehmen kann, wundert es nicht, dass manche Zuweisungen recht exotisch ausfallen. So wird Hitchcocks Klassiker *Der unsichtbare Dritte* vor allem als ›Romance‹ eingeordnet. Tatsächlich beinhaltet der Film eine Liebesgeschichte, sie steht aber bei Weitem nicht so stark im Vordergrund wie andere narrative Aspekte. Wer ein schmalziges Melodram erwartet, wird aufgrund dieser Markierung also wahrscheinlich enttäuscht werden. Luc Bessons *Léon – Der Profi* fällt laut IMDb in das Genre ›Independent‹, was insofern irritierend ist, als der Film keineswegs für wenig Geld in einem Hinterhof gedreht wurde, sondern mit hohem Budget von Frankreichs größtem Filmstudio Gaumont.

An diesen Beispielen wird bereits deutlich: Als ›Genre‹ zählen in dieser Datenbank nicht nur inhaltliche, sondern auch formelle Sortierungen; es werden wirtschaftliche und technische Kategorien mit narrativen in einen Topf geworfen. So fällt es einem oft schwer, den Klassifizierungen zu entnehmen, worum es in einem Film tatsächlich geht. Der deutsche Kriegsfilm *Das Boot* ist mit den Genretags ›Adventure‹, ›Drama‹, ›Thriller‹, ›War‹ versehen, was gefühlt zwei zu viel sind (Thriller und Abenteuergeschichten haben andere Schwerpunkte). *Training Day* wirkt hingegen mit ›Crime‹, ›Drama‹, ›Thriller‹ ziemlich gut eingeordnet, ebenso wie *Schindlers Liste* mit ›Biography‹, ›Drama‹, ›History‹ – wobei ›Biography‹ und ›History‹ aber wieder formelle, nicht inhaltliche Begriffe sind.

Wenn in diesem Buch von Genre die Rede ist, betreffen sie diese formellen Kategorien ausdrücklich nicht. Jene sind zwar hilfreich, um dem Konsumenten zu umreißen, welche Eckpfeiler den Film ausmachen, was beim Pitchen des Stoffes in der Entstehungsphase und auch später bei der Vermarktung des Endproduktes hilfreich sein kann. So kann er gezielt nach Biografien suchen, die er besonders gern mag, aber Historisches, das ihn nicht interessiert, meiden. Es geht in diesem Buch aber nicht um die Machart des Films, das Medium oder die Produktionsumstände, sondern einzig und allein um Formen des Geschichtenerzählens, die von Entstehungs- und Darreichungsform weitgehend abgekoppelt sind. Folgen wir diesem Gedanken, können wir schnell eine Menge ›Pseudogenres‹ – wir werden sie hier in Ermangelung eines besseren Begriffs als ›Labels‹ bezeichnen – identifizieren, die wir beiseite legen werden, um den Blick auf das Wesentliche zu schärfen. Es folgt eine Auflistung dieser Kategorien in alphabetischer Reihenfolge.

- *Action.* Besagt, dass sich die Charaktere verfolgen, beschießen oder miteinander kämpfen und dabei möglichst noch etwas in die Luft fliegt. Aber das geschieht in *The Matrix*, einem Science-Fiction-Film, ebenso wie in *Lethal Weapon*, einem Krimi. Der Begriff ›Actionfilm‹ ist dermaßen dehnbar, dass er als Bezeichnung für ein narratives Genre nicht wirklich taugt. Action ist eher eine Storyzutat und kann in fast jedem Rezept verwendet werden. Wenn man das Label benutzt, sollte man das tatsächliche Genre besser zusätzlich nennen (etwa: Actionthriller, Actionkomödie).
- *Adaption.* Bedeutet, dass ein anderes Medium die Quelle für den Film war, ist aber ebenfalls kein Genre im narrativen Sinn. Sowohl *Superman* als auch *Das Parfum* sind Adaptionen, haben davon abgesehen aber keine Gemeinsamkeiten.
- *Animation* heißt, Figuren Leben einzuhauchen, indem sie gezeichnet oder im Computer gebaut und bewegt werden. Es handelt sich dabei um eine Herstellungstechnik, nicht um ein Genre oder ein Medium. Sowohl *Die Schöne und das Biest* als auch *Ghost in the Shell* sind animierte Filme, aber der eine ist eine Fantasyromanze, der andere ein Science-Fiction-Krimi.
- *Antikriegsfilm* gibt es nicht, es gibt nur Kriegsfilme mit verschiedenen Aussagen. Es gibt ja auch keine Antikomödie und keinen Antikrimi. Der Begriff definiert somit lediglich eine individuelle Spielart des Kriegsfilmgenres.
- *B-Movie.* Ebenfalls eine ökonomische Kategorie. Gemeint sind damit Filme, die häufig von Kreativen aus der zweiten Reihe schnell und billig hergestellt werden, worunter oft Qualität und Sorgfalt leiden. Oft ›trashig‹, oder eine mäßige Kopie besserer Filme, kann ein B-Movie jedoch prinzipiell jedem narrativen Genre entspringen.
- *Biopic.* Dieses Label besagt, dass die Story des Films auf dem Leben einer Person basiert, die es tatsächlich gab oder gibt, was den eigentlichen Inhalt der Geschichte aber nicht beeinflusst. *Patton* war ein Kriegsfilm, *The Imitation Game* ein Drama.
- *Coming of Age.* Besagt, dass die Protagonisten Jugendliche sind, die im Laufe der Handlung einen Reifungsprozess durchlaufen. Geschichten über das Erwachsenwerden können aber in vielen Genres erzählt werden – bei *American Pie* war es eine Komödie, bei *American Graffiti* ein Charakterdrama, bei *So finster die Nacht* ein Horrorfilm.

- *Dokumentarfilm.* Erneut eine Formatbezeichnung. Besagt, dass die im Film abgebildeten Momente nicht fiktiv, sondern real sind und die Darsteller keine Schauspieler sowie deren Texte nicht vorgeschrieben sind.
- *Ensemblefilm.* Bedeutet, dass die Story mehr als eine Hauptfigur hat. Die Genres können dabei jedoch grundverschieden sein. *L.A. Crash* ist ein Sozialdrama, *M.A.S.H.* eine Satire und eine Parodie, doch beide weisen einen Ensemblecast auf.
- *Episodenfilm.* Ist lediglich eine Erzählstruktur, kein Genre. Besagt, dass der Film keine durchgehende Handlung aufweist, sondern aus mehreren in sich geschlossenen Kurzfilmen besteht (wobei durchaus ein vereinigendes Element wie eine wiederkehrende Figur oder Rahmenhandlung vorhanden sein kann).
- *Epos* oder *Monumentalfilm* besagt, dass der Film eine immense Laufzeit (oft drei Stunden oder länger) aufweist, eine lange Zeitspanne im Leben der Hauptfiguren schildert, oder in der Herstellung sehr teuer und personalintensiv war – aber keines dieser Elemente sagt etwas über den Inhalt aus. *Titanic* ist lang und war teuer, ist aber als Story eine Romanze mit Zügen des Katastrophenfilms. *Der Pate* erzählt eine Gangsterstory über mehrere Generationen.
- *Exploitationfilm.* Geschichten, die Trends ausnutzen und auf fahrende Züge aufspringen, dabei manchmal besonders provokante Themen ›ausbeuten‹ oder großen Schockwert anstreben, um den Film leichter vermarktbar zu machen. Brechen oft Tabus in Bezug auf Sex- oder Gewaltdarstellungen oder treten als dreiste Kopien teurerer Vorbilder auf, die vom Zuschauer mit dem Original verwechselt werden können (und sollen). Narrativ sind hier aber alle Genres möglich.
- *Feel-Good-Movie.* Besagt, dass der Film über eine positive Grundausstrahlung verfügt und höchstwahrscheinlich ein Happy Ending aufweist, was für gute Laune sorgt; dies kann aber für fast jedes Genre gelten. Der Begriff wird häufig synonym für das Komödiengenre verwendet.
- *Gefängnis.* Hier wird offensichtlich ein Handlungsort beschrieben, aber keine Handlung. *Die Verurteilten* ist ein Drama über den Freiheitsdrang des Menschen, wohingegen *The Green Mile* ein Mysteryfilm über einen Insassen mit Superkräften ist und *Gesprengte Ketten* im Kern stets ein Kriegsfilm bleibt.
- *Heimatfilm.* Vor allem in den 1950er- und 1960er-Jahren populäre Filmsorte, die den Bewohnern der zerbombten Städte Nachkriegsdeutsch-

lands Trost spenden sollte, indem sie die Schönheit der Natur, das Ursprüngliche, betonte und mit stereotypen Figuren des Bauerntheaters operierte. Mit dem Begriff ist jedoch eher eine Arena gemeint, in der sich unterschiedliche Geschichten entfalten können. *Grün ist die Heide* trägt Züge eines Krimis, *Die Prinzessin von St. Wolfgang* ist eine Romanze.

- *Historienfilm.* Ein Label für Filme, die in vergangenen Zeiten spielen, aber kein narratives Genre. Vielmehr kann eine historische Story alle möglichen Formen annehmen. *Fluch der Karibik* ist ebenso in früheren Zeiten angesiedelt wie *Gladiator* oder *Die Blechtrommel*, aber die Filme unterscheiden sich stark.
- *Independent.* Eine ökonomische Kategorie. Heißt, dass das Budget unter dem Durchschnitt liegt und das Projekt nicht von einer großen Produktionsfirma, einer Filmförderung oder einem Majorstudio unterstützt wurde. Ein Independentfilm mag schrulliger oder gewagter sein als ein Mainstreamfilm, aber diese Tatsache allein sagt nichts über die Geschichte aus, die er erzählt.
- *Kammerspiel.* Bedeutet, dass die Handlung sich an einem einzelnen, begrenzten, häufig auch ge- oder verschlossenen und damit klaustrophobischen Ort abspielt. Definiert aber nur den limitierten räumlichen Aktionsradius der Figuren, nicht deren Ziele oder die Emotionalität des Films. Äquivalente englische Termini sind *contained location* und *limited location*. Prinzipiell können alle Genres als Kammerspiel erzählt werden. *Das Boot* ist ein Kriegsfilm, *Saw* ein Horrorfilm.
- *Kinderfilm.* Beschreibt lediglich eine Zielgruppe, aber nicht den Inhalt der Geschichte. *Charlie und die Schokoladenfabrik* ist ein ebenso Kinderfilm wie *Wilde Kerle*, aber was die Erzählweisen angeht, unterscheiden sie sich stark.
- *Kurzfilm.* Lediglich ein Hinweis auf die Laufzeit des Films (meist 5-45 Minuten) und damit eine Formatbezeichnung. Kurzfilme können aber genauso wie Langfilme jedes Genre bedienen.
- *Mantel-und-Degen-Film* und *Sandalenfilm* sind nach ikonischen Ausstattungsgegenständen benannt, die eine bestimmte Sparte von Filmen repräsentieren. Erstere spielen wahrscheinlich im Europa des 16. bis 18. Jahrhunderts, zweitere in der Antike, doch als narrative Einordnungen taugen sie nicht. Historische Fechtkämpfe sind in *Highlander* ebenso zu sehen wie in *Die Maske des Zorro* oder *Cartouche der Bandit*, die aber unterschiedliche Geschichten erzählen und verschiedene Tonalitäten aufweisen.

- *Martial-Arts-Film* heißt, dass eine oder mehrere Figuren eine (meist asiatische) Kampfsportart wie Kung-Fu oder Karate beherrscht oder erlernt. Die Kampfkunstabbildung ist dabei eine Form von Action und somit ein rein dekoratives Element, das aber nicht direkt etwas über den Inhalt aussagt. *Bloodsport* und *Karate Kid* sind Charakterdramen, *House of Flying Daggers* ist ein Krimi, *Crouching Tiger, Hidden Dragon* eine Romanze.
- *Melodram.* Der negativ gefärbte Begriff ›melodramatisch‹ wird benutzt, um eine überzogen gefühlige oder kitschig aufgebauschte Anmutung zu beschreiben, welche jedoch von Personal und Erzählstruktur einer Story unabhängig ist. Melodram ist also eher eine Tonalitätsbeschreibung oder (wie Action) eine Dekoration. Im Bezug auf Filme ist mit Melodram eigentlich immer die Gattung des Liebesfilms gemeint, die in diesem Buch unter dem Begriff ›Romanze‹ firmiert.
- *Mockumentary.* Auch ›Fake-Doku‹ genannt. Bezeichnung für einen Film, der das Format des Dokumentarfilms imitiert (engl. *to mock*: etw. vortäuschen), um dem Gezeigten den Anstrich höchster Authentizität zu verleihen, dabei aber reine Fiktion ist. Das eigentliche Genre richtet sich nach dem Inhalt: *Blair Witch Project* ist ein Horrorfilm, *Mann beißt Hund* eine Satire, *Spinal Tap* eine parodistische Buddykomödie.
- *Musical.* Der Begriff beschreibt zwar eine spezifische ästhetische Umsetzung (die Handlung wird gesungen und getanzt abgebildet), dies konstituiert aber kein Genre, wenn wir den Begriff, wie in diesem Buch, in erster Linie auf den Inhalt statt das Formelle beziehen. Ein Musical kann eine Komödie sein, aber auch ein Melodram oder ein Krimi. *Down with Love* und *Dancer in the Dark* sind Musicals, aber ihre Storys und das, was sie im Zuschauer auslösen, könnten kaum verschiedener sein.
- *Noir* ist ein schwieriger Grenzfall, denn Noir-Geschichten haben ein typisches Personal, typische Settings und bewährte Plotelemente, Zeichen dafür, dass es sich hier tatsächlich um ein Genre im narrativen Sinn handelt. Bei genauerer Betrachtung sind typische Noir-Filme jedoch meistens entweder Krimis, Thriller oder Gangsterstorys (oder Mixturen aus allen drei Genres) und sind damit schon entsprechend abgedeckt.
- *Porno.* Label für Filme, die explizite sexuelle Handlungen (›hardcore‹) mit der Zielsetzung abbilden, den Zuschauer zu stimulieren. Die Story, sofern vorhanden, wird dabei aus Versatzstücken anderer Labels und Genres gebildet. Besonders beliebt sind dabei Parodien beliebter

Blockbuster, deren genretypische Elemente in den pornografischen Kontext übertragen werden, etwa *Strip Langsam* oder *Schwanz der Vampire*.

- *Roadmovie*. Offenbar sind die Protagonisten unterwegs und verbringen viel Zeit auf der Straße. *Road Trip* ist eine Komödie, *Kalifornia* allerdings ein Thriller über ein Pärchen, das von einem verrückten Serienkiller belästigt wird.
- *Seifenoper* oder englisch *soap opera* ist ein meist täglich ausgestrahltes TV-Serienformat, das auf eine sehr lange Laufzeit angelegt ist und theoretisch endlos viele Episoden generieren kann, wobei das Personal im Laufe der Zeit ausgetauscht wird. Die als Motor fungierenden Konfliktfelder der Protagonisten können dabei allen möglichen Genres entspringen, wobei das melodramatische Element (Romanze) dominiert.
- *Serie*. Ebenfalls eine Formatbezeichnung. Bedeutet, dass eine Geschichte häppchenweise über mehrere Folgen und Staffeln (horizontales Narrativ) oder in jeder Folge eine eigenständige abgeschlossene Story (episodisches Narrativ) erzählt wird. Serien können, wie Filme, in jedem Genre angesiedelt sein.
- *Sexfilm*. Bezeichnung für eine vor allem in den 1960er- und 1970er-Jahren populäre Sparte des Mainstream-Kinos, häufig Dokumentarfilme oder ›Mockumentaries‹ dessen Beiträge erotische Themen zum Inhalt hatten und sich durch freizügige Nacktszenen hervortaten, wobei sexuelle Handlungen inszenatorisch meist ›softcore‹ blieben. Narrativ betrachtet konnten diese Filme aber allen möglichen Genres entspringen.
- *Sitcom*. Temporeiche Situationskomödie, aus den USA stammender halbstündiger Serientypus, der häufig vor minimalistischer Studiokulisse mit Livepublikum realisiert wird und dadurch Züge des Boulevardtheaters trägt. Die narrativen Grundlagen sind dem Genre der Komödie entlehnt, welches hier eine markante ästhetische Formatierung (etwa durch den typischen *laugh track*) erhält.
- *Sport*. Offensichtlich ein Film, der in der Welt des Sports spielt, aber kein Genre. Fast alle ›Sportfilme‹ sind Charakterdramen, was die präzisere narrative Einordnung wäre. Wobei ein Horrorfilm, der im Fußballermilieu spielt, auch durchaus einmal eine reizvolle Vorstellung wäre.
- *Superheldenfilm*. Besagt, dass die Protagonisten übermenschliche Kräfte besitzen, der eigentliche Inhalt speist sich aber aus den Konventionen anderer Genres. *Iron Man* ist Science-Fiction, *Thor* eher Fantasy, in *Avengers* mischen sich diese Gattungen. Die ersten *Batman*-Comics waren

Krimis. Die Genremixe im MCU und DCU sind in der Regel so geschickt, dass man die Filme kaum einzelnen Genres zuordnen kann.

- *Supernatural*. Besagt, dass eine Story Fabelwesen, übermenschliche Kräfte oder paranormale Phänomene beinhalten kann. Gemeint ist damit häufig eine Mischung aus nicht allzu verstörenden, sprich jugendfreien, Horrorelementen und relativ geerdeten, in der Alltagswelt wirkenden Fantasyaspekten. *E.T. – Der Außerirdische* und *Der Babadook* enthalten beide übernatürliche Elemente und weisen sogar plotmäßige Ähnlichkeiten auf, erzielen jedoch sehr verschiedene Wirkungen.
- *Telenovela*. In Südamerika beheimatete Spielart der Seifenoper, die sich jedoch von dieser insofern unterscheidet, als sie nicht endlos läuft, sondern von vornherein auf ein Finale und somit auch eine feste Zahl von Folgen hin konzipiert wird. Hier dominiert das Genre der Romanze, Einflüsse des Krimi- und Thrillergenres bis hin zum Abenteuerfilm sind allerdings auch spürbar.
- *Young adult*. Wie der Kinderfilm eine Zielgruppeneinordnung. Gemeint ist damit Jugendliteratur, also Stoffe für Heranwachsende von 14 bis 20 Jahren. Narrativ gesehen können solche Geschichten, oft auch als *teen drama* bezeichnet, die verschiedensten Genres bedienen. *Die Tribute von Panem* ist eine Dystopie, *Vielleicht lieber morgen* eine Romanze.

9. Unterscheidungskriterien von Genres

Ich habe mich entschieden, die nun folgende Beschreibung der einzelnen Genres in sprachlich verknappter, an ein Lexikon erinnernder Form zu verfassen, um den praktischen Nutzen des Buches zu erhöhen. Ellenlange, eher filmwissenschaftlich formulierte Prosatexte erschienen mir in Anbetracht der Zielsetzung, ein handliches Nachschlagewerk zu schaffen, nicht sinnvoll. Nur auf diese Weise konnte es gelingen, jedes der in großer Zahl vorhandenen Genres auf etwa einer Handvoll Seiten darzustellen, was auch die schnelle Vergleichbarkeit der Gattungen untereinander begünstigt. Erst sie dürfte den eigentlichen Reiz der kommenden Unterkapitel ausmachen. Selbstverständlich behandelt das Buch alle narrativen Formen, nicht nur fantastische und utopische, die eingangs allein wegen ihres auffälligen Fehlens auf dem deutschen Markt hervorgehoben wurden.

Folgende sind die Kriterien, die ich für die Analyse jedes Genres aufgestellt habe und die als Hilfe beim Finden von Gemeinsamkeiten, aber auch Abgrenzungen dienen werden:

- *Emotionalität.* Die grundsätzliche Richtung, in die die Erzählung die Gefühle des Zuschauers steuert.
- *Konfliktfelder.* Die dramaturgischen Reibungsflächen: Mensch gegen Mensch (interpersoneller Konflikt), Mensch gegen Selbst (innerer Konflikt), Mensch gegen Gesellschaft (sozialer Konflikt), Mensch gegen Natur (Umweltkonflikt), Mensch gegen Maschine (technologischer Konflikt) und Mensch gegen Gott (wobei der Terminus für alles Unerklärliche, Transzendente steht, auch für das Schicksal selbst - am ehesten ein spiritueller Konflikt). Intensität wird nach ›Konfliktkurve‹ (Stärke der Reibung, steil, moderat, flach) und ›Fallhöhe‹ (extrem, groß, moderat, gering) bemessen, wobei die ›extreme‹ der Rettung der Welt,

die ›große‹ Risiko für Leib und Leben, etwa bei einem Zweikampf auf Leben und Tod, entspricht.

- Das Personal der Geschichte, aufgeteilt in *Protagonisten* und *Antagonisten*; Beobachtungen zu typischen Charakteren, die sich in der jeweiligen Gattung spürbar häufen, und ihren jeweiligen Eigenheiten.
- *Setting*. Ort und Zeit der Handlung, Arena. Manche Genres sind diesbezüglich äußerst spezifisch, andere sehr flexibel.
- *Themen*. Die ›Philosophie‹ des Genres. Hier wird definiert, was der Zuschauer aus dem Erlebnis ›mitnehmen‹ soll. Typische Aussagen und Botschaften.
- *Motive*. Narrative Elemente, die in dieser Art von Story oft vorkommen.
- *Stilmittel*. Besonderheiten in der filmischen Umsetzung, sofern sie besonders auffällig sind. Der Fokus liegt hier auf Formateigenheiten und dramaturgischen Fachbegriffen, nicht ästhetisch-technischen Aspekten.
- *Dramaturgie*. Anmerkungen zu möglichen Figurenentwicklungen, strukturellen Eigenheiten, der Konfliktentfaltung und Spezifika bei der medialen Auswertung.
- *Vermeiden!* Als Warnung gemeint: Auf diese Elemente sollte man tunlichst verzichten, wenn man das Genre nicht verwässern will. Das Regelwerk mancher Erzählgattungen ist sehr restriktiv.
- *Mischbarkeit*. Manche Genres sind mit anderen leicht zu vermengen, mit anderen wiederum nicht. Dazu jeweils eine knappe Begründung.
- *Loglines*. Ein paar kurze Inhaltsangaben erfolgreicher Produktionen aus dem Genre quer durch die Film- und Seriengeschichte, um die Analyse zu illustrieren.
- *Empfehlungen*. Liste von Anschauungsmaterial, Filme und Serien aus über 100 Jahren Bewegtbildtradition. Aus Gründen der Vereinheitlichung deutsche Titel. Die (oft sogar bekannteren) Originaltitel sind in der IMDb zu finden.

10. Genreübersicht

In diesem Buch wird zwischen Genres und Subgenres, also untergeordneten Spielarten der Hauptgattung, differenziert. Man könnte hier noch kleinteiliger werden und Dutzende von Subgenres aufdröseln, aber genau diese schlimmstenfalls verwirrungstiftende Fragmentierung galt es zu vermeiden. Die hier aufgelisteten Kategorien decken alles Wesentliche ab, und so ziemlich jeder Film und jede Serie wird sich in eine davon einordnen lassen. Besteht ein Wunsch nach Vertiefung, sollten Fachbücher über jedes einzelne Genre konsultiert werden – der Sinn dieses Buches ist hingegen, Übersicht zu schaffen.

Drama
- Charakterdrama
- Sozialdrama
- Romanze

Komödie
- Parodie
- Satire
- High-Concept-Komödie
- Buddykomödie
- Romantische Komödie
- Teenagerkomödie
- Dramedy

Crime
- Krimi
- Psychologischer Thriller
- Actionthriller
- Spionagethriller
- Politthriller
- Gangsterfilm

Abenteuer
- Expeditionsfilm
- Katastrophenfilm

Science-Fiction
- Experiment
- Dystopie

Kriegsfilm

Western

Fantasy
- Andersweltgeschichte
- Mystery

Horror

Genremischungen

11. Drama

Subgenres

Charakterdrama, Sozialdrama, Romanze

Übersicht

Im antiken Griechenland Oberbegriff für im Theater aufgeführte Erzählungen mit den Unterkategorien ›Komödie‹ (guter Ausgang) und ›Tragödie‹ (trauriger Ausgang). In der Literatur als Bezeichnung eher unüblich, in Film und TV aber gängig, dort eine besonders realistische, ernsthafte Erzählform meinend, die bei Preisverleihungen beliebt ist. Während das ›Sozialdrama‹ gesellschaftliche Anklagen formuliert und den Kampf gegen ein ungerechtes System schildert, ringt der Protagonist des ›Charakterdramas‹ mehr mit der eigenen Unvollkommenheit, während in der ›Romanze‹ die großen Liebesgeschichten erzählt werden.

11.1 Charakterdrama

Historie

Kommt als modernes Film- und Seriengenre der klassischen Tragödie am nächsten, wobei das Ende nicht zwingend unglücklich sein muss. Hat sich v.a. im Theater weiterentwickelt, die meisten von Shakespeares ›ernsten‹ Werken, v.a. die Königsdramen, fallen darunter. Das gezeigte universelle Ringen mit dem Menschsein ist so zeitlos, dass alte Stücke (und Verfilmungen davon) noch heute erfolgreich sind. Im Kino gab es vor allem im New

Hollywood (1970er) neue Impulse, ungebrochen zahlreiche Beiträge aus aller Welt.

Emotionalität

Mitgefühl, hervorgerufen durch die Zerrissenheit der Hauptfigur. Erleichterung, falls die Konflikte aufgelöst werden können. Weniger provokant und leichter verkraftbar als das → Sozialdrama; eher personen- als themenorientiert.

Konfliktfelder

Innere Konflikte stehen klarer als in jedem anderen Genre im Mittelpunkt. Individuelle Schwächen und Persönlichkeitsentwicklung sind im Fokus. Soziale Konflikte können vorhanden sein, sind aber zweitranging. Moderate Konfliktkurve und Fallhöhe, Leben-und-Tod-Situationen eher selten. Handlung erwächst aus den Figuren, sehr *character driven*.

Protagonisten

Keine Festlegung auf spezielle Berufe oder Milieus, manchmal Underdog, häufig aber auch gut situierte Person mit Einfluss, sodass ihre Entscheidungen Dritte betreffen, dadurch mehr Fallhöhe. Meist ehrgeizig, mit starkem inneren Antrieb, verfolgt großes Ziel oder anfangs unerreichbar scheinenden Traum. Kann für ›seine Sache‹ Fanatismus entwickeln, der ihn zerstört. Hat oft charakterliche Defizite oder verpönte Sehnsüchte oder Neigungen, die sein Fortkommen behindern und verborgen werden. Held belügt sich oft selbst (oder andere), versteht es, eine Fassade aufzubauen. Häufiger *character flaw* ist Stolz, etwa wenn Protagonist nicht bereit ist, dringend notwendige Hilfe anzunehmen. Nebenfiguren meist im familiären, oft auch beruflichen Umfeld.

Antagonisten

Oppositäre Kraft liegt in erster Linie in der Hauptfigur selbst, sie ist also Protagonist und Antagonist zugleich, ihr ›eigener schlimmster Feind‹. Im Gegensatz zum → Sozialdrama kommt die zerstörerische Energie somit nicht von außen. Held droht, Opfer seiner Vorurteile, Leidenschaften oder Gewohnheiten zu werden. Befreiung möglich, wenn innere Hürden überwunden werden und fehlende Kontrolle über psychische, physische oder zwischenmenschliche Stabilität zurückerlangt wird. Moralische Dilemmata spielen Schlüsselrollen. Oft muss der Protagonist einfach akzeptieren, was er ist, weil er es nicht ändern kann. Erkrankungen, psychische Störungen, körperliche Behinderungen und Suchtverhalten sind häufige Motive, die den Antagonismus verstärken.

Setting

Keine besonderen Orte oder Epochen. Sehr breites Spektrum. Häufig in Sportumfeld angesiedelt, wo Triumph durch harte Arbeit an sich immanentes Thema ist (Selbstüberwindung), oder Künstler, der durch destruktive Selbstausbeutung kreative Höhen erreicht. Gut geeignet sind Arenen, die Selbstüberwindung erfordern und schwere Entscheidungen begünstigen. Charakterdramen spielen sich eher im privaten Umfeld ab als in der breiten Öffentlichkeit.

Themen

Der aus der Bahn geworfene Mensch, der eine neue Mitte finden muss. Das Genre kreist stark um die Konstruktion von Identität, dem Ich-Begriff: Selbstbild, Selbstbewusstsein, Selbsttäuschung und (vor allem) Selbstzerstörung. Das Ringen mit den eigenen Mängeln und der Wunsch, perfekt oder ›ganz‹ zu sein. Das Leiden darunter, dass Genie und Wahnsinn oft eng beeinander liegen. Dinge müssen erst schlimmer werden, bevor sie besser werden. Die Möglichkeit, sich und sein Leben zu verändern, wenn man nur dazu bereit ist, auf andere hört und Opfer bringt. Dem Prozess des Scheiterns wird großer Raum gegeben.

Motive

Der Mensch als Produkt der eigenen Fehlbarkeit. Protagonist stolpert über Unzulänglichkeiten, begeht Fehler, macht sich schuldig. Überwindung des Egos und innere Entwicklung können jedoch zu einem Neuanfang, einer Umdefinierung der Persönlichkeit führen. Familiäre Konflikte dabei häufig im Fokus, darin v.a. Streit um Anerkennung und Macht (Familiendrama), aber auch Geschichten über ungewöhnliche Freundschaften verbreitet. Loslassen und Abschließen als häufige Motive. Oft Läuterungsgeschichte von Einzelgängern, die in eine Gruppe finden und erkennen, dass man gemeinsam stärker ist.

Dramaturgie

Der Held geht auf sich selbst zu und erhöht dabei die Möglichkeit der Erschaffung eines neuen Ich. Dabei ist er immer in Versuchung, stehen zu bleiben oder umzukehren. Im Erfolgsfall definiert oder erschafft er sich am Ende neu. Protagonist hat keine altruistische Mission, erlebt eher eine intime Geschichte (Selbstrettung, nicht Weltrettung). Im Fall eines Sieges profitiert vor allem er, nicht seine Umwelt. Ziel und Bedürfnis kollidieren so stark wie in keinem anderen Genre und erzeugen das zentrale Spannungsfeld. Protagonist muss schwere Entscheidungen treffen und landet in Zwickmühlen mit Wahlmöglichkeiten, die im dramatischsten Fall immer negative Auswirkungen haben werden (›Pest oder Cholera‹). Scheitern ist meist selbstverschuldet. Ein Charakterbogen ist üblich und manifestiert sich meist in profunden Erkenntnissen des Protagonisten über die Welt oder sich selbst, die sein Leben jedoch nicht zwangsläufig komplett umkrempeln müssen. Happy Ending möglich, aber häufig tragisches oder bittersüßes Ende, bei dem Held nur Teilsieg erringt. Genre wird regelmäßig in Serienform aufgegriffen, dann meist horizontal erzählt; dort auch häufiger als im Einzelstück Ensemblestorys mit mehreren Protagonisten.

Vermeiden!

- Überhöhung. Genre definiert sich gerade durch Abwesenheit von Komponenten anderer Genres. Übertreibung und Abstraktion lassen die Story zu melodramatisch wirken.
- Fokus auf Liebesverwicklungen. Dafür gibt es als eigenes Subgenre die → Romanze, die Konflikte und Themen sind dort aber andere.
- Zu große Wandlung. Menschen verändern ihren Charakter meist nicht komplett, sondern verstehen eher, wer sie wirklich sind.

Mischbarkeit

Grundzüge des Charakterdramas als ›Genre-Urvater‹ kommen in so gut wie allen anderen Genres vor, jedoch in verschiedenen Gewichtungen.

Überschneidungen mit dem → Sozialdrama gibt es, wenn der Protagonist dort Teil des Problems und nicht der Lösung ist, oder die Introspektion den Kampf gegen äußere Gegner überwiegt (*One Night in Miami*, 2020). Überschneidungen mit der → Romanze, wenn ein inneres Problem die Sehnsucht nach Liebe stärker behindert als äußere Ziele (*Leaving Las Vegas*, 1996). In der Romanze spielt das Entstehen einer Liebesbeziehung aber eine größere Rolle; wird das Zerbrechen einer Beziehung geschildert, ist es eher ein Charakterdrama (*Die Nacht*, 1961). Bei Ansiedlung an isolierten Orten Nähe zum → Abenteuerfilm, aber deutlich weniger actionlastig als jener (Robinsonade). Der → Politthriller hält in Form des Ringens um moralische Stabilität auch Persönlichkeitsprüfungen für den Helden bereit. Bei Geisteskrankheiten und zugespitzten Spielen mit Identität, Nähe zum → psychologischen Thriller, diese Mischung wird auch ›Dark Drama‹ genannt, ist aber stärker abstrahiert, surrealer (*Donnie Darko*, 2001). Auf diesem Terrain auch Beispiele für Anreicherung mit übernatürlichen Elementen (*supernatural drama*). Häufig reale Vorlagen, Biopic.

Loglines

- »Die ungezügelten Aggressionen, die einen jungen Boxer erst zum großen Star machen, lassen ihn am Ende alles verlieren.« (*Wie ein wilder Stier*, 1980)
- »Ein genialer Komponist wird von seinem neidischen Rivalen in den Tod getrieben, indem er dessen kreative Obsession gegen ihn wendet.« (*Amadeus*, 1984)
- »Ein schnöseliger Autoverkäufer wird gezwungen, sich um seinen autistischen Bruder zu kümmern und überwindet auf der gemeinsamen Reise seinen Egoismus.« (*Rain Man*, 1988)
- »Der König von England muss seine Sprachbehinderung in den Griff bekommen, um sein Volk in Zeiten der Not mit einer entscheidenden Rede zu führen.« (*The King's Speech*, 2011)

Empfehlungen

Filme:
Die Reise nach Tokio (JP 1953)
Aguirre - Der Zorn Gottes (D 1972)
Rocky (USA 1976)
Die Stunde des Siegers (GB 1981)
Tod eines Handlungsreisenden (USA 1985)
Mosquito Coast (USA 1986)
Im Rausch der Tiefe (FR 1988)
Cinema Paradiso (IT 1988)
Wall Street (USA 1987)
König der Fischer (USA 1991)
Leaving Las Vegas (USA 1996)
Shine (AUS 1996)
Boogie Nights (USA 1997)
Das Fest (DÄN 1998)
Crazy (D 2000)
A Beautiful Mind (USA 2002)
Ray (USA 2004)
Der freie Wille (D 2006)
There Will Be Blood (USA 2007)
Berlin Calling (D 2008)
The Danish Girl (USA/GB 2015)
To the Bone (USA 2017)
The Man Who Killed Don Quixote (USA 2018)
3 Tage in Quiberon (D 2018)
Der Rausch (DÄN 2021)

Serien:
Beverly Hills, 90210 (USA 1990-2000)
The West Wing (USA 1999-2006)
Die Tudors (GB 2007-10)
Mad Men (USA 2007-15)
Nashville (USA 2012-18)
About a Boy (USA 2013-15)
Empire (USA 2015+)
Better Call Saul (USA 2015+)
The Crown (GB 2016+)
This is Us (USA 2016+)
Succession (USA 2018+)

11.2 Sozialdrama

Historie

Auch ›Problemfilm‹ oder ›Themenfilm‹ genannt. Fokus auf Sozialkritik, oft starke politische Untertöne. Anklage gegen gesellschaftliche Missstände. Taucht im Kino der Weimarer Republik auf (1920er, *Der letzte Mann*, F.W. Murnau; *Kuhle Wampe*, S. Dudow). Starke Impulse durch den französischen poetischen Realismus (1930er) und italienischen Neorealismus (1940er, De Sica, Visconti, Rosselini), New Hollywood und den Neuen Deutschen Film (1970er) sowie das New Black Cinema (1990er). Heute meist im Wettbewerb von Filmfestivals anzutreffen, dem breiten Publikum oft als zu schwer oder rhetorisch geltend. Als Film meist Einzelstücke, kaum Franchise-Building-Potenzial.

Emotionalität

Empörung und Betroffenheit, hervorgerufen durch schweres Unrecht. In keinem anderen Genre wird so viel menschliches Leid so authentisch abgebildet. Das Genre will aufrütteln und den Finger in Wunden legen, wagt dabei auch zu provozieren.

Konfliktfelder

Mensch gegen Gesellschaft – dieser Aspekt ist hier stärker als bei jedem anderen Genre. Es geht um das Scheitern des Individuums an einem unperfekten, ungerechten System. Oft Konflikt eines innovativen Individuums mit der angepasst-konservativen Masse, v.a. in Biopic über Wissenschaftler und Politiker, die ihre Lebensweise und ihre Überzeugungen verteidigen müssen; Kampf dabei mehr ideell als materiell. Interpersonelle Konflikte vorhanden, aber sekundär. Innere Konflikte seltener. Steile Konfliktkurve, große Fallhöhe; für die Protagonisten geht es um ihre Existenz. Handlung erwächst aus dem sozialen Grundproblem, sehr *theme driven*.

Protagonisten

Außenseiterfiguren, häufig aus proletarischem Milieu, die unterdrückt oder benachteiligt werden. Menschen, die wegen ihres Geschlechts, ihrer Ethnie, sexuellen Orientierung, einer (psychischen oder physischen) Erkrankung oder Behinderung diskriminiert werden oder aus Sicht der Gesellschaft nicht ›richtig funktionieren‹. Einfache Bürger, die ohne eigenes Verschulden durch ungerechtes Schicksal Not ausgesetzt sind und um das kämpfen, was für andere selbstverständlich ist (Obdach, Arbeit, Nahrung, Respekt). Protagonist auch oft ein besser gestellter Verbündeter dieses Typus, der eigene Privilegien aufgibt und als Sprachrohr oder Anwalt für die Unterdrückten auftritt, um zu helfen. Ziel ist, unter schwierigsten Umständen die eigene Lebenssituation und die der Mitmenschen zu verbessern, ohne dabei das Gute in sich aufzugeben.

Antagonisten

›Das System‹ an sich, ein abstraktes Regelgebilde, vertreten durch Repräsentanten, die Rädchen in diesem Getriebe sind. Oft Regierungs- und Behördenvertreter, entweder unempathisch, abgestumpft und damit taub für die Nöte des einfachen Volkes oder hilfsbereit, aber inkompetent. Sie erhalten den Status Quo oder verschlimmern (meist ungewollt, ohne böse Absicht) die Lage. Manchmal auch: besser gestellte Bürger, die unfähig sind zu helfen oder sich, oft aus schlechtem Gewissen, abwenden und Hilfe verweigern. Eher im zweiten Rang: Menschen mit den gleichen Problemen wie der Protagonist, die sich jedoch in der Not selbst die Nächsten sind und nicht teilen können oder wollen; auch Kriminelle, die verzweifelte Situationen ausnutzen und sich auf Kosten der Ärmsten bereichern (Diebe, Betrüger, Ausbeuter).

Setting

Welt der ›Unterschicht‹, des Prekariats, der Marginalisierten, Frustrierten und Verachteten: Großstadtmoloch, Slums, strukturschwache Umgebung. Arena mit strenger Hierarchisierung: ›Die da oben‹ gegen ›wir hier unten‹. In manchen Fällen zieht der Protagonist vor Gericht, um Gerechtigkeit zu suchen (Gerichtsdrama) oder sitzt schon, oft unschuldig, im Gefängnis (Knastdrama). In der Visualität kann bereits die ›Fehlkonstruktion‹ des kritisierten Systems abgebildet, Klassismus und Benachteiligung kinematisch fassbar sein. Meist heute spielend, funktioniert aber gut in historischen Szenarien mit zeitspezifischen Problemen.

Themen

Sichabarbeiten an relevantem Thema ist genrekonstituierend und von größter Bedeutung. Recherche und Wahrheitsgehalt essenziell. Sehr oft von realen Ereignissen inspiriert. Filme ›über‹ etwas. Armut und Benachteiligung sichtbar machen. Den Blick des Zuschauers auf das lenken, was er gern ignoriert.

Motive

Der Mensch als Produkt seiner Umgebung. Kampf gegen Ungerechtigkeit und Ungleichheit. Häufig ›David gegen Goliath‹-Aufstellung, in der der Antagonist schmerzhaft überlegen ist. Durchhaltevermögen trotz unfairer Behandlung, ›Sich-nicht-brechen-Lassen‹ trotz größter Not. Der Versuch, aus einer Opferrolle zu entkommen, in die man vom System gedrängt wurde. Story zwingt den Zuschauer, Stellung zum Problem im Mittelpunkt zu beziehen und eigene Sichtweise darauf zu überdenken. Happy Ending möglich, aber häufig offenes oder zwiespältiges Ende – der Plot wird zwar aufgelöst, aber das Problem bleibt bestehen. Im Gegensatz zum → Charakterdrama ist es die Gesellschaft, nicht der Held, die geläutert werden muss.

Stilmittel

Häufig dokumentarische Ästhetik, Handkamera etc., um Authentizität zu vermitteln. Abstand von ›zu schönen‹, stilisierten Bildern, wobei poetische und symbolisch aufgeladene Momente möglich sind. Oft Verzicht auf Filmmusik da ›zu manipulierend‹. Fast im Stil einer Reportage will das Genre Missstände aufdecken und anprangern. Kritische Grundhaltung.

Dramaturgie

Der Held steht auf, um ein System anzuklagen. Sein Umfeld hätte lieber, dass er sich wieder setzt und schweigt. Geschichte eines Menschen, der gehört werden will und feststellt, dass er eine Stimme hat. Protagonist folgt erst egoistischem Trieb der Selbsterhaltung, der aber im Lauf der Story durch ein altruistisches Ziel ersetzt wird. Seine Selbstverwirklichung führt somit auch zu einem Sieg für andere; zur Verbessserung der Gesellschaft. Scheitern ist meist fremdverschuldet. Protagonist kann sich entwickeln, moderater Charakterbogen. Im TV/Streaming vereinzelt als (Mini-)Serie realisiert, meist horizontal erzählt. Ensemblestorys üblich.

Vermeiden!

- Nicht zu viele Konflikte stapeln, sonst wird es eine Nummernrevue des Leids; Übertreibung wirkt melodramatisch.
- Zu deutliche Parteinahme. Führt zu schnell zu Propaganda.
- Erhobener Zeigefinger. Kein Zuschauer will platt und offensichtlich belehrt werden.
- Zu wenig recherchieren. Autor muss sich mit dem sozialen Problem, das im Mittelpunkt steht, intensiv auseinandergesetzt haben. Hier geht es eben genau nicht um *larger than life*, sondern um eine präzise Abbildung des Lebens.

Mischbarkeit

Ähnliche Konflikte in dystopischer → Science-Fiction (autokratische Systeme, Postapokalypse), Superheldenfranchises wie *X-Men* stehen dem nah. Überschneidungen mit dem → Charakterdrama, wenn innere Konflikte und eigenes Verschulden betont sind. Setting und Personal spiegeln sich im → Gangsterfilm, wo Protagonist jedoch nicht auf legale, sondern verbrecherische Weise der Not entkommt (*City of God*, 2002). Wird der Held stark überzeichnet und verteidigt andere mit Gewalt (›Sozialbandit‹ wie Robin Hood, Zorro) gegen eine korrupte Obrigkeit, Züge des → Actionthrillers. Überschneidungen mit der → Romanze, wenn die gesellschaftlichen Hürden für die Liebe größere Aufmerksamkeit erhalten als die Liebe selbst. Auch die → Satire kehrt eine kritische, gesellschaftliche Verhältnisse hinterfragende Haltung heraus.

Loglines

- »Die Medien zerstören das Leben einer unschuldigen Frau, weil sie mit einem Straftäter befreundet ist.« (*Die verlorene Ehre der Katharina Blum*, 1975)
- »Als seine Todesstrafe unerbittlich näher rückt, lernt ein verurteilter Mörder durch die Hilfe einer Nonne, Reue zu empfinden.« (*Dead Man Walking*, 1994)
- »Eine Anwaltsgehilfin legt sich mit einem Großkonzern an, der die Bewohner eines Dorfes mit verseuchtem Wasser vergiftet.« (*Erin Brockovich*, 2000)
- »Ein afroamerikanischer Geiger wird gezwungen, als Sklave auf einer Plantage zu schuften und niemand schreitet ein, um ihm zu helfen.« (*12 Years a Slave*, 2013)

Empfehlungen

Filme:
Der letzte Mann (D 1924)
Mr. Smith geht nach Washington (USA 1939)
Früchte des Zorns (USA 1940)
Schuhputzer (IT 1946)
Die Vergessenen (MEX 1950)
Mother India (IND 1957)
Die Mädchen der Ginza (JP 1960)
Der Hexenhammer (ČSSR 1970)
Einer flog über das Kuckucksnest (USA 1975)

Midnight Express (USA/GB 1978)
Coming Home – Sie kehren heim (USA 1978)
Gandhi (GB 1982)
Gelbe Erde (CHN 1984)
Salvador (USA 1986)
Schrei nach Freiheit (GB/SA 1987)
Boyz n the Hood (USA 1990)
Philadelphia (USA 1993)
Die letzte Kriegerin (NZ 1994)
Billy Elliot – I Will Dance (GB 2000)
Keiner weniger – Not One Less (CHN 1999)
Blinder Schacht (CHN 2003)
Hotel Ruanda (USA 2004)
L.A. Crash (USA 2005)
Good Night, and Good Luck (USA 2005)
Moonlight (USA 2017)
The Trial of the Chicago 7 (USA 2020)
Serien:
Transparent (USA 2014-19)
Tote Mädchen lügen nicht (USA 2017+)
UnREAL (USA 2015+)
Pose (USA 2018+)
When they See Us (USA 2019)
Tschernobyl (USA 2019)
Watchmen (USA 2019+)

11.3 Romanze

Historie

Liebestragödien bereits in der Antike (Hippolytos, Euripides). Mittelalterliche Erzählungen (*Héloise und Abelaerd*, 12. Jhd.). Fortentwicklung im Theater, 16. Jhd. Shakespeare (*Romeo und Julia*). Im frühen 19. Jhd. weltweit erfolgreiche Liebesromane aus England (Austen, Brontë). Erste Beiträge im deutschen Stummfilm (U. Gad, J. May), bahnbrechend Murnau (*Sunrise*, 1927). In den 1950ern in USA Farbmelodramen von Douglas Sirk, Tanzfilme (*West Side Story*). Außenseiterromanzen im Neuen Deutschen Film der 1970er (Fassbinder) und Frankreich der 1980er (Carrax, Beneix, Besson), Hollywooderfolge in den 1990ern (*Bodyguard* etc.). Bis heute Beiträge aus aller Welt. Eher ungeeignet für Franchise-Building.

Emotionalität

Mitverlieben: sich für zwei Menschen freuen, die zueinanderfinden. Hoffnung, dass sie ihre Beziehung verteidigen. Rührung über Kampf gegen Hindernisse. Tiefe Trauer um das Ende der Liebe.

Konfliktfelder

Mensch gegen Gesellschaft, wenn das Umfeld die Liebe der Protagonisten nicht gutheißt und zu zerstören versucht. Interpersonelle Konflikte in Form von Nebenbuhlern und Rivalen. Innere Konflikte, da Figuren mit Gefühlen ringen und durch falsche Entscheidungen Tragödien auslösen können. Spiritueller Konflikt, wenn das Schicksal oder höhere Mächte die Liebenden entzweien. Moderate Konfliktkurve und Fallhöhe. Handlung meist einfach, ohne überraschende Wendungen, *character driven*.

Protagonisten

Meist Alltagsmenschen auf Augenhöhe mit dem breiten Publikum. Obwohl Dreieckskonstellationen (*love triangle*) häufig vorkommen, dreht es sich im Kern der Erzählungen immer um Zweisamkeit. Klassisch (aber nicht zwingend) ist als Duo im Zentrum eine Mann-Frau-Konstellation, wobei als Ausgangspunkt möglichst große Unterschiede in Sachen Lebenssituation, Charakter und/oder Wertekanon herrschen sollten. Obwohl das meist heterosexuelle Paar recht gleich gewichtet erzählt wird, ist die eigentliche Hauptfigur meist die Frau. Somit ist die Romanze das vielleicht einzige Genre, das vorwiegend aus weiblicher Sicht erzählt wird. Heldin meist bürgerlich, in materiell stabiler aber emotional unerfüllter Lage, die sich in eine *amour fou* mit einem faszinierenden, andersartigen Mann fallen lässt. Dieser hat jedoch viel zu verlieren und ist Gefahren ausgesetzt, wenn er seinem Verlangen nachgibt. Manchmal verstellt sich Protagonist aus Angst, nicht so geliebt zu werden, wie er ist und schickt attraktiveren Freund vor (*Cyrano de Bergerac*); umgekehrt wird häufig versucht, einen potenziellen Partner, der nicht vorzeigbar scheint, zu ›erziehen‹ oder umzubauen (*My Fair Lady*). Seit 2000ern spürbare Öffnung für homosexuelle Konstellationen, die narrativ stark an Bedeutung gewonnen haben.

Antagonisten

Antagonistische Kräfte v.a. gesellschaftliche Vorurteile bezüglich: Altersunterschied (›zu jung für dich‹), andere Stadt oder Land (›ist nicht von hier‹), Hautfarbe (›ausgerechnet ein Schwarzer‹), Spezies (›ein Vampir?!‹) oder Religion, verwitwet (›musst noch trauern‹), Wohlstandsgefälle (›zu arm‹) oder Klassendünkel (›kein guter Stall‹). Verkörpert durch: Eltern oder

Freunde, die es gut mit dem Protagonisten meinen und ihn vor sich selbst schützen wollen, aber auch egoistische Motive wie ›guter Ruf‹ bzw. Familienehre (in archaisch geprägten Milieus), die es, notfalls gewaltsam, zu verteidigen gilt. Oft: Nebenbuhler, die versuchen, die Liebenden durch Streuen von Zweifeln oder Alternativangebote zu entzweien. Auch: pikierte oder eifersüchtige Nachbarn und Bekannte, die Gerüchte streuen und aus reiner Bosheit intrigieren. Wie in keinem anderen Genre ›das Schicksal‹ als antagonistische Kraft, das mit beiläufiger Grausamkeit einem der Protagonisten eine tödliche Krankheit verpasst oder sie/ihn bei einem Unfall sterben lässt.

Setting

Gern Sehnsuchtsorte (Schlösser, Landsitze, Luxushotels, betörende Landschaften – *love and landscape*). Anders als in der → Romantic Comedy, die *feel good*-Effekt haben, müssen die Arenen im Melodram aber keineswegs zwingend ›romantisch‹ sein, sondern sind oft eher alltäglich. Setting wird meist gemäß den Lebensumständen des Protagonisten und des Grundproblems im Zentrum der Handlung gewählt, welches es symbolisch veräußerlicht (z.B. Standesdiskrepanz in *Titanic*, 1997). Historische Szenarien, vor allem im Rahmen der Verfilmung von literarischen Klassikern, sind sehr gängig, nicht nur wegen Schauwert (Kostümfilm), sondern weil die Vergangenheit mehr gesellschaftliche Hürden und damit Konflikte birgt.

Themen

Irrungen und Wirren der Liebe: Dienen *love storys* in vielen Genres nur als Subplotgewürz, so stellen sie hier den Hauptgang dar, wobei alle Aspekte Aufmerksamkeit erfahren – erste Begegnung und Erblühen der Liebe (*boy meets girl*), Gefahren und Hürden für deren Lauf, Gründe für ihr Scheitern. Schlüsselthema ›unmögliche Liebe‹, die nicht sein darf und einen Tabubruch darstellt. Umfeld versucht das Verhalten der Verliebten zu korrigieren, damit sie Erwartungen entsprechen. Doch die Liebe heilt, siegt über alles (*love conquers all*), wirkt oft über den Tod hinaus (Ideal der ›ewigen‹ Liebe). Paar stellt sich meist offensiv Zweiflern entgegen: zwei gegen den Rest der Welt. Diese Solidarität wird vom Zuschauer als besonders rührend empfunden, Sehnsucht nach ›wahrer Liebe‹ gestillt. Obwohl Themen wie Vorurteile und Intoleranz verhandelt werden, ist das Genre bisher eher konservativ, d.h. heteronormativ und binär geprägt gewesen, hier zeigen sich jedoch neue Tendenzen und eine Öffnung für andere Beziehungsformen.

Motive

Starker Fokus auf Frauenschicksale. Zelebrierung der Ungezügeltheit tiefer Emotionen. Menschen, die für die Liebe leiden; die ihr Ich aufgeben und miteinander verschmelzen, Transzendenz erleben (›Himmelsmacht Liebe‹, doch auch erotische Extase, neue Wahrnehmung des Körperlichen). Dem gegenüber stehen die gesellschaftlich festgelegten Regeln und Rituale des Werbens und der Verführung, die die Emotionen zügeln und kanalisieren sollen. Dynamik zwischen ›innerem Brodeln‹ und ›äußerer Formwahrung‹ ist sehr typisch für dieses Genre. Lernen, auf die eigenen Bedürfnisse zu hören, eigene Träume zu leben statt die anderer. Loslassen können, ehrlich zu sich selbst und anderen sein, akzeptieren, wer man ist (v.a. in Outingplots). Oft ist Liebe so überschäumend, dass sie wahnhaft wird und den Verstand kostet. Ein Happy Ending wird dem Protagonisten meist nicht gestattet, da das Genre die emotionale Zielsetzung des kathartischen Weinens (*tearjerking*) verfolgt.

Dramaturgie

Zwei Helden bewegen sich aufeinander zu und dann voneinander weg. Am Mid-Point sind sich beide am nächsten. Das Need generiert den Plot und ist immer die Liebe, damit kollidierende Ziele können variieren (meist Angepasstheit und Erhalt des Status Quo). Protagonisten verfolgen selten höhere oder idealistische Ziele, es geht rein um die Verwirklichung im Intimen. Storys daher auch meist im privaten Umfeld angesiedelt. Scheitern ist, wie auch die zufällige erste Begegnung der Liebenden, häufig vom Schicksal verschuldet (höhere Mächte nehmen und geben). Figuren entwickeln sich, spürbarer Charakterbogen. In Serienform meist *telenovela* oder *soap opera* (wobei dort mehr Konfliktfelder üblich und glücklicher Ausgang zulässig), fast immer horizontal erzählt.

Vermeiden!

- Zu lustig werden. Humor ist → Rom Com vorbehalten, hier ist die Liebe etwas Ernstes.

- Zu brutal oder verstörend werden. Publikum verlangt einen gewissen Eskapismus und weicht vor zu drastischen Konflikten zurück.
- Zu weichgespült erzählen. Steht nichts auf dem Spiel, bekommt die Story abwertende Stempel wie ›Schnulze‹ oder ›Schmonzette‹ aufgedrückt.

Mischbarkeit

Häufig werden übernatürliche Elemente beigemischt, was starke Nähe zur → Fantasy erzeugt (*paranormal romance*), bei futuristischen Aspekten → Sci-Fi (*Passengers*, 2016). In Kombination mit erschreckenden, monströsen Elementen dem → Horrorfilm nahe kommend, v.a. Vampir- und Werwolfgeschichten sind häufig romantisch aufgeladen (*Twilight-Saga*). Erfolgreich mit dem → Katastrophenfilm gekreuzt, wenn dessen Elemente konstruktiver Backdrop sind. Nähe zum → Charakterdrama, wenn innere Hindernisse für die Liebe größer sind als äußere (*Was vom Tage übrig blieb*, 1992).

Loglines

- »Eine alternde Putzfrau verliebt sich in einen marokkanischen Gastarbeiter und muss ihre Gefühle vor ihrer intoleranten Familie rechtfertigen.« (*Angst essen Seele auf*, 1974)
- »Ein Hausmeister verfällt einer schönen Borderlinerin, die durch ihre Erkrankung beider Leben in Gefahr bringt.« (*Betty Blue - 37,2 Grad am Morgen*, 1986)
- »In einem Ferienresort verliebt sich ein Mädchen in seinen Tanzlehrer, doch ihre Eltern erachten die Verbindung als nicht standesgemäß und drängen die Tochter, die Liebe aufzugeben.« (*Dirty Dancing*, 1987)
- »Eine Schülerin verliebt sich in einen Vampir, doch ihre Beziehung wird weder von Menschen noch Blutsaugern gutgeheißen.« (*Twilight - Biss zum Morgengrauen*, 2008)

Empfehlungen

Filme:
Der fremde Vogel (D 1911)
Sonnenaufgang (D 1927)
Vom Winde verweht (USA 1939)
Casablanca (USA 1942)
Was der Himmel erlaubt (USA 1955)
Zeit zu Leben und Zeit zu sterben (USA 1958)

Charulata (IND 1964)
Love Story (USA 1970)
Subway (FR 1985)
Zimmer mit Aussicht (GB 1985)
Pretty Woman (USA 1990)
Die Liebenden von Pont-Neuf (FR 1991)
Bodyguard (USA 1992)
Lebewohl, meine Konkubine (CHN 1993)
Schlaflos in Seattle (USA 1993)
William Shakespeares Romeo + Julia (USA 1996)
Die Brücken am Fluss (USA 1995)
Before Sunrise (USA/ÖS 1995)
Titanic (USA 1997)
Aimée & Jaguar (D 1999)
Der Pferdeflüsterer (USA 1998)
In the Mood for Love (HK 2000)
Engel und Joe (D 2001)
Vergiss mein nicht (USA 2004)
Gegen die Wand (D 2004)
Brokeback Mountain (USA 2005)
The Artist (FR 2011)
Blau ist eine warme Farbe (FR 2013)
La La Land (USA 2016)
Call Me by Your Name (IT 2017)
Traumfabrik (D 2020)
Serien:
True Blood (USA 2008-14)
Beauty and the Beast (USA 2012-16)
The Affair (USA 2014-19)
Outlander (USA 2014+)
London Spy (GB 2015)
Poldark (GB 2015-19)
Virgin River (USA 2019+)
Bridgerton (USA 2020)

12. Komödie

Subgenres

Parodie, Satire, High-Concept-Komödie, Buddykomödie, Romantische Komödie, Teenagerkomödie, Dramedy

Übersicht

In der griechischen Antike ein Terminus für Geschichten mit glücklichem Ausgang. Verfügt als Filmgenre über eine große Anzahl von Spielarten. Allen gemein ist die Absicht, komische Situationen zu erzeugen, die den Zuschauer amüsieren und ihm ein kathartisches ›Ausschütten vor Lachen‹ ermöglichen. Entscheidend dafür ist weniger eine aufwendige Bildästhetik, sondern vielmehr perfektes Timing in Text, Schauspiel und Inszenierung. Es gibt wohl niemanden, der keine Komödien mag – sie dürfte die populärste Erzählgattung sein.

12.1 Parodie

Historie

Urform der Komödie, da unsere Ahnen Humor wahrscheinlich durch Imitation, ›Nachäffen‹, lernten. Im Film erst seit den 1960er-Jahren fest verankert, als sich andere Filmgenres verfestigt und durch Wiederholung genug Stereotype erzeugt hatten, die verballhornt werden konnten. Franchise-Potenzial ist durch ikonische Figuren vorhanden (*Ist ja irre …*-Reihe aus GB, *Die nackte Kanone* im Hollywood der 1980er).

Emotionalität

Komik, die durch das ›Durch-den-Kakao-Ziehen‹ hinlänglich bekannter Komponenten entsteht. Schlüsselmechanismus ist Wiedererkennung – der Zuschauer findet das Geschehen umso lustiger, je besser er die Vorbilder kennt. Dies setzt eine gewisse mediale Bildung voraus, um das Genre goutieren zu können.

Konfliktfelder

Alle möglich, abhängig vom parodierten Genre. Der Mensch, der sich selbst im Weg steht (wie im → Charakterdrama), ist häufig anzutreffen, sein Problem wird jedoch ignoriert, nicht aufgelöst oder sogar verschlimmert, um Komik zu erzeugen.

Protagonisten

Entstammen dem jeweils parodierte Genre, werden durch starke Überzeichnung ins Komische verschoben. Dabei ist vor allem die Zuweisung unpassender Charakterzüge hilfreich, von denen die beliebteste die Inkompetenz ist – der Kommissar im Krimi ist fähig, der in der Krimipersiflage jedoch tollpatschig und löst den Fall nur durch Zufall. Besonders wirksam, wenn der Held moralisch gut ist, sodass man ihm trotz größter Missgeschicke Erfolg wünscht.

Antagonisten

Ebenfalls dem nachgeahmten Genre entlehnt. Der Antagonismus wird dabei gern so auf die Spitze getrieben, dass die Boshaftigkeit des Bösewichtes (beabsichtigt) unfreiwillig komisch wirkt. Gegenspieler kann hier auch überraschen, indem er unerwartet positive Eigenschaften hat (z.B. sich rührend um seine Schergen kümmert).

Setting

Abhängig vom parodierten Genre. Wiedererkennung der typischen ›Welt‹ ist wichtig, die Drehorte denen der Vorlage also oft sehr ähnlich (oder sogar identisch). Werden aber manchmal ›billig‹ gehalten und bewusst mit schlechten Trickaufnahmen (Rückprojektion etc.) angereichert, nicht nur weil Budget niedriger ist, sondern um komischen Effekt zu verstärken. Dinge, die ›zu gut‹ aussehen, sind nicht so lustig.

Themen

Abhängig vom parodierten Genre. Typische Themen einer Vorlage zu erkennen und auf den Kopf zu stellen, ist essenziell und beweist, dass der Autor verstanden hat, was er parodiert. Dabei kann die Relevanz einer Aussage trotz Brechung erhalten bleiben: Wahrheit bleibt Wahrheit, auch wenn sie durch eine persiflierende Brille betrachtet wird. So kann auch ein vermeintlich oberflächliches Genre inhaltliche Tiefe haben.

Motive

Die Hauptfigur als ›Trottel mit dem goldenen Herzen‹ vermittelt dem Zuschauer die tröstende Aussage, dass jeder Mensch nützlich sein kann, solange er sich in den Dienst der richtigen Sache stellt und dabei etwas Glück hat. Humor ist eher visuell (*slapstick*) als dialogorientiert. Minimale Figurenentwicklung.

Dramaturgie

Der Aufbau der Geschichte, die Entwicklungen und Konflikte darin richten sich nach dem persiflierten Genre. Parodien haben meist wenig Plot, der einzig dazu dient, möglichst viele komische Set-Pieces aneinander zu reihen (*emotion driven*). Das Plotting ähnelt einem Puzzle, in dem teilweise unpassende Teile kombiniert werden. Viele Parodien haben kein Gesamtnarrativ, sondern sind lose Abfolgen von Sketchen (*Kentucky Fried Movie*, 1977) und gehören damit auch in die Sparte des Episodenfilms.

Stilmittel

Das Genre ist sehr selbstreferenziell und tendiert dazu, die eigenen Mechanismen zu offenbaren und zu veralbern (z.B. der auf die Spitze getriebene oder sogar in der Handlung so benannte ›Running Gag‹). Dabei wird auch die vierte Wand öfter durchbrochen als in anderen Genres.

Vermeiden!

- Nicht zu ernst werden. Der ›Lachmodus‹, in den der Zuschauer versetzt wird, darf nicht unter unnötiger Schwere und allzu groben Geschmacklosigkeiten leiden.
- Zu realistische Figurenzeichnung. Wie kein anderes Genre lebt die Parodie vom Spiel mit Klischees, kann ohne Stereotypen gar nicht existieren. Je mehr davon, umso besser. Der Zuschauer will hier karikaturhaftes Personal erleben.
- Nummernrevue. Die Parodie hat die höchste Gagdichte aller Genres, aber dabei darf die Gesamtdramaturgie, mit einer Spannung aufbauenden zentralen Fragestellung, nicht verloren gehen.
- Zu originell werden. Das Subgenre lebt klar von Imitation, Zitat und Referenz, daher werden diese Aspekte geballt erwartet. Ausgefallene, eigenständige Ideen sind eher etwas für die → High-Concept-Komödie.

Mischbarkeit

Von Haus aus eine Mischform, da die Parodie andere Genres imitiert; hat zugleich aber einen sehr strikten tonalen Modus, der sie unflexibel macht. Überschneidungen mit der → High-Concept-Komödie, z.B. wenn Charaktere durch ein Portal (Zeitreise, magische Fernbedienung) in die Parodiewelt gelangen (*Die Einsteiger*, 1983).

Loglines

- »Auf die britische Königin soll während ihres USA-Besuchs ein Anschlag verübt werden. Ausgerechnet der größte Trottel der Polizei von Los Angeles muss ihn verhindern.« (*Die nackte Kanone*, 1989)
- »Nachdem im Jahre Null der kleine Brian mit dem Nachbarskind Jesus verwechselt wird, entwickelt sein weiteres Leben beunruhigende Parallelen zu dem des wirklichen Heilands.« (*Das Leben des Brian*, 1979)
- »Schauspieler einer Raumschiffserie werden von Außerirdischen für reale Helden gehalten und von ihnen entführt, um das All zu retten.« (*Galaxy Quest*, 1999)

Empfehlungen

Filme:
Dick und Doof im Krankenhaus (USA 1932)
Frankenstein Junior (USA 1974)
Der wilde wilde Westen (USA 1974)
Die Ritter der Kokosnuss (GB 1975)
Die Jungs von Spinal Tap (USA 1984)
Spaceballs (USA 1987)
Amazonen auf dem Mond (USA 1987)
Loaded Weapon 1 (USA 1993)
Hip Hop Hood (USA 1996)
Austin Powers (USA 1997)
Mystery Men (USA 1999)
Scary Movie (USA 2000)
Der Schuh des Manitu (D 2001)
Shaolin Kickers (HK 2001)
Down with Love (USA 2003)
Johnny English (GB/USA 2003)
Shaun of the Dead (GB 2004)
OSS 117 – Der Spion, der sich liebte (FR 2006)
Tropic Thunder (USA 2008)
The Ballad of Buster Scruggs (USA 2018)

Serien:
Die nackte Pistole (USA 1982)
Die Simpsons (USA 1989+)
Spaced (GB 1999-2001)
Futurama (USA 1999-2013)
Drawn Together (USA 2004-7)
Archer (USA 2009+)
Frankreich gegen den Rest der Welt (FR 2015-16)
Disenchantment (USA 2018+)

12.2 Satire

Historie

Sozialkritische Form der Komödie. Seit Jahrtausenden werden Mächtige verhöhnt und damit ihr Handeln hinterfragt: Humor als Waffe gegen den politischen Gegner. In der Zeit der Aufklärung (18. Jhd.) wendeten sich komödiantische Literatur und Theater, vor allem in Frankreich, gegen Adel und Kirche. Aufschwung als Filmgenre in der Nouvelle Vague der 1960er sowie im New Hollywood (1970er). Im obrigkeitshörigen Deutschland trotz früher Beispiele in der Filmgeschichte erst ab den 1980er-Jahren als Genre richtig angekommen. Eher geringes Franchise-Potenzial.

Emotionalität

Schadenfreude: Hier darf man sich ausdrücklich über die amüsieren, die ein schlimmes Schicksal verdienen. Tabubruch wird dabei mehr betont als in anderen Komödien. Das Lachen soll dem Zuschauer ›im Halse stecken bleiben‹; ist er sich nicht sicher, ob er über das Gezeigte lachen ›darf‹, reizt die Story ihr Provokationspotenzial richtig aus. Auslotung, was *politically correct* ist und was die Grenzen des Sag- und Zeigbaren sind, gehört zum Genre, der Humor ist daher schärfer und zynischer. Oft besonders lustig, wenn es eigentlich um kleine Dinge, Bagatellen, geht, die überproportional aufgeblasen werden.

Konfliktfelder

Interpersonelle Konflikte dominieren, es wird gezeigt, wie sich Menschen gegenseitig das Leben (unnötig) schwer machen. Innere Konflikte fügen sich darin aber bestens ein, vor allem wenn die Protagonisten Einfluss auf andere Personen haben, Verantwortung tragen, der sie nicht gewachsen sind oder ihre Macht (trotz eventuell vorhandener anfänglicher Skrupel) missbrauchen. Moderate Konfliktkurve und Fallhöhe, Leben-und-Tod-Situationen eher selten. Figuren und Plot sollten sich einem gesellschaftlichen oder moralischen Problem unterordnen (*theme driven*).

Protagonisten

Oft in Entscheiderpositionen, mit gewisser Machtfülle. Sogenannte ›Respektspersonen‹ (Politiker, Ärzte, Medienfuzzis, Industrielle), die dem Zuschauer leicht überlegen, aber keine allzu guten Menschen sind. Typisch ist die karikaturenhafte Überzeichnung, die Vorurteile des Zuschauers gegenüber gewissen Berufsständen bestätigen. Meist entweder sehr ehrgeizig oder sehr faul, moralisch biegsam und/oder überfordert. Aber nie so tollpatschig wie ein Persiflagenheld, sodass eine gewisse Gefährlichkeit von ihnen ausgeht. Die Kunst ist, die Figur zur Identifikation einladend zu gestalten, obwohl sie nicht zu sympathisch sein darf.

Antagonisten

Entstammen oft demselben Umfeld wie Protagonist, dann oft in vorgesetzter oder untergebener Stellung. Held und Gegenspieler werden gern als Rivalen aufgestellt, die in einem überzogen scharfen Wettbewerb um ein (abseitiges, sinnloses oder komplett amoralisches) Ziel stehen. Ihre Charakterzüge ähneln sich dabei stark. Häufigster gegenpoliger Ansatz ist ein ›Clash‹, in dem eine anders geprägte Figur aus einer fremden Arena (eher Underdog, ›Eulenspiegel-Figur‹) auftaucht und den Status Quo des Helden (eher Establishment) stört.

Setting

Fokus auf Gesellschaftskritik begünstigt Ansiedlung im Hier und Jetzt. In eine zu überhöhte oder abstrakte Welt verlegt, liefe Satire Gefahr, zu einer → Parodie zu werden, mit der gewisse Verwechslungsgefahr besteht. Dass der Zuschauer sein eigenes Lebensumfeld erkennt, erhöht Komik und Relevanz. Oft werden bestimmte Milieus hervorgehoben und durch treffende Analyse verhöhnt. Der Hang zur Anprangerung ähnelt stark dem des → Sozialdramas. Die Arena ist, öfter als in anderen Genres, das berufliche Umfeld des Protagonisten.

Themen

Satiren greifen Themen auf, die von der breiten Masse diskutiert werden, und nutzen diese Aufmerksamkeit als ›Marke‹ (*die* Komödie über: Nazis, Sterbehilfe, Massentierhaltung etc.). Die besten Themen sind dabei die, die sich auf den ersten Blick am wenigsten für humoristische Modifikation eignen (Bestattungsunternehmen als Arena gibt mehr her, als Clown-Schule).

Motive

Aufgabe der Satire ist, etwas humorvoll darzustellen, das eigentlich nicht lustig ist und das der Zuschauer auf keinen Fall am eigenen Leib erfahren wollen würde. Grenzüberschreitung ist fester Genrebestandteil (›darüber macht man keine Witze‹). Anders als andere Komödienformen soll das Genre nicht nur emotional wirken, sondern auch zum Nachdenken über den Gegenstand des Spotts anregen. Diese Kopfnote macht das Genre aus Sicht vieler Produzenten kommerziell schwierig. Sarkasmus, Zynismus und Ironie sind die Klaviatur, auf denen das Genre gespielt wird; der Humor kann dabei sowohl via Dialog als auch *slapstick* (Visuelles) entstehen.

Dramaturgie

Insiderstorys, die kritisch eine bestimmte Welt beschreiben. Der Held dreht sich darin immer schneller um die eigene Achse und zerstört dabei sich und andere, da er verbissen auf sein Ziel fixiert ist. Ist Protagonist ein Outsider, so öffnet er den Insidern die Augen, allerdings auf schmerzhafte Weise, die Opfer erfordert. Satiren sind keine intimen Geschichten, sondern erfordern einen gewissen Grad an Öffentlichkeit, um sich zu entfalten. Scheitern ist stets selbstverschuldet. Figurenentwicklung vorhanden, aber eher zum Negativen, in tragischem Ende mündend; Protagonist mag Sehnsucht nach Wandel oder Läuterung verspüren, kann diese aber nicht umsetzen und bleibt in sich selbst gefangen. Als Serie üblich, dann meist horizontal erzählt, häufig in Form von *workplace sitcoms*.

Vermeiden!

- Harmlosigkeit. Hier wird kein ›netter‹ Humor angestrebt; Güte darf aufblitzen, solange sie kurz darauf von etwas Schwarzem verschluckt wird. Kritische Haltung ist Trumpf.
- Erhobener Zeigefinger: Der Grat von spöttischem Understatement (richtig!) zu platter Belehrung (falsch!) ist schmal.
- Satire tritt nach oben, nicht nach unten.

Mischbarkeit

Genres, die alternative Gesellschaftsentwürfe zeigen, wie die → Science-Fiction, eignen sich gut zur Kreuzung (*Battle Royale*, 2000). Da sozialkritische Elemente bei der Satire konstituierend sind, gibt es Parallelen zum → Sozialdrama, aber mit gegensätzlich emotionaler Ausrichtung (Lachen statt Weinen). Dem → Charakterdrama kommt Satire näher, wenn Protagonist Entscheidungen mit großer Tragweite treffen muss. Bester Beweis, dass in einer guten Komödie auch ein tragischer Kern steckt. Bei sehr eigenwilligen Grundideen Überschneidung mit → High-Concept-Comedy (*Idiocracy*, 2006).

Loglines

- »Ein Fälscher hat seinen Job zu gut gemacht: Seine vermeintlichen Tagebücher von Adolf Hitler entfachen einen medialen Sturm, den er nicht mehr unter Kontrolle kriegt.« (*Schtonk!*, 1992)
- »Ein überheblicher Restaurantkritiker liefert sich eine Fehde mit dem skrupellosen Besitzer einer Fastfood-Kette.« (*Brust oder Keule*, 1976)

- »Vier vom westlichen Leben enttäuschte Muslime wollen sich aus Trotz einer Terrorzelle anschließen, doch das Leben als Gotteskämpfer ist härter als gedacht.« (*Four Lions*, 2010)
- »Das weiße Haus engagiert Hollywood-Filmer, die zu Wahlkampfzwecken die Berichterstattung zu einem nicht existierenden Krieg produzieren sollen.« (*Wag the Dog*, 1999)

Empfehlungen

Filme:
Der Maulkorb (D 1938)
Der große Diktator (USA 1940)
Der Hauptmann von Köpenick (D 1956)
Dr. Seltsam oder wie ich lernte die Bombe zu lieben (GB/USA 1964)
Frühling für Hitler (USA 1967)
Teorema (IT 1968)
M.A.S.H. (USA 1970)
Der diskrete Charme der Burgeoisie (FR 1972)
Zoff in Beverly Hills (USA 1986)
Schtonk! (D 1992)
Rossini (D 1996)
Die Truman Show (USA 1998)
American Psycho (USA/CAN 2000)
Thank You for Smoking (USA 2005)
39,90 (FR 2007)
Almanya - Willkommen in Deutschland (D 2011)
Er ist wieder da (D 2015)
Downsizing (USA 2017)
The Death of Stalin (GB/FR 2017)
Herrliche Zeiten (D 2018)
Loro - Die Verführten (IT 2018)
Jojo Rabbit (USA 2020)

Serien:
Yes, Minister (GB 1980-82)
Kir Royal (D 1985)
South Park (USA 1997+)
American Dad (USA 2005+)
Extras (GB 2005-07)
30 Rock (USA 2006-13)
Parks & Recreation (USA 2009-15)
Black-ish (USA 2014+)
Bojack Horseman (USA 2014-20)
Dear White People (USA 2017+)

12.3 High-Concept-Komödie

Historie

Mit ›High Concept‹ sind Storys gemeint, die sich durch eine besonders originelle und griffige Grundidee auszeichnen. Dieser liegt häufig eine ›Was wäre, wenn?‹-Fragestellung zugrunde. Da diese Storys gut vermarktbar, aber dünn gesät sind, erzielen solche Drehbücher in Hollywood oft die höchsten Preise. Filmtypisches Subgenre mit langer Tradition in Kino und Serie, das in Theater und Literatur seltener aufgegriffen wird. Franchise-Fähigkeit ist vorhanden.

Emotionalität

Unterhaltungswert entsteht aus einer kindlichen Freude an einem abstrakten Ideenkonstrukt. Wer hat sich als Kind nicht gewünscht, unsichtbar zu sein, Gedanken lesen zu können oder durch Wände zu gehen? Hier darf man sich in diese Fantasie fallen lassen und dabei lachen.

Konfliktfelder

Innerer Konflikt, da Protagonist entscheiden muss, wie er seine Fähigkeit einsetzt. Spiritueller Konflikt, verkörpert durch das übernatürliche Element (das ›Gimmick‹) der Geschichte. Interpersonelle Konflikte, da das Umfeld auf die Veränderung des Helden reagiert. Moderate Konfliktkurve und Fallhöhe, es geht meist nicht um Leben und Tod. Alles ordnet sich der originellen Grundidee unter (*premise driven*).

Protagonisten

Meist sympathische Alltagsmenschen auf Augenhöhe mit dem Zuschauer, deren Leben durch eine ungewöhnliche Begegnung (Aliens, verrückter Erfinder) oder ein unerklärliches Ereignis (Unfall, vom Blitz getroffen) umgekrempelt wird. Meist, aber nicht immer, spielt das vorübergehende Erlangen einer un- oder übernatürlichen Fähigkeit, oder eines Gegenstandes (*macguffin*), der eine solche Kraft beherbergt, eine tragende Rolle, deren Anwendung erheiterndes Chaos stiftet. Oft ist die Grundsituation auch menschengemacht, dann hat der Protagonist einen meist absurden Plan, sein Leben oder das anderer zu verbessern, in diesem Fall verstellt er sich oft und ›tut so als ob …‹; er kann aber auch Opfer einer solchen Verschwörung sein. Bisher waren fast alle Helden in diesen Storys Männer, es gibt hier Spielraum für interessante Frauenfiguren.

Antagonisten

Häufig ist die ›Gabe‹, die erst als Segen erachtet wird, ein Fluch, den der Protagonist wieder loszuwerden versucht, wobei dies stets auf lustige Weise geschehen muss. Die Fähigkeit an sich bzw. das ›Gimmick‹ ist also der Antagonist. Auch menschliche Gegenspieler können ins Spiel kommen, vor allem Neider, die sich das Gimmick aneignen, es erforschen oder missbrauchen wollen. Bei nicht-paranormalen Konstellationen (meist gut meinende) Intriganten, die den Helden durch einen Streich beeinflussen wollen, in Serienform dabei dann oft Nähe zur → Dramedy.

Setting

Meist im Hier und Jetzt angesiedelt, sehr bodenständig, in einer Welt, die die meisten Zuschauer nachvollziehen können. Genre lebt stark von der Grundidee und deren dramaturgischer Umsetzung, aber auch von der ästhetischen Gestaltung, bei der oft filmspezifische Techniken und Tricks zum Einsatz kommen, die *slapstick*-Humor (visuell) begünstigen, während Dialogwitz sekundär ist.

Themen

Die Fähigkeit, die der Held erlangt, wirft moralische Fragen auf, vor allem nach Verantwortung. Nutzt er das ›Gimmick‹ zum Wohl anderer oder zur persönlichen Bereicherung? Liebe und Freundschaft können durch das Gimmick begünstigt, aber auch behindert werden. Am Ende wird er, nach einer Phase hedonistischen Experimentierens, meist ›vernünftig‹ und bemüht sich um Aufhebung. Protagonist unterliegt häufig einer Selbsttäuschung, die durch diese Entscheidung überwunden wird. In nicht-paranormalen Szenarien geht es meist um die Unangemessenheit von Mitteln, um bestimmte Ziele zu erreichen, z.B. betreiben Figuren riesigen Aufwand, um ein kleines Alltagsproblem zu lösen oder einen bizarren Streich zu spielen, oder verfolgen sinnlose Pläne mit übertriebenem Eifer. Hier wird die Neigung des Menschen, sich in Dinge hineinzusteigern, zum zentralen Thema.

Motive

Quasimagische Elemente, die in anderen Genres unglaubwürdig wären oder ganz generell an den Haaren herbeigezogen wirken, sind in diesem Subgenre mehr als gern gesehen. Die *suspension of disbelief*, also möglichst glaubhafte Etablierung dieses Aspektes, ist hier eine Hauptherausforderung für den Autor. Je mehr die Idee nach ›Quatsch‹ klingt, umso größer der Sieg, wenn sich das Publikum darauf einlässt. Werkzeuge zur Manipulation von Materie, Raum oder Zeit kommen häufig vor. Sehr beliebt: Körpertauschszenarien (*body swap*). Da die ›Gabe‹ nur einen beschränkten Zeitraum lang wirkt (manchmal ist sie sogar nur geträumt) bzw. das Gimmick nicht endlos lange funktioniert, stellt sich die Frage nach der Rückkehr ins ›alte‹ Leben, verbunden mit der Reflexion über dessen Sinn und Zweck. Interaktion mit dem ›Urheber‹ des Gimmicks, im übertragenen Sinne ein Zwiegespräch mit Gott, die aber sehr unterschiedlich ausgeformt sein kann, spielt tragende Rolle bei der Auflösung.

Dramaturgie

Der Held entfernt sich von sich selbst und findet dann zurück. Am Mittelpunkt ist er sich selbst am fremdesten. Protagonist wird anfangs nur vom Bedürfnis geleitet, entwickelt erst später durch falsche Handhabung der Gabe oder des Gimmicks ein (zuerst schlechtes, egoistisches) Ziel und erreicht am Ende nach Stillung des Needs ein ›gutes‹ (altruistisches). Komik entsteht v.a. durch das Aufeinanderprallen des Bekannten mit dem Fremden. Häufig Läuterungsgeschichte, deutlicher Charakterbogen. In Serienform üblich, dort sowohl horizontal als auch episodisch erzählt.

Vermeiden!

- Zu ernst zu werden. Die Grenzen dieses Subgenres zu Horror und Fantasy sind fließend und das Augenmerk sollte beim Storytelling darauf liegen, stets die komödiantischen Aspekte zu betonen.
- Die ›Gabe‹ permanent oder das Gimmick ewig haltbar zu machen. Gerade die Gefahr oder Aussicht, es jederzeit wieder verlieren zu können, macht die Story spannend (wobei jedoch auch die Option, dass sie permanent bleibt, eine unangenehme Aussicht darstellen kann).

- Konflikte zu stark zuspitzen. Keine Kämpfe auf Leben und Tod. Das Gezeigte muss spielerische Qualität bewahren.
- *Double Mumbo-Jumbo*: Fokussierung auf *ein* ungewöhnliches Element, mehrere Gimmicks überladen und verwässern die Geschichte.

Mischbarkeit

Häufige Überschneidung mit → Rom Com, wenn Liebesverwicklungen im Vordergrund. Überschneidung mit → Fantasy, da High-Concept-Comedies häufig übernatürliche Elemente nutzen. Überschneidung mit → Horror, wenn die ›Gabe‹ allzu erschreckende Auswirkungen hat. Ist sie technisch entstanden oder erklärbar, wird Nähe zu → Sci-Fi größer. Steht Gesellschaftskritik im Vordergrund, Nähe zur → Satire. Der innere Konflikt bezüglich der richtigen Anwendung der erlangten Fähigkeit bzw. des Gimmicks erinnert in ihrer tragischen Dimension an das → Charakterdrama. Je nach Grundidee kann das Genre auch mit historischen oder utopischen Szenarien kombiniert werden.

Loglines

- »Ein verlogener Anwalt kann aufgrund eines Geburtstagswunsches seines vernachlässigten Sohnes 24 Stunden lang nur noch die Wahrheit sagen.« (*Der Dummschwätzer*, 1997)
- »Nachdem ihm Organe von verschiedenen Tieren transplantiert wurden, wird ein Mann damit konfrontiert, dass er die Wesenszüge dieser Tiere annimmt.« (*Animal – Das Tier im Manne*, 2001)
- »Ein oberflächlicher Mann kann plötzlich nur noch die innere Schönheit von Menschen sehen und verliebt sich, ohne es zu wissen, in eine 150-Kilo-Frau.« (*Schwer verliebt*, 2001)
- »Um seiner Mutter, die nach Jahrzehnten aus dem Koma erwacht, einen Schock zu ersparen, muss ein Junge so tun, als sei die DDR niemals untergegangen.« (*Goodbye, Lenin*, 2003)

Empfehlungen

Filme:
Ein Mann geht durch die Wand (D 1959)
The Man Who Stole the Sun (JP 1979)
Zurück in die Zukunft (USA 1985)
Big (USA 1988)
Das Leben ist schön (IT 1997)

Bowfingers große Nummer (USA 1999)
Being John Malkovich (USA 1999)
Was Frauen wollen (USA 2000)
Ich, beide und sie (USA 2000)
Bruce Allmächtig (USA 2003)
Freaky Friday (USA 2003)
50 erste Dates (USA 2004)
Klick (USA 2006)
Hangover (USA 2009)
Lügen macht erfinderisch (UK 2009)
Ted (USA 2012)

Serien:
Mork vom Ork (USA 1978-82)
ALF (USA 1986-90)
Dead Like Me (USA 2003-04)
My Name is Earl (USA 2005-09)
Pushing Daisies (USA 2007-08)
Eli Stone (USA 2008-09)
Bored to Death (USA 2009-11)
Taras Welten (USA 2009-11)
The Last Man on Earth (USA 2015-18)
Son of Zorn (USA 2016-17)
Ill Behaviour (GB 2017)
Living with Myself (USA 2019)

12.4 Buddykomödie

Historie

Die Konstellation des ›ungleichen Paares‹ (*odd couple*) existiert in der Filmkomödie seit der frühen Tonfilmzeit mit amerikanischen Vertretern wie Laurel und Hardy, den Stooges oder Marx Brothers. In den 1960ern wurden die *odd couple*-Filme mit Matthau-Lemmon und aus Italien mit dem Gespann Spencer-Hill populär. In den 1970er-Jahren griff die französische Filmindustrie das Genre auf und bedient es bis heute sehr erfolgreich. Auch in Deutschland ist es durch Duos wie Carell-Richter und Gottschalk-Krüger verankert. Starkes Franchise-Potenzial.

Emotionalität

Humor erwächst aus den charakterlichen Gegensätzen der (meist zwei) Protagonisten. Die sehr verschiedenen Ansätze für Problemlösungen beider Figuren sind dabei der amüsanteste Teil. Zugleich berührt die Annäherung der anfangs oft verfeindeten Figuren, aus denen im Lauf der Story Freunde werden.

Konfliktfelder

Im Vordergrund steht ein interpersoneller Konflikt, da die Reibung verschiedener Figurentypen die Grundspannung erzeugt (›Katz und Hund‹). Soziale Konflikte können eine Rolle spielen, da die Buddys eine ›wir gegen den Rest der Welt‹-Attitüde leben. Innerer Konflikt, falls die Helden über die eigene Unfähigkeit stolpern. Flache Konfliktkurve und Fallhöhe, eher farcenhafte Erzählung ohne elementare Bedrohung. Plot ist eher nebensächlich und selten originell, Genre extrem *character driven* und *scene driven*.

Protagonisten

Meist liebenswerte Loser am Rand der Gesellschaft, denen sich der Zuschauer leicht überlegen fühlen kann. Oft verschroben und gehen ungewöhnlichen Tätigkeiten nach oder sind durch eine Leidenschaft, z.B. Musik (*Wayne's World*, 1992), eng verbunden. Entweder von Anfang an beste Freunde, die das Leben nur gemeinsam meistern können, oder Fremde, die sich unter Druck zusammenraufen. In der Regel ist einer der optimistische, sensible Typ, der andere brummig und grob. Üblich auch die Kombination eines Normalos (*straight man*), der mit einem Verrückten konfrontiert wird. Bisher männlich dominiertes Subgenre; weibliche Kumpelkomödien im Kino selten, als TV-Serie deutlich häufiger.

Antagonisten

Die Buddys kollidieren oft mit Ordnungskräften der Welt, die sie gemeinsam durchqueren (Türsteher, Polizisten, Gaunerbanden). Diese Kräfte sehen ihre Autorität durch die schrägen Vögel herausgefordert und versuchen, sie loszuwerden. Anders als die Buddys werden die *bad guys* aber selten ikonische Figuren: Die Show gehört den Helden. Spannungen aus der Verschiedenheit der Buddys reichen aber schon, um genug Handlung zu generieren, sodass auf Gegenspieler von außen fast verzichtet werden kann.

Setting

Keine zwingenden Handlungsorte oder Epochen. Die Buddykomödie wird manchmal mit anderen Genres wie dem → Western oder dem → Krimi kombiniert, der dann seinerseits das Setting bestimmt.

Themen

Zentrales Thema ist Freundschaft und wie man für sie durch dick und dünn geht. Natürlich nicht ohne Konflikte, denn die Ehrlichkeit, die man an Kumpels schätzt, kann auch verletzen. Und wer sein Ego nicht zurückstellen und auch mal Kompromisse machen kann, riskiert, seinen *best buddy* zu verlieren.

Motive

Häufiges Motiv einer Reise, die die Protagonisten antreten müssen (oft eine Suche oder Flucht), als ›Klebstoff‹ für das Gespann. Damit trägt das Subgenre Züge des Roadmovies bzw. wird oft synonym damit gesetzt. Buddy-Comedys werden selten als anspruchsvolle Erzählungen wahrgenommen und in die ›Trash‹-Ecke gerückt, was ihrem Erfolg aber keinen Abbruch tut.

Stilmittel

Buddy-Comedys leben von Situationskomik, bei dem Dialog die tragende Rolle spielt, auch wenn visuelle Gags (*slapstick*) nicht ausgeschlossen sind. ›Sprüchigkeit‹, welche *catch phrases* (markante Sätze, die in die Alltagssprache weitergereicht werden) hervorbringt, ist typisch für das Subgenre und ermöglicht es den (Anti)helden, zu ›Kultfiguren‹ mit eigener Fanbase zu werden.

Dramaturgie

Zwei Helden schwimmen gegen den Strom, am Midpoint droht der Strom, sie zu trennen. Protagonisten werden eher von Bedürfnissen (simple Triebbefriedigung) geleitet; haben sie Ziele, sind diese oft unsinnig oder bizarr (z.B. der Beste in etwas zu werden, das niemanden interessiert). Tun sie der Allgemeinheit etwas Gutes, dann eher aus Versehen. Storys spielen eher in einem privaten Umfeld als einer breiten Öffentlichkeit. Wenig bis keine Figurenentwicklung, Publikum liebt das Statische der Helden, die gerade durch ihre Dickköpfigkeit Coolness entwickeln. In Serienform üblich, dann meist episodisch erzählt, häufig als Sitcom.

Vermeiden!

- Das fünfte Rad am Wagen. Das Duo hat im Subgenre Tradition; erweitert man die Gruppe um mehr Personen, muss es dafür gute Gründe geben. (Wenn, ist es meist ein Vertreter des anderen Geschlechts.)
- Konflikte zu stark zuspitzen. Keine Kämpfe auf Leben und Tod, es sei denn der Mix mit einem weiteren Genre erfordert dies. Bonnie-und-Clyde-Konstellationen gehören dem → Gangsterfilm.

Mischbarkeit

Häufige Kombination mit → Krimi, in dem zwei gegensätzliche Kommissare zusammenarbeiten müssen. Aspekt einer Reise mit Suche kann in Peripherie des → Abenteuerfilms führen. Konkurrieren Protagonisten um einen Partner, Nähe zur → Romantic Comedy. Überschneidungen mit der → Science-Fiction möglich (*Bill & Teds verrückte Reise durch die Zeit*, 1988). Spielarten sind die Kifferkomödie, sofern Verwicklungen um Marihuana im Mittelpunkt, oder die Verwechslungskomödie, häufig mit Verkleidungsschwerpunkt (meist Travestieelemente, die im Genre vorhandene homoerotische Untertöne amplifizieren).

Loglines

- »Ein Profikiller wird zum Lebensretter für einen suizidalen Ehemann.« (*Die Filzlaus*, 1973)
- »Als ein Teenager von zu Hause ausbüchst, machen sich zwei Männer, die beide glauben, sein Vater zu sein, auf die Suche nach ihm.« (*Zwei irre Spaßvögel*, 1983)
- »Ein Chauffeur und ein Hundefriseur tragen der Frau ihrer Träume einen verlorenen Koffer quer durch Amerika nach, in der Hoffnung, ihr Herz zu erobern.« (*Dumm und Dümmer*, 1994)
- »Ein schweigsamer Gangster und ein quasselnder Dummkopf brechen gemeinsam aus dem Gefängnis aus.« (*Ruby & Quentin*, 2003)

Empfehlungen

Filme:
Manche mögen's heiß (USA 1959)
Viel Rauch um nichts (USA 1978)
Der Hornochse und sein Zugpferd (FR 1981)

Die Supernasen (D 1983)
Vier Fäuste gegen Rio (IT 1984)
Whitnail & I (GB 1987)
Airheads (USA 1994)
Absolute Giganten (D 1998)
Ghost World (USA 2001)
Lammbock (D 2001)
Harold & Kumar (USA 2004)
Kings of Rock - Tenacious D (USA 2006)
Willkommen bei den Sch'tis (FR 2008)
Paul - Ein Alien auf der Flucht (USA 2011)
Ziemlich beste Freunde (FR 2011)
Taffe Mädels (USA 2013)
The Nice Guys (USA 2016)
Nightlife (D 2020)
Die Känguru-Chroniken (D 2020)

Serien:
Ein Duke kommt selten allein (USA 1979-85)
Simon & Simon (USA 1981-89)
Absolutely Fabulous (GB 1992-2012)
Friends (USA 1994-2004)
Seinfeld (USA 1989-98)
Sex and the City (USA 1998-2004)
Will & Grace (USA 1998-2006)
Psych (USA 2006-14)
2 Broke Girls (USA 2011-17)
Broad City (USA 2014-19)
Grace and Frankie (USA 2015+)
Jerks (D 2017+)

12.5 Romantische Komödie

Historie

Lange Tradition seit dem griechischen Theater (*Lysistrata*, Aristophanes). Shakespeares Komödien fallen häufig darunter. Im Kino seit der frühen Tonfilmzeit populär, deutsche Beiträge in den 1930ern, Screwball-Comedys in Hollywood (1940er), Celentano-Muti in Italien (1980er), Hugh-Grant-Filme in GB (1990er), seit dieser Zeit auch populäre Beiträge aus Deutschland. Wegen vornehmlich weiblicher Hauptfiguren und Zielgruppe auch als *chick flick* verschrien.

Emotionalität

Humoristische Betrachtung von Liebesverwicklungen und Gefühlsentblößung. Komik entsteht durch Konfrontation mit erotischen Fallstricken und von Geschlechterrollen geprägten Missverständnissen. Emotionen werden durch Peinlichkeiten und Missgeschicke, die positiv aufgelöst werden, sowie der starken Hoffnung, dass die Protagonisten zusammenfinden, hervorgerufen.

Konfliktfelder

Innerer Konflikt, da die Liebe meist an den eigenen Unzulänglichkeiten zu scheitern droht. Interpersonelle Konflikte, wenn sich die (Ver)liebenden anfangs feindselig gegenüberstehen oder es Nebenbuhler gibt. Moderate Konfliktkurve und Fallhöhe, kein Kampf auf Leben und Tod.

Protagonisten

Falls weiblich, meist junge, moderne Durchschnittsfrau um die 30 mit oder ohne beruflichen Erfolg; unerfülltes Privatleben. Wehrt sich dagegen, sich über Mann/Beziehung zu definieren, aber spürt, wie die biologische Uhr tickt. Falls männlich, entweder Nerd, verschroben, widerspenstig und einzelgängerisch, der von temperamentvoller Frau (*manic pixie dreamgirl*) ›wachgeküsst‹ werden muss, oder attraktiv-charmanter Womanizer mit oberflächlichen Affären, der von bodenständiger Frau von Bindungsangst geheilt werden muss. Beliebte Nebenfiguren: beste Freundin (promisk und/oder schon verheiratet) oder ›schwuler bester Freund‹ (meist stilbewusst) als Zuhörer und Stichwortgeber. Ebenfalls: Der ›uncoole‹ Sidekick, meist sexuell unerfahren, oft hypochondrisch, lässt Held/Heldin besser dastehen, findet aber am Ende auch noch richtige/n Partner/in. Was sein Personal angeht ist jedoch auch dieses Genre auf dem Weg zu mehr Ausdifferenzierung.

Antagonisten

Größtes Hindernis liegt in den Figuren selbst, *character flaw* muss überwunden werden (Schüchternheit, Stolz und Unfähigkeit, Entscheidungen zu treffen), bevor erotische Erfüllung gewährt wird. Externe Antagonisten wollen die Liebe der Protagonisten zerstören, wobei Eifersucht oder Missgunst, oft durch Nebenbuhler verkörpert, gut gemeinter Schutz vor falscher Wahl oder Aufrechthalten von Tradition (jemandem anders versprochen, nicht standesgemäß etc.) gängige Motivationen sind.

Setting

Meist zeitgenössische Szenarien, auch wenn historische möglich sind. Vorzugsweise bürgerliches Umfeld, in dem sich der Mainstreamzuschauer wiederfindet. Charaktere mit coolen, angesagten Berufen. Gern wird das

Dekor als besonders romantisch geltender Städte (Paris, Rom) oder Landschaften (Toskana) genutzt.

Themen

Spaßiger ›Kampf der Geschlechter‹. Wie Männer und Frauen sich trotz aller Verschiedenheiten und Kabbeleien brauchen und ergänzen. ›Den Richtigen‹ (*Mr. Right*) zu finden oder ›das Richtige‹ zu tun, dabei oft persönliches Wachstum durch Verzicht bzw. neue Priorisierung der Lebensumstände. ›Topf sucht Deckel‹, dabei oft unterschwelliger Prozess einer Zähmung, durch die ein Triebwesen zu *marriage material* umgebaut und in die hetero-monogame Normgesellschaft integriert werden soll. Tendenziell antifeministische Haltung, konservative Werte, hier gibt es viel Spielraum für Innovation.

Motive

Veralberung von Paarungsritualen. Gesellschaftliche Konventionen und ›Dating-Regeln‹ werden lustvoll ad absurdum geführt. Gern benutzt: Hochzeiten, entweder als Rahmen für den gesamten Film oder nur im letzten Akt (dann auch gern Doppelhochzeit). *Meet-cute*, die erste unbeholfene, oft von Peinlichkeit geprägte Begegnung. *Double date*, Held/in muss im selben Restaurant mit zwei *love interests* gleichzeitig jonglieren. Reiseszenarien und Urlaubsgeschichten werden häufig eingesetzt (*love and landscape* ähnlich wie in der ernsten → Romanze). Spiel mit Abneigung und Zuneigung. Humor ist vorwiegend dialoggetrieben und weniger visuell (*slapstick*), basiert oft auf Verwechslungen und fehlerhafter Kommunikation (Missverständnisse). Moralisch-emotional steht weniger Läuterung, mehr Erweckung im Vordergrund.

Dramaturgie

Zwei Helden bewegen sich voneinander weg und dann aufeinander zu. Am Mittelpunkt sind sie am weitesten voneinander entfernt. Intime Geschichten im privaten Umfeld, wenig Gesellschaftsbezug. Selbstbezogene Bedürfnis- und Zielverwirklichung stärker als idealistisch-altruistische Motive. Charakterbögen moderat. In Serienform üblich.

Vermeiden!

- Unnötige Nebenstränge. Fokus der Handlung muss auf der Liebesgeschichte liegen.
- Körperflüssigkeiten. *Gross out*-Humor lustig-ekliger Natur ist eher der → Teenagerkomödie vorbehalten, in der Rom Com geht es mehr um Liebe als um Sex.
- Alles ins Lächerliche ziehen. Rom Com braucht immer wieder ›ernste‹ Momente tiefen Gefühls zur Erdung; es ist eine Geschichte über Liebe und keine Parodie davon.
- Zu brutale Widersacher. Auch Antagonisten müssen ›lustig‹ sein; amouröse Saboteure die zu abgründigen Mitteln wie Mord oder Vergewaltigung greifen, gehören in die melodramatische Spielart der → Romanze.
- Tod. In diesem Genre wird in der Regel nicht gestorben.

Mischbarkeit

Leichtfüßige Liebeskabbeleien werden oft in anderen Genres als Subplot oder Würze implementiert (z.B. in Superheldenfilmen, die → Fantasy oder → Science-Fiction zuzuordnen sind, oder → Krimiserien). Konkurrieren Protagonisten um einen Partner, Nähe zur → Buddykomödie. Rom Coms mit vielen Selbstreferenzen und Popkulturzitaten rücken ins Metier der → Parodie. Grundsätzlich Nähe zur → Teenagerkomödie, wobei Schwerpunkte anders, dort eher physisch als emotional, sind. Rom Com ›leiht‹ sich Motive vom ernsten Cousin, der → Romanze, und variiert oder persifliert diese.

Loglines

- »Ein Angestellter muss seinem Chef seine Wohnung als Liebesnest zur Verfügung stellen und verliebt sich in eine Affäre, die dieser dort anschleppt.« (*Das Appartement*, 1960)
- »Eine neurotische Amerikanerin reist ihrem untreuen Verlobten nach Paris nach, um ihn zur Rede zu stellen und verliebt sich dabei in einen schlitzohrigen Franzosen.« (*French Kiss*, 1995)
- »Ein Mann, der beruflich andere Menschen miteinander verkuppelt, hat Schwierigkeiten, sich der eigenen großen Liebe zu nähern.« (*Hitch der Date Doktor*, 2005)

- »Zwei Fremde finden nach einer durchzechten Nacht heraus, dass sie im Suff geheiratet haben und verlieben sich nach anfänglichem Schock.« (*Love Vegas*, 2008)

Empfehlungen

Filme:
Die Drei von der Tankstelle (D 1930)
Viktor und Viktoria (D 1933)
Leoparden küsst man nicht (USA 1939)
Die Nacht vor der Hochzeit (USA 1940)
Ein Herz und eine Krone (USA 1953)
Der Stadtneurotiker (USA 1977)
Harry und Sally (USA 1989)
Teen Lover (USA 1989)
Viel Lärm um nichts (GB 1993)
Der bewegte Mann (D 1994)
Der Postmann (IT 1994)
Notting Hill (GB 1997)
10 Dinge, die ich an Dir hasse (USA 1999)
Die fabelhafte Welt der Amélie (FR 2001)
Was das Herz begehrt (USA 2003)
Unter der Sonne der Toskana (USA 2003)
Jungfrau (40), männlich, sucht ... (USA 2005)
Rezept zum Verlieben (USA 2007)
Freunde mit gewissen Vorzügen (USA 2011)
What a Man (D 2011)
Monsieur Pierre geht online (FR 2017)
Serien:
Die Nanny (USA 1993-99)
Sex and the City (USA 1998-2004)
Coupling – Wer mit wem? (GB 2000-04)
How I Met Your Mother (USA 2005-14)
Cougar Town (USA 2009-15)
Castle (USA 2009-17)
You're the Worst (USA 2014-19)
Jane the Virgin (USA 2014-19)
Crashing (GB 2016)
Chewing Gum (GB 2015-17)

12.6 Teenagerkomödie

Historie

Jugendliche Auflehnung gegen Obrigkeit in den 1960er-Jahren (Beat- und Hippiekultur) sowie die durch (soft)pornografische Kinofilme beflügelte ›Sexwelle‹ der 1970er-Jahre ermöglichten diese neue Erzählform. In den 1980er-Jahren expliziter, ab den 1990er-Jahren thematisch vielschichtiger. Erfolgreiche Beiträge vor allem aus Hollywood, Deutschland, Frankreich, Italien und Israel; in Asien so gut wie unbekannt. Hohes Franchise-Potenzial, fast alle erfolgreichen Beiträge des Genres wurden fortgesetzt.

Emotionalität

Humoristische Betrachtung des Erwachsenwerdens, v.a. der damit verbundenen körperlichen Veränderungen. Komik entsteht v.a. aus der Unfähigkeit Heranwachsender, mit überschäumenden Hormonen umzugehen, und mit ihrem Abgleich mit der - alles andere als perfekten - Welt der Erwachsenen. Triebfeder hier vor allem peinliche, (Fremd)scham auslösende Momente.

Konfliktfelder

Innerer Konflikt, da die Protagonisten mit neu erwachenden Gefühlen ringen. Interpersoneller Konflikt, da die Jugendlichen Hierarchien und freundschaftliche oder sexuelle Allianzen bilden. Sozialer Konflikt, da sich die Teenager gegen die starre Welt der Erwachsenen verbünden. Flache Konfliktkurve und geringe Fallhöhe, häufig frivol aufgeladen. Plot nebensächlich, wichtiger sind ikonische Momente, die haften bleiben (*scene driven*).

Protagonisten

Pubertierende Mädchen und Jungs, gern Außenseitercharaktere, die ihren Platz suchen. Held/in klassischerweise ›Normalo‹ ohne besondere Eigenschaften, der/die von extremeren Freunden flankiert wird. Dabei gängig: ›die Jungfrau‹, die/der aufs erste Mal hofft, ›der Dicke‹ bzw. ›die Vogelscheuche‹, der/die immer will aber nie darf, ›der Checker‹, der/die reif tut, aber versagt, wenn es um die Wurst geht, ›der Nerd‹, der/die nur die graue Theorie kennt, ›der Freak‹ mit dem schrulligen Hobby (gern Kiffer/in) und der grimmige Emo-›Schmoller‹, der/die alles doof findet. Die Hauptfiguren sind so alt wie das angepeilte Publikum, was bei anderen Genres nicht zwingend so ist. Das Genre ist im Begriff, die beschriebenen Stereotype aufzulösen und sein Personal mehr auszudifferenzieren.

Antagonisten

Beliebte (gern reiche) Kids, überheblich und Schwächere triezend, den Protagonisten auf den ersten Blick überlegen. Oft entpuppt sich Arroganz als Fassade für tiefe Unsicherheiten oder soll von instabilen Familienverhältnissen ablenken. Autoritätsfiguren, die auf die Spaßbremse treten (Polizisten, Gangster). Auch: verständnislose Erzeuger, die das Erwachsenwerden der Sprösslinge nicht akzeptieren, sich aber später der eigenen Jugend erinnern und Verbündete werden. Großeltern oft cooler als Eltern.

Setting

Bürgerliches Setting, das Identifikation für breites Publikum erlaubt. Schule (High School, College) oder Urlaubsszenarien (Feriencamp, Spring Break) als häufig gewählte Arenen. Historische Szenarien möglich, aber selten.

Themen

Sorgen und Nöte Heranwachsender. Die Zwickmühle, nicht mehr Kind, aber noch nicht erwachsen zu sein. Zugehörigkeit zu Subkulturen, deren Regeln Halt und Orientierung vermitteln. Die (oft durch Gruppenzwang) entstehende Sehnsucht, sich – vor allem sexuell – zu beweisen und zu definieren.

Motive

Erste Liebe, oft mit etwas älterer/m Partner/in. Kann mit Enttäuschung enden, kein Happy Ending garantiert, aber stets wichtige Lebenslektion gelernt. Finden der Zugehörigkeit zu einer Gruppe (Clique, Gang). Zelebrieren des Grellen und ›Unanständigen‹, des Tabubruchs (Ekelwitze über Körperflüssigkeiten). Peinliche Momente (Sexunfälle, Entblößtwerden, Erwischtwerden bei Spannerei, Masturbation mit bizarren Gegenständen). Subtile edukative Aspekte, Vorbereitung auf Regeln und Rituale der Erwachsenenwelt.

Dramaturgie

Protagonisten agieren meist stark triebgesteuert, weswegen sich Handlung eher aus Need als aus Want entwickelt; übergeordnete Ziele, erst recht altruistischer Natur, existieren kaum. Storys sind eher im familiären, maximal schulischen Umfeld angesiedelt. Die Welt der Heranwachsenden ist eingegrenzt, genau darin liegt die emotionale Qualität und erzählerische Herausforderung. Es geht darum, die eigene Welt größer zu machen, auszubrechen, sich auszuprobieren und dabei auch selbst zu finden (*coming of age*-Aspekt). Charakterbogen, so vorhanden, eher klein; Konflikt ist meist nicht existenziell oder gar lebensbedrohlich für die Figuren (auch wenn sie dies in ihrer pubertären Dramatik vielleicht selbst so wahrnehmen). In Serienform üblich, dann meist episodisch erzählt.

Vermeiden!

- Zu ›perfekte‹ Charaktere. Figuren definieren sich vor allem über ihre Mängel.
- Zu viele Erwachsene. Die sind in dem Genre nur als Nebenfiguren gestattet, deutliche Erzählperspektive der Teenager.
- Berufliches. Es geht vor allem um Verwicklungen im Privaten.
- Tod. In der Regel wird nicht gestorben. Ernsthaftigkeit schwerer Verluste bleibt ausgeklammert.

Mischbarkeit

Verwandt mit der → Romantic Comedy, wobei dort der *coming of age*-Aspekt ausgespart ist. Bei überdrehten Prämissen Nähe zur → High-Concept-Comedy. Mit übernatürlichen Elementen (gern Hexen) Überschneidung mit → Fantasy, auch der → Science-Fiction. Bei ernsteren Konflikten und reduziertem Klamauk Spielart der → Dramedy. Teenagerkomödien ›leihen‹ sich gern Konstellationen vom ernsten, erwachsenen Pendant, der → Romanze und variieren oder persiflieren diese.

Loglines

- »Zwei jugendliche Computernerds erschaffen im Rechner ihre Traumfrau, die in der Realität erwacht und allen den Kopf verdreht.« (*L.I.S.A. – Der helle Wahnsinn*, 1985)
- »Eine Gruppe Schüler will in einen Stripclub, wird jedoch vom Besitzer gelinkt, an dem es nun Rache zu nehmen gilt.« (*Porky's*, 1981)
- »Ein Schüler kriegt den Schreck seines Lebens, als eines Morgens sein Penis mit ihm spricht und Forderungen stellt.« (*Harte Jungs*, 2000)
- »Das neue Mädchen an der Schule soll die herrschende Girl-Gang infiltrieren und vergisst dabei ihre Außenseiterfreunde.« (*Girls Club*, 2004)

Empfehlungen

Filme:
Die Lümmel von der ersten Bank (D 1967)
Flotte Teens und heiße Jeans (IT 1975)
Eis am Stiel (ISR 1978)
Ich glaub', mich tritt ein Pferd (USA 1978)
Im Sommercamp ist die Hölle los (USA 1980)
Ich glaub', ich steh' im Wald! (USA 1982)
Clueless – Was sonst! (USA 1995)
American Pie (USA 1999)
Sonnenallee (D 1999)
Road Trip (USA 2000)
Schule (D 2000)
Mädchen, Mädchen (D 2001)
Superbad (USA 2007)
Juno (USA 2007)
Project X (USA 2012)
Booksmart (USA 2019)

Serien:
Der Prinz von Bel Air (USA 1990-96)
Doug (USA 1991-94)
Parker Lewis (USA 1990-93)
Daria (USA 1997-2002)
Die wilden Siebziger (USA 1998-2006)
*The End of the F***ing World* (USA 2017+)
Sex Education (UK 2019+)

12.7 Dramedy

Historie

Verschmelzung von Drama und Komödie, in der Antike Tragikomödie genannt (Plautus, Tragödie mit gutem Ausgang). Blüte im französischen Theater des 17. Jhds. Vor allem in Fernsehserien vertretener Mix, der ab den späten 1990er-Jahren populär wurde. In Deutschland vor allem in Form von TV-Movies, in Serie im Privatfernsehen produziert. Selten im Kino, vereinzelte Beispiele aus dem Hollywood der 1980er-Jahre. Seit den 1990ern vor allem in Serienform geläufig und bis heute sehr erfolgreich und häufig produziert.

Emotionalität

Vereint Tiefe und Anspruch des Empathie weckenden Dramas mit humoristischer Brechung, wobei aber weder das Lachen noch das Leid zu stark betont sind. Eine Art ›Drama light‹ oder ›ernste Komödie‹.

Konfliktfelder

Innerer Konflikt, da die Figuren sich meist selbst im Weg stehen. Interpersonelles in nicht sehr zugespitzter Form, selten soziale Reibungen. Relativ flache Konfliktkurve, moderate Fallhöhe, wobei sich in Serien über viele Staffeln hinweg eher der dramatische oder der komödiantische Aspekt mehr verstärkt.

Protagonisten

Akteure sind wohl von allen Genres am ›alltäglichsten‹, meist Normalbürger auf Augenhöhe mit dem Publikum ohne herausragende Fähigkeiten. Haben manchmal einen Traum oder große Pläne, die sie auf eher ungeschickte Weise verfolgen. Ähnlich wie → Parodie per se eine Mischform, die daher aus den Stereotypen der verwendeten Genrevorlagen schöpft. Starke Betonung sympathischer Züge. Häufig *young adults* oder Erwachsene bis 40.

Antagonisten

Kein individuelles antagonistisches Personal. Konflikte entwickeln sich aus den Protagonisten, die alle ›gut‹ sind, aber sich durch verschiedene Lösungsstrategien für Alltagsprobleme reiben. Antagonistische Kraft eher innerhalb der Helden, mehr Selbstüberwindung als äußere Hürden.

Setting

Sehr lebensnahe Szenarien mit soaphaften, alltäglichen Konflikten ohne spezifische Grundidee (keine originelle → High-Concept-Comedy), dadurch hohes Identifikationspotenzial für breites Publikum. Familienkonstellationen häufig im Vordergrund, vereinzelt Workplace-Szenarien (Anwalts- oder Arztserien).

Themen

Das Auf und Ab des Lebens zwischen tragischen und komischen Momenten. Häufig Selbstfindungsgeschichten. Starker Fokus auf Freundschaft und Familie.

Motive

Serien sind meist episodisch, seltener horizontal erzählt, um den ewigen Kreislauf der Alltagsbewältigung zu betonen. Nach der Lösung des ›Problems der Woche‹ geht es wie gehabt weiter. Bemerkenswert sind die Tonalitätsschwankungen, die im Genre möglich sind; es kann schnell umschalten zwischen sehr ernsten und traurigen (dem Drama entspringenden) Elementen sowie lustigen Momenten (aus der Comedy).

Stilmittel

Genaue Justierung der Tonalität zwischen ernst, aber nie deprimierend, und komisch, aber nie albern.

Dramaturgie

Figuren sind eher statisch, und wenn sie sich entwickeln, dann nicht zu stark und relativ langsam. Das Genre ist sehr häufig in Serienform anzutreffen, dann eher episodisch erzählt.

Vermeiden!

- Zu brutal werden. Eine gewisse Leichtigkeit muss erhalten bleiben. Crime- oder Horroraspekte sind hier unpassend, sofern es sich nicht um eine beabsichtigte Genremixtur handelt.
- Zu albern werden. Humor muss sein, wird aber eher sparsam dosiert und verletzt selten die Komfortzone des Massenpublikums, für den Exzess gibt es die Komödie.
- Konflikte zu stark zuspitzen. Keine Kämpfe auf Leben und Tod, schockierende Schicksalsschläge (Unfall, schw. Krankheit) sind jedoch gestattet.

Mischbarkeit

Verwandt mit, aber deutlich weniger vulgär als, → Teenagerkomödien. Überschneidungen mit → Romantic Comedy oder → Romanze, wenn Fokus mehr auf Liebesgeschichte liegt, wobei Konfliktkurve und Fallhöhe deutlich geringer sind als im Melodram. Fast nie mit übernatürlichen Elementen angereichert.

Loglines

- »Eine junge Anwältin will im Job nach oben und findet dabei die große Liebe.« (*Ally McBeal*, 1997-2002)
- »Ein Dutzend Frauen im L.A. der 80er Jahre verwirklicht sich als Wrestler-Truppe und kämpft dabei gegen sexistische Vorurteile.« (*G.L.O.W.*, 2017+)
- »Eine alleinerziehende Mutter mit zwei Töchtern muss ihren nicht immer einfachen Alltag bewältigen.« (*Gilmour Girls*, 2000-07)
- »Eine traumatisierte Gastronomin flüchtet sich in Zynismus und verbaut sich damit immer wieder Chancen auf ein besseres Leben.« (*Fleabag*, 2016+)

Empfehlungen

Filme:
Breakfast Club (USA 1985)
Pauline am Strand (FR 1982)
Lockere Geschäfte (USA 1983)
Das darf man nur als Erwachsener (USA 1984)
Tampopo (JP 1985)
Ferris macht Blau (USA 1986)
Vier Hochzeiten und ein Todesfall (GB 1994)
Eat Drink Man Woman (TWN 1994)
Sommer (FR 1996)
Shall We Dance? (JP 1996)
Almost Famous – Fast berühmt (USA 2000)
Oh Boy (D 2012)
Toni Erdmann (D 2016)

Serien:
Wunderbare Jahre (USA 1988-93)
Willkommen im Leben (USA 1994)
Dawsons Creek (USA 1998-2003)
Voll daneben, voll im Leben (USA 1999)
Scrubs – Die Anfänger (USA 2001-10)
OC California (USA 2003-07)
Gossip Girl (USA 2007-12)
Doctor's Diary (D 2008-11)
Shameless (USA 2011+)
The Carrie Diaries (USA 2013)
Der Lehrer (D 2013+)
Better Call Saul (USA 2015+)
Insecure (USA 2016)
Modern Love (USA 2019+)
Sankt Maik (D 2018-20)

13. Crime

Subgenres

Ermittlergeschichte (Krimi), Thriller (mit Subgenres psychologisch, politisch, Action, Spionage), Gangsterfilm

Übersicht

In Deutschland bisher wenig verbreiteter Obergriff aus der amerikanischen Filmindustrie für Erzählungen, in denen das Verbrechen im Mittelpunkt steht, wobei die Perspektive (Behörden, Opfer, Zeugen oder Täter) markantestes Unterscheidungsmerkmal ist. Drängende Fragen nach Recht, Unrecht, unversehrtem Leben und Vertrauen in Institutionen haben breite Relevanz und machen Crime zu einer der erfolgreichsten Genrefamilien.

13.1 Ermittlergeschichte (Krimi)

Historie

In Deutschland ›Krimi‹ genannt, im angelsächsischen Raum *detective story* oder *police procedural*, auch *murder mystery*. Ursprung im 19. Jhd. in den USA als Folge steigender Verbrechensraten durch Urbanisierung; 1844 Erzählungen von C. Dickens nach journalistischer Recherche im Polizeimilieu, E.A. Poe stellte erste Genreregeln für *whodunnits* auf, A.C. Doyle erfand 1886 prototypische Figur ›Sherlock Holmes‹. Im Kino Adaption literarischer Klassiker ab Stummfilmzeit (1910er). Impulse durch den amerikanischen

Film Noir (1940er) und die französische Nouvelle Vague (1960er), aus Italien in den 1970ern (*poliziottesco*). In TV und Streaming als Reihen und Serien v.a. in USA (*cop show*), GB, Deutschland und Skandinavien seit den 1960ern sehr populär. Franchise-Potenzial durch markante Ermittlerfiguren.

Emotionalität

Obwohl das Genre Möglichkeiten zur Emotionalisierung bietet (Erschrecken über menschliche Grausamkeit, Empörung über Regelverstöße, Mitleid mit Opfern), ist es weniger ein gefühlsorientiertes als vielmehr intellektuelles Vergnügen, bei dem Zuschauer durch Mitermitteln involviert werden. V.a. im deutschen Krimi wird emotionale Distanz gewahrt und Dramaaspekte sind reduziert.

Konfliktfelder

Interpersoneller Konflikt, verkörpert durch die Tätersuche. Seltener innerer Konflikt, wenn das Seelenleben der Protagonisten beleuchtet wird. Mensch gegen Gesellschaft bei systemkritischen Fragestellungen. Steile Konfliktkurve und große Fallhöhe, da Sühnung von Unrecht (meist Mord) elementar. Primär *plot driven*.

Protagonisten

Heutzutage Polizisten, seltener Detektive. Meist Kripo, selten Bereitschaftspolizei, da größeres Aktionsspektrum und kniffligere Fälle. Fast immer Mordkommission. Ermitteln selten allein (*Columbo*), dafür häufig als Duo (gern gegensätzliche Typen: alter Hase und *rookie*, männlich und weiblich), manchmal als Gruppe (Ensemble, SOKO). Meist offen, seltener im Geheimen (*undercover*, V-Mann). Problemlösung durch Analyse, Kommunikation und Deduktion, aber auch Actionelemente (Schießerei, Verfolgung). Protagonist kann besondere Fähigkeiten oder Talente haben bzw. vermeintliche Schwächen (z.B. Neurosen oder mentale Störungen) zu Stärken machen. Narrativer Schwerpunkt auf beruflichen Abläufen, Ermittler können Familie oder Freunde haben, diese bleiben aber meist Randfiguren, agieren nur in Subplots (*private line* oder Überschneidung mit Fall).

Antagonisten

Täter, meist Mörder, der zur Strecke gebracht werden muss. Bestreitet oder verbirgt in der Regel seine Beteiligung an der Tat, was die Protagonisten herausfordert und die Ermittlung in Gang setzt. Im TV meist Alltagsmenschen, die (im Affekt, geplant oder als Unfall) vorwiegend aus Gründen der Habgier, Eifersucht oder Rache töten und dem Ermittler bzw. dem hinter ihm stehenden System eigentlich von vornherein unterlegen sind. Seltener organisierte Kriminalität und Berufsverbrecher. Komplizen und Trittbrettfahrer oft vorhanden.

Setting

Im Polizeirevier fließen die Fäden zusammen, Ermittlerbüro als Dreh- und Angelpunkt. Nebenschauplätze Gerichtsmedizin oder KTU-Abteilung (Forensik) beliebt, meist nicht im selben Gebäude. Von dort geht es an Tatorte oder zu Befragungen, die meist alltäglich wirken und Erfahrungswelt des Zuschauers widerspiegeln. Das Genre hat den Vorteil, über das Verbrechen im Zentrum der Geschichte in so gut wie jedes Milieu eintauchen und darin Geschichten erzählen zu können, diese Flexibilität dürfte wesentlich zu seiner Popularität beitragen. Treffpunkte der Halb- und Unterwelt (Bars, Clubs) als Gefahrenpunkte. Oft, nicht immer, wird private Domäne der Ermittler gezeigt. Historische Szenarien üblich und beliebt. Die Stadt, in der die Handlung spielt, wird bei Serien und Reihen häufig im Titel genannt; das Regionale sorgt für Farbe (*Tatort*, ARD).

Themen

Über das Verbrechen als Auslöser der Handlung können die verschiedensten Themen behandelt werden, kaum ein anderes Genre bietet diese Vielfalt. Durchgängig ist jedoch das Motiv der Wahrheitsfindung. Von Sehnsucht nach Bestrafung angetriebene Demaskierung von ›schlechten‹ Menschen, die sich verstellen, lügen und anderen damit schaden. Dabei kulturspezifische Gesichtspunkte: Während der italienische Polizeifilm der 1970er den Staat anklagte (Korruption, Täter kommt davon), *scandi noir* psychische Abgründe ausstellt (Ermittler als Spiegel des Täters) und US-Crime Faszination für Technisches feiert, verteidigt der deutsche Krimi den Status Quo und will Vertrauen in den Staat fördern. Das Genre verleiht auch dem Wunsch Ausdruck, Verbrechen zu ›verstehen‹, menschliche Regelverstöße nachvollziehbarer zu machen.

Motive

Lösung eines Rätsels im Mittelpunkt – die schrittweise Reduktion des Unmöglichen hin zum Möglichen, vom Unerklärlichen zum Erklärten. Liegen reale Fälle zugrunde, mit dem Label *true crime* versehen. Auch wenn ein Happy Ending nicht zwingend ist, erwartet der Zuschauer in der Regel die Herstellung von Gerechtigkeit. Hohe Anzahl an ikonischen Hauptfiguren.

Stilmittel

Krimi lebt von verwinkelter aber logischer Plotkonstruktion, bei der Informationsstreuung (wer erfährt wann was?) wesentlich ist. Dabei werden Schlüsselelemente wie falsche Fährten (*red herring*), z.B. erfundene Alibis, eingesetzt. Identität des Täters meist zu Beginn verdeckt und wird vom Zuschauer zusammen mit den Protagonisten durch Befragung, Beweissammlung und Schlussfolgerungen eingekreist und entlarvt. Ansätze mit dem Publikum bereits früh bekannten Täter möglich (*Columbo*), Spannung dann nicht aus Identifizierung (*whodunnit*), sondern Faszination für Ermittlungsmethode und Einkreisungsprozess (*howcatchem*, invertierte Ermittlergeschichte). Krimis erzählen in der Regel zwei Geschichten: die des Verbrechens und die der Aufklärung des Verbrechens.

Dramaturgie

Der Held verfolgt den Antagonisten aus altruistischer Motivation. Das Verbrechen wurde bereits vor Beginn der Handlung begangen, wobei jedoch im Verlauf noch weitere geschehen können, die mit dem ersten verbunden sind. Die Handlung endet mit der Aufklärung. Charakterbögen unüblich, Figuren eher statisch. Genre im TV/Streaming häufiger als im Kino. In Serien sowohl episodische Ansätze (*case of the week*) aber auch horizontale Narrative möglich, die einen Fall über eine oder mehrere Staffeln auserzählen, dabei auch mehr Entwicklung.

Vermeiden!

- Perspektive verschieben. Krimi ist die Geschichte des Kommissars.
- Zu lange auswälzen. Story endet in der Regel mit Überführung oder Geständnis sowie Festnahme, kein großer Nachklapp.
- Zu kompliziert werden. Wenn Zuschauer den Faden verliert, steigt er aus.
- Zu simpel werden. Sind Verstrickungen zu leicht zu durchschauen, fehlt Spannung.
- Zu persönlich werden. Der Kommissar agiert, weil es sein Job ist, nicht aus privaten Gründen.
- Publikum betrügen. Geschichte muss logisch bleiben und einmal gesetzten Regeln folgen; kurze Verwirrung hilfreich, Veralberung nicht.

Mischbarkeit

Mit dem → Gangsterfilm koppelbar, wenn Polizei- und Täterperspektive ausbalanciert ist. Bei Undercover-Ermittlern wird dieser Mix quasi zwingend. Bei augenzwinkernder Tonalität Nähe zur → Buddy-Comedy oder mit *battle of the sexes* der → Romantic Comedy (*Castle*, 2009). Bei besonders grausigen Verbrechen oder monströsen Tätern an Schwelle zum → Horrorfilm, bei eher konstruktivem Paranormalen zur → Fantasy oder bei starker Involvierung wissenschaftlicher Spekulation zur → Science-Fiction (alles in: *Akte X - Die unheimlichen Fälle des FBI*, 1993). Wenn polizeiinterne Verwicklung wichtiger als Tätersuche ist, Annäherung an → Thriller, ebenso wenn der Täter nicht alltäglich, stark überzeichnet oder in Gruppen organisiert ist. Nähe zum → Charakterdrama, wenn persönliche Geschichte des Ermittlers wichtiger ist als Aufklärung des Verbrechens (*Das Versprechen*, 2001), und zum → Sozialdrama, wenn gesellschaftliche Anklage stärkere Triebfeder als Crime-Aspekt ist (*The Wire*, 2002).

Loglines

- »Nach einem Mord auf einem Kreuzfahrtschiff sucht ein mitreisender Detektiv nach dem Täter, der noch an Bord sein muss.« (*Mord auf dem Nil*, 1978)
- »Ein afromerikanischer Kommissar wird in den Südstaaten des Mordes bezichtigt und muss mithilfe des örtlichen Sheriffs den wahren Täter finden.« (*In der Hitze der Nacht*, 1967)

- »Ein Mönch muss Morde in einem Kloster aufklären, die zuerst als Werk des Teufels gelten, und kommt dabei einem Jahrhunderte alten, sehr menschlichen Geheimnis auf die Spur.« (*Der Name der Rose*, 1986)
- »Bei der Jagd nach einem Serienmörder muss sich eine junge FBI-Agentin als einzige Frau in einer Männerwelt behaupten.« (*Das Schweigen der Lämmer*, 1991)

Empfehlungen

Filme:
Tote schlafen fest (USA 1946)
Brennpunkt Brooklyn (USA 1971)
Chinatown (USA 1974)
Gorky Park (USA 1983)
Der einzige Zeuge (USA 1985)
Red Heat (USA 1988)
Verfluchtes Amsterdam (NL 1988)
Mississippi Burning (USA 1988)
Basic Instinct (USA 1992)
Heat (USA 1995)
Fargo (USA 1996)
L.A. Confidential (USA 1997)
Gosford Park (USA/GB 2001)
Tattoo (D 2002)
Insomnia (USA 2002)
Memories of Murder (KOR 2003)
Machtlos (USA/SA 2007)
Shadow Dancer (IRL/GB/USA 2012)
Broken City (USA 2013)
Knives Out (USA 2019)

Serien:
Stahlnetz (D 1958-68)
Hawaii Fünf-Null (USA 1968-80)
Die Straßen von San Francisco (USA 1972-77)
Kojak – Einsatz in Manhattan (USA 1973-78)
Quincy (USA 1976-83)
ChiPS (USA 1977-83)
SOKO 5113 (D 1978-2020)
Magnum (USA 1980-88)
Polizeirevier Hill Street (USA 1981-87)
Miami Vice (USA 1984-90)
Mord war ihr Hobby (USA 1984-96)
Allein gegen die Mafia (IT 1984-2001)
CSI: Vegas (USA 2000-15)
The Shield (USA 2002-08)
Monk (USA 2002-09)
Criminal Minds (USA 2005+)
KDD – Kriminaldauerdienst (D 2007-10)
Happy Valley – In einer kleinen Stadt (GB 2014-16)
True Detective (USA 2014-19)

13.2 Psychologischer Thriller

Historie

Kinospezifisches Genre, das sich aus Konventionen von → Krimi und → Horror entwickelte und durch individuelle Handschriften geprägt wurde: A. Hitchcock (1920er-60er), Polanski und Argento (1960er-70er), DePalma und Lynch (1970er-90er). Modernisierung durch Fincher (seit 1990ern) und Nolan (seit 2000ern). Impulse aus Frankreich, Japan, Südkorea; in Deutschland nur vereinzelt als TV-Movie im Privatfernsehen. In Serienform eher unüblich. Franchise-Potenzial vorhanden, aber nicht im selben Umfang wie beim Krimi.

Emotionalität

Gehört zum ›Kino der Angst‹ und soll Zuschauer das Fürchten lehren. Angst dabei eher als Gefühl intensiver Verunsicherung und mentaler Instabilität. Nimmt Publikum mit auf eine wahnhafte, oft ans Psychedelische grenzende Reise, die verstörend wirkt.

Konfliktfelder

Innerer Konflikt, da Protagonist seiner eigenen Wahrnehmung nicht vertraut und seine Realität überprüfen muss. Interpersoneller Konflikt, da Protagonist von Nebenfiguren geprüft, verführt, bedroht wird. Mensch gegen Maschine (technischer Konflikt) bei Kreuzung mit der → Science-Fiction. Steile Konfliktkurve und große Fallhöhe, da um psychische und körperliche Unversehrtheit gerungen wird. Eher *character driven*.

Protagonisten

Meist Alltagsmensch mit Identifikationspotenzial für Mainstreamzuschauer, mit geregeltem Leben, Familie, Liebe, Erfolg. Hat jedoch ungestillte Sehnsüchte – wie das Ausleben sexueller Begierden, den Wunsch, Grenzen zu überschreiten –, mit denen er nun konfrontiert wird und die zu einer Überforderung führen. Häufig Normalbürger, der in ein Albtraumszenario verwickelt wird und schließlich an seinem Verstand zweifelt. Wird häufig von Phobien geplagt oder weist neurotische Züge auf, die er vor der Umgebung zu verbergen sucht. Ausdrücklich kein professioneller Verbrechensbekämpfer wie im → Krimi, sondern unerfahren im Umgang mit dem Abseitigen und Verbotenen, eher Zeuge oder Opfer von Verbrechen.

Antagonisten

Verführung, vor allem erotischer Natur, spielt bedeutende Rolle, oft verkörpert durch *femme fatale* (modern auch: *homme fatal*), die mögliche Sexualpartner werden, aber sinistre Absichten hegen, manipulieren, Intrigen spinnen, z.B. den Protagonisten für verbrecherische Zwecke einzuspannen (zur Komplizenschaft zu bewegen) versuchen. Gewalt wird dabei eher subtil-schleichend als brachial angewendet, der Protagonist seiner ›Selbst-Beherrschung‹ beraubt. Justizapparat meist eher Behinderer (Polizei betrachtet Protagonist als unglaubwürdig) oder sogar Gegenspieler – vertraute Regeln sind aufgehoben, Figuren sind meist nicht, was sie scheinen.

Setting

Normale Welt, die aus den Fugen gerät. Schreckliche und düstere Orte als Kontrast zum heilen Alltag; Aspekt der Verrücktheit, des geistigen Verfalls muss sich auf visueller Ebene manifestieren. Gefragt sind bis zu surrealistischer Zuspitzung überhöhte Bilder, die die Innenwelt des Protagonisten widerspiegeln oder symbolische, oft erotisch konnotierte Bedeutung haben (Showdown auf phallischem Leuchtturm oder im Bauch der Freiheitsstatue). Selten historisch platziert.

Themen

Kontrollverlust. Freier Wille als reine Illusion; düstere Ahnungen, dass Dritte an den Schicksalsfäden ziehen. Furcht vor irrationalem menschlichen Handeln und verdrängten Trieben. Umgang mit Phobien, ›Angst vor der Angst‹. Geistige Gesundheit und Verlässlichkeit des Urteilsvermögens werden infrage gestellt (vom Helden und/oder Dritten). Protagonist ist mit einer Welt konfrontiert, die gewöhnlich scheint, aber sich langsam auf den Kopf dreht, erlebt inneres Chaos und Paranoia. Zweifel und Misstrauen als Schlüsselemotionen in der Figureninteraktion. *Trust no one, not even yourself.*

Motive

Infragestellung, Diebstahl oder Zerstörung von Identitäten. Verzerrte Wahrnehmung, die sich im Lauf der Story verschlimmert. Amnesie, gespaltene Persönlichkeiten und Doppelgänger kommen oft vor. Imaginierte Bedrohungen und Feinde (Verfolgungswahn), die bis zu Mord oder Suizid treiben können. Neurose wird zu Psychose. Leidvolle, irrationale menschliche Beziehungen, die von sexueller Abnormität oder obsessiven Emotionen geprägt sind (Stalking); Bedürfnis des Helden, sich daraus zu befreien bei gleichzeitiger Gefahr, selbst Täter zu werden. Dabei häufig sadomasochistische, von früherer Schuld geprägte Konstellationen, in denen der Antagonist die Achillesferse des Helden findet und ausnutzt. Verhältnis von Protagonist und Antagonist kann einem perversen Spiel ähneln, in dem sich beide gegenseitig auszutricksen versuchen (*mind game*). Das Genre baut so häufig wie kein anderes auf überraschende Enden, die den Kontext des Erlebten im letzten Moment radikal verschieben (*mindfuck*).

Stilmittel

Suspense, Spannung, die sich aus Wissensvorsprung des Zuschauers ergibt. In Momenten besonderer Zuspitzung wird Zeit durch Kamera und Schnitt ›gedehnt‹, der Nervenkitzel verlängert. *Surprise* überrascht und schockiert durch Unvorhergesehenes. Informationsstreuung ähnlich wichtig wie im → Krimi, wie auch Aspekt eines Rätsels oder Puzzles, das den Zuschauer beschäftigt, was hier jedoch in den Hintergrund tritt. *Turns* drehen den Plot immer wieder in neue Richtungen. *Twists*, meist gegen Ende, sind Enthüllungen, die das bisher Gesehene in neuem Licht erscheinen lassen. Unzuverlässige Erzähler verteilen Falschinformationen. Publikum wird so zusammen mit Protagonisten desorientiert und beginnt, dem Geschehen zu misstrauen. *MacGuffin* als begehrtes Objekt, das anfangs erlangt werden muss, aber später unwichtig wird. Irrsinn wird durch filmische Tricks und psychedelische Elemente (Überblendungen, Montagetechniken, schräge Kamerawinkel, Special FX) suggeriert. Einflüsse des Surrealismus (Dalí und Hitchcock, 1945).

Dramaturgie

Der Held läuft vor sich selbst davon. Der Antagonist verfolgt ihn aus egoistischer Motivation. Das Verbrechen ist noch nicht geschehen, sondern wird erst im Lauf der Handlung geplant und (sofern nicht verhindert) im 2. Akt ausgeführt. Protagonist sehr ichbezogen, so sehr auf sein Need fixiert, dass es ihn zu zerstören droht. Äußeres Want eher Schadensbegrenzung oder Vertuschung, keine höhere, altruistische Mission. Die Person mit dem Ziel ist hier eher der Antagonist, Protagonist hingegen reaktiv. Protagonist ist entweder aufgrund bestimmter Eignung von vornherein vom Antagonisten zur Partizipation ausgewählt (*Vertigo*, 1958) oder wird zufällig zum Störer des antagonistischen Plans, weil er zur falschen Zeit am falschen Ort ist und so in die Handlung schliddert (*Das Fenster zum Hof*, 1954). Ausgeprägter *character arc* möglich; Happy Endings trotzdem unüblich, offene oder zwiespältige Enden passender. In Serien eher horizontale Erzählweise als im → Krimi.

Vermeiden!

- Humor. Storys entwickeln ihre Wirkung am besten, indem sie sich sehr ernst nehmen und auf komödiantische Brechung verzichten.
- Zuviel Normalität. Emphase des Bizarren, Absurden, Unmöglichen unterscheidet psychologischen Thriller vom bodenständigeren → Drama.
- Linearität. Thriller braucht so viele unvorhersehbare Wendungen wie möglich, zieht daraus Tempo und Sogwirkung. Fragmentierung erzeugt Verunsicherung.
- Polizei. Held muss so isoliert wie möglich agieren; sollte keine Hilfe von außen erhalten, um Verzweiflung zu steigern.
- Übernatürliche Elemente und Kreaturen. Gehören in → Fantasy und → Horror. Es zeichnet den Thriller aus, dass das Fürchterliche eingebildet, inszeniert, Sinnestäuschung o.A. ist.

Mischbarkeit

Ähnlichkeiten mit → Politthriller, wenn gesellschaftliche Themen in den Vordergrund rücken oder Protagonist Journalist oder Justizvertreter ist. Fließende Grenzen zum → Horror durch Elemente des Wahns und Realitätsverlustes sowie Möglichkeit der Metamorphose in Monströses (beides ›verfilmter Albtraum‹), jedoch zerebraler und weniger auf Ekel fixiert. Werden Verfolgungsszenarien stark betont, Überschneidung mit → Actionthriller. In sehr bodenständiger Erzählweise sich dem → Charakterdrama annähernd, das ebenfalls Identitätsfragen in den Mittelpunkt rückt. Ist Ermittler die Hauptfigur, Überschneidung mit → Krimi.

Loglines

- »Die Ehefrau eines amerikanischen Arztes verschwindet bei einem gemeinsamen Besuch in Paris; nur zusammen mit einer verführerischen Betrügerin kann er sie in der fremden Stadt finden.« (*Frantic*, 1985)
- »Ein einsamer Industrieller bekommt von seinem Bruder die Einladung zu einem Spiel geschenkt, aus dem bitterer Ernst wird und das ihm alles zu nehmen droht.« (*The Game*, 1997)
- »Ein unter Hausarrest stehender junger Mann beobachtet einen Mord, doch die Behörden glauben ihm nicht und er gerät selbst ins Fadenkreuz des Täters.« (*Disturbia*, 2007)
- »Ein Student erpresst einen Professor, der seine Doktorarbeit abgeschrieben hat, und beide finden sich in einem tödlichen Duell wieder.« (*Einer von uns beiden*, 1974)

Empfehlungen

Filme:
Der Mieter (Hitchcock, GB 1927)
Im Schatten des Zweifels (USA 1943)
Das Haus der Lady Alquist (USA 1944)
Ich kämpfe um Dich (USA 1945)
Rashomon (JP 1950)
Die Nacht des Jägers (USA 1955)
Psycho (USA 1960)
Ein Köder für die Bestie (USA 1962)
Warte, bis es dunkel wird (USA 1967)
Zeuge einer Verschwörung (USA 1974)
Der Mieter (Polanski, FR 1976)
Heißblütig, kaltblütig (USA 1981)
Abwärts (D 1984)
F/X – Tödliche Tricks (USA 1986)
Blue Velvet (USA 1986)
Misery (USA 1990)
Schatten der Vergangenheit (USA 1991)
Fatale Begierde (USA 1992)
Das Biest (USA 1993)
The Game (USA 1997)
Fight Club (USA 1999)
Panic Room (USA 2002)
One Hour Photo (USA 2002)
Oldboy (KOR 2003)
Der Maschinist (SPA 2004)
Red Eye (USA 2005)
Amer (B/FR 2009)
Shutter Island (USA 2010)
Ich seh Ich seh (ÖS 2014)
Gone Girl (USA 2014)
Nightcrawler (USA 2014)
Der Leuchtturm (USA 2019)

Serien:
Nummer 6 (GB 1967)
Dexter (USA 2006-13)
Bates Motel (USA 2013-17)
Hannibal (USA 2013-15)
Mr. Robot (USA 2015-19)
You – Du wirst mich lieben (USA 2018+)
Ratched (USA 2020+)

13.3 Actionthriller

Historie

Genre ohne unmittelbare Vorlagen in Literatur und Theater, das auf kinematischen Mitteln fußt. Entstanden aus dem *commando movie*, einer Spielart des Kriegsfilms (*Die Wildgänse kommen*, 1978). Großer Aufschwung im Hollywood der 1980er durch Stars mit markanter *hardbody*-Physis wie Schwarzenegger, Stallone. Herausragende Beiträge aus Frankreich (Luc Besson, Europacorp) vor allem in den 2000ern. Genre mit enormen technischen und budgetären Anforderungen, daher in Deutschland selten erfolgreich umgesetzt.

Emotionalität

Wie in jeder Spielform des Thrillers liegt der Schwerpunkt auf dem Erzeugen von Spannung. Filmische Achterbahnfahrt: Der Puls soll rasen, das Adrenalin fließen. Erweckt Angst, die zugleich erregt – archaische Mischung aus Fluchtimpuls, Kampfbereitschaft und Überlebenswille. ›Nervenkitzel‹ im besten Sinne.

Konfliktfelder

Ausschließliche Fokussierung auf interpersonelle Konflikte, da hier Menschen im Wettbewerb gegenseitiger Vernichtung stehen. In Kombination mit der → Science-Fiction auch Mensch gegen Maschine (technologischer Konflikt). Innerer Zwiespalt ist seltener zu finden. Steile Konfliktkurve und größte Fallhöhe, Kampf auf Leben und Tod essenziell, oft geht es um Rettung vieler Menschen. Wichtig ist das Schaffen eindrücklicher Szenen (*scene driven*).

Protagonisten

Anders als der überforderte, bisher von jeglichem tieferen Schrecken verschont gebliebene Held des → psychologischen Thrillers besitzt der Actionheld eine grundsätzliche Wehrhaftigkeit, oft bedingt durch ein Vorleben als Soldat, Agent oder Kommissar, die ihn Alltagsmenschen trotz möglicher Makel per se überlegen macht. Er ist der *good guy* (wenn auch oft mit dunklen Flecken auf der Seele), der Schwächere schützt und den *bad guys* einheizt, was nun in Form eines atemlosen Katz-und-Maus-Spiels erfolgt, in dem sich beide Parteien ein von ausführlichen Destruktionsszenarien begleitetes Kräftemessen liefern. Motivation: Notwehr bzw. Selbstverteidigung bei unbeabsichtigter Konfrontation mit den Antagonisten, deren Pläne er stört, oft auch Rache, seltener ein Auftrag (der meist aus persönlichen Gründen angenommen wird). Einzelgängerische Helden sind ebenso beliebt wie größere, bunte Teams. Seit den 1990ern sind auch weibliche Actionhelden im sehr männlich geprägten Genre beliebt und erfolgreich.

Antagonisten

Klassische Bösewichte, *movie villains* – oft karikaturenhafte, geniale Psychopathen, planend und beherrscht (*mastermind*), die nichts dem Zufall überlassen. Locken ihre Schergen mit großen Versprechungen, tolerieren jedoch kein Versagen. Terroristen mit ideologischen Motiven (bis hin zu Weltzerstörungsfantasien) oder brutale Räuber, die ein großes Ding drehen. An der Seite ›des Bosses‹ (zumindest solange die Angst sie ihre Loyalität nicht vergessen lässt), die *henchmen*: Schläger, Killer, Söldner, gern auch Ninjas (Spielart des ›Ninjafilms‹, 1980er). Wichtig ist Überlegenheit in Intelligenz, Planungsvermögen oder Zahl.

Setting

Eines der aufwendigsten Genres, da es technisch perfekte, groß dimensionierte Verfolgungs- und Zerstörungsszenarien erfordert. Dabei greift es auf spektakuläre Studiobauten oder Außensets zurück. Üblich sind aber auch limitierte, labyrinthartige Locations, in die der Held eingeschlossen ist und aus denen er sich herauskämpfen muss (Hochhaus, Schiff, Zug); die starke räumliche Nähe zum Antagonisten baut zusätzliche Spannung auf. Eine Spielart davon ist der Home-Invasion-Thriller, in dem sich der Protagonist gegen Einbrecher wehren muss; er vermischt den Action- mit dem → psychologischen Thriller.

Themen

Geradliniger Kampf Gut gegen Böse. Jede Story ist ein gigantischer Wettlauf, bei dem es nur einen Gewinner geben kann. Hemmungsloses Feiern des ›Rechts des Stärkeren‹, darwinistische Philosophie: Gewalt *ist* eine Lösung. ›Materialschlacht‹, Zelebrierung des Gegenständlichen und seiner Annullierung. Beschädigung und Prüfung menschlicher Physis, die an ihre Grenzen geführt wird. Das Genre wurde vor allem von deutschen Filmkritikern als militaristisch und faschistoid gebrandmarkt, wird in den USA aber eher als Nachfolger des → Westerns betrachtet.

Motive

Der Actionheld setzt sich aus der Zeugen- oder Opferrolle des Protagonisten des → psychologischen Thrillers, der Ermittlerfigur des → Krimis und dem martialischen Helden des → Kriegsfilms zusammen, was die Rollenanlage, trotz eher geringer psychologischer Tiefe, durchaus komplex macht. Das Motiv des unschuldig Gejagten kommt auch im → psychologischen Thriller vor, wird hier aber deutlich rasanter, mit mehr Action-Setpieces und oft in Form einer Reise erzählt. Fast kindliche Freude an Explosionen, Pyromanie, Projektilen und Zerstörung. Starke Fixierung auf Schusswaffen. Wichtige Gegenstände (*Macguffin*) oder Personen müssen geborgen oder befreit (Geiseln) werden.

Stilmittel

›Körperspektakel‹: Inszenierung schwitzender muskulöser (meist männlicher) Körper, die zugleich blutig-zerrissen und schön sind. Verfolgungsjagden, Schießereien und Nahkämpfe (oft Martial-Arts-lastig) sind zwingend und müssen auf möglichst einfallsreiche, neuartige Weise abgebildet werden. Größter Anspruch an Stunts und Visual FX. Benutzt eine Strategie der Überwältigungsästhetik, die das Publikum in enormem Tempo mit Bildern und Tönen überflutet. Ist Spannung im → psychologischen Thriller subtil und von innen fließend, wird sie hier äußerlich, mehr ›mit dem Holzhammer‹ gezimmert. Amouröse Eroberungen oder Liebesgeschichten als Subplot möglich, bleiben jedoch eher ein Instrument, um die Potenz des männlichen Helden ins rechte Licht zu setzen.

Dramaturgie

Der Held rennt abwechselnd auf den Gegner zu und vor ihm davon. Am Midpoint sitzt er meist in dessen Falle. Antrieb des Protagonisten ist anfangs der reine Überlebenswunsch (Need), zu dem sich später ein Plan, den Antagonist unschädlich zu machen und damit auch andere zu retten (Want), gesellt; somit Entwicklung des Motivationsrahmens von egoistischer Selbsterhaltung zu höherem, altruistischem Ziel. Der eigentliche Charakter des Protagonisten ändert sich dabei aber wenig. Trotzdem sind Figurenentwicklungen in geringem Rahmen möglich. Zeitdruck (*ticking clock*) gern benutzt, um Dringlichkeit zu erzeugen. Mehr als in jedem anderen Genre wird hier auch in Echtzeit erzählt.

Vermeiden!

- Zu anspruchsvoll werden. Um die großen Probleme der Welt zu verhandeln gibt es andere Genres. Actionthriller sind Popcorn.
- Vom Gas gehen. Tempo muss von der ersten bis zur letzten Minute gehalten werden. Kurze Verschnaufpausen möglich.
- Zu ernst werden. Von wenigen Ausnahmen abgesehen werden Szenen hin und wieder mit Sprüchen und Augenzwinkern aufgelockert, um eine Mainstreamtonalität zu wahren.
- Zu realistisch sein. Eine Überzeichnung der Realität ist hier absolut zulässig, das Genre ist *larger than life.*

Mischbarkeit

Überschneidungen mit hoch budgetierten Vertretern des → Spionagethrillers. Häufige Kreuzung mit der → Science-Fiction, in der futuristische Waffensysteme den Actionfaktor verstärken. Kann mit → Horror gemischt werden, wenn Monster oder Gruppe übernatürlicher Wesen gejagt wird. Bei militärisch geprägten Protagonisten Nähe zum → Kriegsfilm. Überschneidungen mit → Krimi, wenn Helden Kommissare sind, oft in Kombi mit → Buddykomödie. Auch Parallelen zum oft actionorientierten → Abenteuerfilm, in dem der Kampf Mensch gegen Natur aber dringlicher ist. Widersetzt sich der Held einer ungerechten Staatsmacht und kämpft für andere (›Sozialbanditen‹ wie Robin Hood, Zorro), Nähe zum → Sozialdrama.

Loglines

- »Als seine Tochter entführt wird, begibt sich ein Geheimagent im Ruhestand auf einen persönlichen Rachefeldzug ohne Gnade.« (*96 Hours*, 2008)

- »Ein Landstreicher wird von einem Sheriff tyrannisiert. Der erkennt zu spät, dass sein Opfer ein Vietnamveteran ist, der kurz davor steht, Amok zu laufen.« (*Rambo: First Blood*, 1982)
- »Ein beurlaubter Polizist, der seine Frau an deren Arbeitsplatz in einem Hochhaus besuchen will, wird in eine Geiselnahme verwickelt und kann als einziger den Terroristen die Stirn bieten.« (*Stirb Langsam*, 1988)
- »Ein Psychopath versteckt in einem Bus eine Bombe, die explodiert, wenn der Wagen zu langsam fährt. Die Busfahrerin und ein Polizist müssen zusammenarbeiten, um die Passagiere zu retten.« (*Speed*, 1994)

Empfehlungen

Filme:
Das Phantom-Kommando (USA 1985)
American Fighter (USA 1985)
Predator (USA 1987)
Auf der Flucht (USA 1993)
Speed (USA 1994)
Gegen die Zeit (USA 1995)
Bad Boys (USA 1995)
The Rock - Fels der Entscheidung (USA 1996)
Im Körper des Feindes (USA 1997)
The Expendables (USA 2010)
The Raid (USA 2011)
John Wick (USA 2014)
Sicario (USA 2015)

Serien:
Knight Rider (USA 1982-86)
Das A-Team (USA 1983-87)
Airwolf (USA 1984-87)
24 (USA 2001-10)
Nikita (USA 2010-13)
Daredevil (USA 2015-18)
Shooter (USA 2016-18)
S.W.A.T. (USA 2017+)

13.4 Spionagethriller

Historie

Ursprung im britischen ›Invasionsroman‹ Ende des 19. Jhds., in dem die Unabhängigkeit GBs verteidigt wird. Ab dem 1. WK etablierte literarische Gattung. Im Kino Prägung durch den deutschen Stummfilm (F. Lang, 1928). Ab 1950ern ironisierte Varianten. In den 1970ern-90ern ernsthaftere Reflektionen (z.B. Le Carré-, Forsythe- und Clancy-Adaptionen). Genre schon früh (1960er) als TV-Serie erfolgreich, v.a. aus den USA. Wenige Beiträge aus Deutschland, obwohl das Land Drehscheibe des Kalten Krieges war.

Emotionalität

Keine spezifische emotionale Ausrichtung. Gefühlsregungen werden eher von eingemischten Genres bestimmt. Häufigste Emotionalisierungsstrategie dürfte der Liebessubplot sein.

Konfliktfelder

Interpersonelle Konflikte durch den ideologisch abstrakten, aber ›im Feld‹ Auge in Auge ausgetragenen Wettbewerb der Geheimdienste. Innerer Konflikt, wenn Zweifel an der Mission oder dem Beruf aufkommen, wobei Sinnkrisen im Genre eher selten sind. Wenig Gesellschaftskritik; pragmatische Betrachtungsweise der Welt. Steile Konfliktkurven und sehr große Fallhöhe, da die Sicherheit ganzer Nationen auf dem Spiel stehen kann.

Protagonisten

Geheimagenten. Die gefährlichsten Protagonisten ohne übernatürliche Fähigkeiten. Klüger, schneller, schöner als der Rest durch Talent und Ausbildung. Auch technisch immer einen Schritt voraus. Dadurch dem Zuschauer überlegen und bewundernswert. Privilegiert, aber auch mit immenser Verantwortung – sie verteidigen das System, für das sie stehen, mit ihrem Leben. Häufig schwierige Kindheit oder ungeklärte Herkunft, wenig Privatleben, kaum Freundschaften, Familie wird (sofern existent) geheim gehalten und im Dunklen über die Tätigkeiten gelassen. Protagonist ist häufig emotional erkaltet, prädestiniert für ein vom Kampf geprägtes Leben im Verborgenen. Steht im Dienst der Sache, selten persönliche Motivation. Verlängerter Arm des Staates und seiner Werte.

Antagonisten

Häufig ebenfalls Geheimagenten – die gefährlichsten Antagonisten ohne übernatürliche Fähigkeiten. Sie glauben genauso fest an ihre Sache wie der Protagonist, sind ihm in Ausdauer und Talent ebenbürtig oder überlegen. Auch beliebt: der Superbösewicht mit fantasievollen Weltbeherrschungsplänen und fast grenzenlosen Mitteln, der das Gleichgewicht der Mächte infrage stellt, welches der Protagonist im Rahmen seines Auftrags wiederherstellen muss. Ebenfalls üblich: Verräter aus den eigenen Reihen

(Maulwurf im Team, Überläufer), der entweder mit Argumenten, Geld oder durch Erpressung ›umgedreht‹ wurde. Auch Vorgesetzte, die entweder ideologisch-fanatisch agieren oder vom militärisch-industriellen Komplex vereinnahmt wurden, können Hürden darstellen.

Setting

Hang zur Exotik, fremde Länder werden besucht und (meist in kulturell stereotyper Zeichnung von Bewohnern und Architektur) als Folie für Turbulenzen genutzt. Geheimdienstzentrale als Dreh- und Angelpunkt, gern mit streng bewachtem oder geheimem Zugang, schrulligen Vorgesetzten und Assistenten. Diplomatisches Umfeld, Botschaften, Krisengebiete etc. Historische Szenarien möglich, reichen aber selten vor den Kalten Krieg zurück.

Themen

Lügen, Maskierungen und Vertrauensfragen nehmen großen Raum ein, da die Protagonisten per se professionelle Täuscher sind. Hadern mit dem Funktionieren für die große Mission bei gleichzeitig individuellen menschlichen Bedürfnissen, die dafür unterdrückt werden (Ehrlichkeit, Liebe, Vertrauen). Zweifel, ob man nicht nur Instrument, Maschine, in den Händen wenig vertrauenswürdiger Mächtiger ist und das Leben nicht doch mehr zu bieten hat, als für das Land zu töten. Opferbereitschaft: Was würdest du geben, um einer Idee zum Sieg zu verhelfen?

Motive

Verschiedene Tonalitäten möglich, von quasi-dokumentarischer Abbildung der Spionagearbeit mit hohem Realismusgrad bis hin zu grotesk cartoonhafter Überzeichnung.

Stilmittel

Häufig müssen Objekte (*Macguffins*) dem Gegner auf schlaue Weise abgeluchst (Mikrofilme, Dateien) oder Personen extrahiert werden (Überläufer, die sich gern als Doppelagenten entpuppen). Figuren wenden Romeomethoden (erotische Verführung) an, um Wissende auszuhorchen oder anzuwerben, nutzen Verkleidungen. Erlangung von Informationen primäres Ziel, dafür wird neueste Technik (miniaturisiert, Satelliten, Drohnen, ungewöhnliche Fortbewegungsmittel) angewandt. Falls gefangen, kein Einknicken unter Folter.

Dramaturgie

Der Held bewegt sich global, um ein lokales System zu verteidigen. Er ist dabei völlig zielorientiert, verfolgt die Mission aus altruistischen Gründen und stellt persönliche Bedürfnisse hintenan. Liebesgeschichten oder erotische Eroberungen eher Beiwerk oder gemäß dem → psychologischen Thriller funktional installiert. Handlung spielt sich durchweg im beruflichen Umfeld ab (Insiderstory). Obwohl das Agieren des Protagonisten weitreichende öffentliche Auswirkungen hat, bleibt es durch die Geheimhaltung im Grunde intim - Outsider mögen sehen, was passiert, erfahren aber nie *warum*. Geringe Figurenentwicklung, da ideologische, auch charakterliche Stabilität als zentrale Kompetenz des Helden gilt. In Serienform üblich, dabei früher eher episodisch, heute mehr horizontal erzählt. Genre sehr franchiseorientiert, d.h. es werden viele Filme mit demselben Protagonisten hergestellt (Bond, Hunt, Bourne).

Vermeiden!

- Zu klare Fronten. Immer wieder sollte sich zwischen Charakteren die Vertrauensfrage stellen. Der Zuschauer darf sich der Sache nie zu sicher sein.
- Zuviel Politik. Der Fokus liegt auf Spionage, nicht den Gründen dafür oder Mechanismen dahinter. Gesellschafts- und Institutionskritik gehören in → Sozialdrama und → Politthriller.

Mischbarkeit

Traditionelle Nähe zum → Actionthriller durch Betonung von rasanten Verfolgungs- und Kampfszenarien. Parallelen zum → Abenteuerfilm, wenn der Reiz des Fremden stark betont wird und Hindernisse auch aus der Natur kommen. Elemente der → Science-Fiction, wenn mit hypermoderner Technik gespielt wird oder Szenario in der Zukunft angesiedelt ist. Oft komödiantisch, in Form der → Parodie gefiltert. Mix mit → Kriegsfilm aufgrund verwandter Arenen möglich, mit erhöhtem Rätselfaktor auch Fans des → Krimis ansprechend.

Loglines

- »Nachdem sein Team bei einem Einsatz ausgelöscht wurde, macht ein amerikanischer Agent einen Deal mit dem organisierten Verbrechen, um Verräter in den eigenen Reihen aufzuspüren.« (*Mission: Impossible*, 1996)
- »Eine Gruppe von Mossad-Agenten sucht in den 70er-Jahren nach den Drahtziehern des Münchner Olympia-Attentats und hinterlässt eine blutige Schneise in Europa.« (*München*, 2005)
- »Ein Verwundeter wacht ohne Gedächtnis auf und findet sich bald von Fremden gejagt wieder. Schrittweise wird ihm klar, dass er ein Spion ist, dem die eigenen Leute auf den Fersen sind.« (*Die Bourne Identität*, 2002)
- »Ein CIA-Rettungsprofi soll während der iranischen Revolution Botschaftsangehörige aus dem Land schmuggeln und muss die perfekte Tarnung erfinden, bevor alle auffliegen.« (*Argo*, 2012)

Empfehlungen

Filme:
Spione (D 1928)
Die 39 Stufen (GB 1935)
Der Spion, der aus der Kälte kam (GB 1965)
Der zerrissene Vorhang (USA 1966)
Die drei Tage des Condor (USA 1975)
Der Marathon-Mann (USA 1976)
Jagd auf Roter Oktober (USA 1990)
Nikita (FR 1990)
Der Mann, der niemals lebte (USA 2008)
James Bond 007: Skyfall (GB/USA 2012)
Zero Dark Thirty (USA 2012)
Valerian – Stadt der 1000 Planeten (FR 2016)
Mission: Impossible - Fallout (USA 2018)
Beirut (USA 2018)

Serien:
Solo für O.N.C.E.L. (USA 1964-68)
Cobra, übernehmen Sie (USA 1966-73)
König, Dame, As, Spion (GB 1979)
Alias (USA 2001-06)
24 (USA 2001-14)
Spooks – Im Visier des MI:5 (GB 2002-11)
Homeland (USA 2011+)
The Americans (USA 2013-18)
Turn (USA 2014-17)
Büro der Legenden (FR 2015+)
Deutschland 83/86/89 (D 2015-20)
The Night Manager (GB/USA 2016)

13.5 Politthriller

Historie

Weiterentwicklung von und Melange aus Krimi, Sozialdrama und Spionagethriller. Spiegelte den kritischen liberalen Geist der 1970er wider (Pakula, Pollack). In literarischer Form v.a. aus den USA seit den späten 1980ern sehr erfolgreich (Grisham), populäre Beiträge aus dem Hollywood der 1990er (Stone, Schumacher). In Europa und Asien eher selten; vereinzelte Beiträge aus Deutschland ab den 2000er-Jahren. Sporadisch in Serienform.

Emotionalität

Empörung über gesellschaftliche Missstände und Fehler im System; Hoffnung und Mitfiebern, dass der Held sie aufdecken kann. Eher intellektuelles als gefühlsbetontes Genre. Emotionalisierung geschieht eher über Liebes- oder Familiendramasubplots.

Konfliktfelder

Sozialer Konflikt, da Ideologien aufeinanderprallen. Interpersonell, da Gegenspieler den Protagonisten behindern. Innerer Konflikt, wenn Held seinen persönlichen Wertekanon oder das System, dem er dient, hinterfragt. Steile Konfliktkurve und große Fallhöhe, da nicht nur Leib und Leben des Protagonisten, sondern auch Funktionieren des Rechtsstaates bzw. der Gesellschaft auf dem Spiel steht. *Theme driven.*

Protagonisten

Rechts- oder Staatsanwälte, junge Politiker oder Assistenten von Politikern, Journalisten, Geistliche oder Ärzte. Gutbürgerlicher Hintergrund oder soziale Aufsteiger, gebildet. Politisch liberal, haben ›den kleinen Mann‹ nicht vergessen. Ehrgeizig, motiviert, wollen schneller vorankommen als es ihre Erfahrung erlaubt und müssen sich durch die in der Story gestellte Prüfung ›abhärten‹. Gute Beobachtungsgabe, durch die sie Verbrechen in ihrem Umfeld auf die Spur kommen und anprangern (Motiv des *Whistleblowers*). Von allen Genres das mit dem idealistischsten Helden.

Antagonisten

Vertreter des politischen Systems oder der öffentlichen Sphäre, die meist der gleichen Beschäftigung wie der Protagonist nachgehen. Häufig Industrielle oder deren Lobbyisten. Oft Kontakt zum organisierten Verbrechen (Mafia). Lügen, betrügen oder bereichern sich, abgehoben, arrogant, aber sehr intelligent. Die Antagonisten sind in der Regel mächtiger, besser situiert und rücksichtsloser als der Held, sodass sie oft auf den ersten Blick unbezwingbar scheinen. Nur durch Schläue und Tricks (möglichst ohne dabei selbst Gesetze zu brechen) kann Protagonist sie zu Fall bringen. Antagonisten stolpern häufig über eigene Hybris und falsches Sicherheitsgefühl. Im Vergleich zum → Actionthriller fehlt dem Gegenspieler die psychopathische, stark überzeichnet-boshafte Komponente; er profitiert vielmehr davon, dass er seine Motive gut verbergen kann.

Setting

Öffentliche Orte, die symbolisch für Zusammenleben und Verwaltung stehen, in denen Informationen zusammenfließen, Entscheidungen getroffen werden und Gesellschaft gestaltet wird: Rathäuser, Parlamente, Gerichtssäle, Kirchen, Krankenhäuser oder Zeitungsredaktionen. In keinem anderen Genre werden so viele Verwaltungsgebäude und Denkmäler gezeigt. Meist urbane Umgebung, zeitgenössische Ansiedlung. Historisch selten.

Themen

Skeptische Haltung zur politischen oder religiösen Arena. Das Genre will Fehler im System aufzeigen, indem dessen Unschärfen und Schlupflöcher enthüllt sowie Exempel statuiert werden. Abgleichendes Spiel mit Gesinnungen und Weltanschauungen: Was ist richtig, was falsch, was grau? Kampf für Transparenz und Gerechtigkeit. Am Ende häufig Bestrafung derer, die die Gesetze gebrochen haben, doch Happy Ending nicht zwingend, oft bittersüß – der Antagonist ist gefasst, aber das gesellschaftliche Problem bleibt bestehen.

Motive

Skandal, der eine scheinbare Ordnung erschüttert und beweist, dass das System Risse hat. Korruption, die überall lauern kann, als stärkster roter Faden. Oft ›David gegen Goliath‹, wobei der Protagonist dem Antagonisten ein Bein oder eine Falle stellt, sodass dieser über sich selbst stolpert. Gewalt kommt seltener vor und ist eher Ultima Ratio als alltägliches Werkzeug. Antagonist warnt Protagonist mehrmals oder probiert, ihn auf seine Seite zu ziehen, bevor er ihn beseitigen lassen würde; somit Aspekte der Versuchung wie im → psychologischen Thriller. Das möglichst wendungsreiche Aufdecken einer Verschwörung mit entsprechend geschickter Informationsstreuung ist wie im → Krimi fundamental.

Dramaturgie

Der Held tritt aus der Masse hervor, um ein System zu beschützen. Am Midpoint fällt ihm das System in den Rücken. Ziel und Bedürfnis überlagern sich, der Protagonist geht völlig in seiner idealistischen Mission auf. Diese ist primär altruistisch, wobei er auch persönlich davon profitiert. Storys spielen durchweg im beruflichen Umfeld. Obwohl Auswirkungen des Agierens des Protagonisten öffentlich spürbar sind, ist sein Handeln meist intim und geheim (Insidergeschichte). Figurenbögen üblich, wobei der Protagonist durch die Erkenntnisse meist desillusioniert wird oder sich von naiven Annahmen verabschiedet, was ihn für die Zukunft aber stärker macht. Moralische Läuterungsprozesse eher bei Antagonisten oder Nebenfiguren, indem sie Schuld einsehen und eingestehen, Verantwortung übernehmen oder zurücktreten. In Serien werden horizontale Erzählweisen bevorzugt.

Vermeiden!

- Protagonist zu superheldig machen. Im Gegensatz zum → Spionagethriller ist die Hauptfigur hier kein Übermensch, der Kampfkunst und Masken benutzt, sondern ein (überdurchschnittlich kompetenter) Alltagsmensch. Dass er ›einer von uns‹ ist, macht seinen Kampf so berührend.
- Zu blutig werden. Gewalt ist hier eher strukturell als äußerlich.
- Reine Mordermittlung. Kommt dem → Krimi zu nahe. Die ideologischen Implikationen eines Verbrechens sind hier wichtiger als die Tat selbst. Die aufzuklärende ›Tat‹ ist eher Korruption oder Verrat als Mord.

- Zu wenig recherchieren. Möglichst glaubhafte Schilderung des Milieus ist für die Wirkung der Story unabdingbar, Kenntnisse über Funktionsweise des politischen Systems und Rechtssystems erforderlich.

Mischbarkeit

In seiner sozialkritischen Haltung dem → Sozialdrama ähnlich, aber zugespitzter, effektheischender, mehr auf Verbrechen ausgerichtet. Darin, und in der Fallhöhe Leben und Tod, auch dem → Krimi ähnlich, v.a. wenn Mafiöses im Vordergrund steht. Der → Spionagethriller spielt oft in der gleichen Arena, ist aber actionlastiger und vertieft keine Hintergründe. Überschneidungen mit dem → psychologischen Thriller, wenn reale oder vorgetäuschte Geisteskrankheiten vorkommen. Nur selten Mix mit anderen Genres, vor allen denen fantastisch-utopischer Natur.

Loglines

- »Eine Jurastudentin kommt bei Recherchen einem Mord an zwei Richtern auf die Spur und muss um ihr Leben fürchten, nachdem sie den Behörden Beweismaterial übergibt.« (*Die Akte*, 1996)
- »Als der Chemiker eines Tabakkonzerns die Öffentlichkeit über die gesundheitlichen Schäden des Rauchens aufklärt, versucht sein Arbeitgeber ihn mundtot zu machen.« (*Der Insider*, 1999)
- »Ein junger Arzt wird von einem charismatischen afrikanischen Diktator eingestellt, läuft aber Gefahr, sich dadurch zum Komplizen von dessen unmenschlichen Verbrechen machen zu lassen.« (*Der letzte König von Schottland*, 2006)
- »Ein Staatsanwalt beißt sich an der Frage fest, wer Präsident John F. Kennedy erschoss, und macht sich damit nicht nur Freunde.« (*JFK*, 1991)

Empfehlungen

Filme:
Der Clan, der seine Feinde lebendig einmauert (IT 1971)
Die Unbestechlichen (USA 1976)
Eine Frage der Ehre (USA 1992)
Die Firma (USA 1993)
Zwielicht (USA 1996)
Das Urteil – Jeder ist käuflich (USA 2003)
Die Dolmetscherin (USA 2005)
Der ewige Gärtner (GB 2005)
Syriana (USA 2005)
Der gute Hirte (USA 2006)

Gefahr und Begierde (TWN 2007)
Michael Clayton (USA 2007)
Sturm (D 2009)
Die Lügen der Sieger (D 2015)
Spotlight (USA 2015)
Bridge of Spies (USA 2015)
Snowden (USA 2016)
Die Erfindung der Wahrheit (USA 2016)
Die Verlegerin (USA 2017)
Serien:
Mord auf Seite eins (GB 2003)
The Good Wife (USA 2009-16)
Borgen – Gefährliche Seilschaften (DÄN 2010-13)
Homeland (USA 2011+)
House of Cards (USA 2013-18)

13.6 Gangsterfilm

Historie

Räubergeschichten als Metier der Volkssage (Robin Hood, Schinderhannes etc.) seit dem Mittelalter. Im Kino dominieren die USA seit den 1940ern (Film Noir), England, Frankreich, Italien, Japan (Yakuza-Film) seit 1960ern, Hong Kong in den 1980ern. In Deutschland im Theater aufgegriffen (*Die Räuber*, Schiller; *Dreigroschenoper*, *Arturo Ui*, Brecht), im Kino nach frühem prägenden Beitrag (F. Lang, 1930) nach langer Pause vereinzelte Beiträge seit den 1990er-Jahren; von Entscheiderseite in Deutschland ungern gesehen wegen Vorwurf, Verbrechen zu glorifizieren.

Emotionalität

Empörung über schamloses Handeln von Kriminellen, aber auch die Gesellschaft, die diese hervorbringt und gewähren lässt. Zwiespältige Hoffnung des Publikums, dass der Protagonist einerseits mit seinen Verbrechen davonkommt, andererseits Strafe erhält; Schwanken zwischen Verachtung und Bewunderung.

Konfliktfelder

Sozialer Konflikt, verkörpert durch das Rechtssystem als antagonistische Kraft. Interpersonelles durch berufliche und private Feindschaften. Innerer Konflikt, da Figuren häufig an eigenen Unzulänglichkeiten scheitern oder Gewissensbisse bekommen. Steile Konfliktkurve, große Fallhöhe, Freiheit und Leben als Einsatz in einem riskanten Spiel um Reichtum und Anerkennung.

Protagonisten

Vertreter der organisierten Kriminalität, oft von Kindesbeinen in kriminellem Umfeld oder Banden, in den USA und Deutschland häufig aus migrantischem Milieu. Haben gelernt, dass man sich nehmen muss, was man will, weil einem das Leben nichts schenkt. Oft zu Wohlstand gelangend aber vom Bürgertum geächtet, zum Leben am Rand der Gesellschaft verdammt. Sehnsucht nach Respekt und Zugehörigkeit. Oft psychopathische Züge, boshaft, brutal, zynisch, auf sadistische Weise verspielt, abgestumpft, tyrannisch, kein Schuldbewusstsein.

Im Subgenre des mainstreamigeren, weniger gewalttätigen *caper-* oder *heist movies* stehen Einbrecher oder Diebe (Spezialisten), die einen unmöglich scheinenden Coup landen wollen; Motiv des ›Profis‹ oder Gentleman-Gauners. Protagonist agiert meist nicht allein, häufig steht eine Bande (Team, Clan) im Vordergrund, aus der sich Gruppendynamik entwickelt. Daher oft Ensemblegeschichten. Im Privaten Familien- und Liebesverwicklungen. Bisher männlich dominiertes Genre, selten weibliche Protagonisten; v.a. im britischen Gangsterfilm oft homoerotische Untertöne.

Antagonisten

Einerseits Gegner aus den eigenen Reihen (Rivalen um den Aufstieg, unliebsame Bosse/Eltern, neidische Geschwister, betrügerische berufliche Partner, verstimmte Affären), andererseits Strafverfolger (Polizei, Staatsanwälte), die Aktionen des Protagonisten unterbinden wollen. Häufig antagonistische Kraft im Protagonisten selbst, da ihn *character flaws* wie Maßlosigkeit bzw. die Unfähigkeit, Grenzen zu akzeptieren, in eine Falle der Justiz treiben. In der häufig anzutreffenden ›Kain und Abel‹-Konstellation wird der ›gut geratene‹ Geschwisterteil oder beste Freund dem ›schwarzen Schaf‹ als prosozialer Lebensentwurf gegenübergestellt, er wird dabei nur vom Protagonisten als Antagonist empfunden, aber trägt eher mentorhafte Züge.

Setting

Treffpunkte der Unterwelt (Gastronomie, Clubs, Bars), Orte, wo man Reichtum zur Schau stellen kann (Villa, Rennbahn, Casino, Luxushotel, exotische Urlaubsziele). Bei Kleingangstern Hoods, Slums, Favelas. Eine

Welt, in die der Zuschauer neugierig schielt, aber in der er selbst wohl nicht leben wollte. Epoche meist zeitgenössisch, aber historische Szenarien verbreitet und populär.

Themen

Loyalität: Das Individuum hat unverbrüchlich zur Bande oder Familie zu stehen, Probleme dieser Regel werden ausgelotet. Geschichten über Schuld und Sühne: Figuren brechen Gesetze und machen ihre eigenen, werden jedoch von Strafe ereilt (entweder durch Rivalen, den Staat oder eigene Verfehlungen). Extremer Lebensentwurf (Ausleben scheinbar uneingeschränkter Freiheit, im *caper movie* besondere Listigkeit der Gauner) soll gewisse Bewunderung beim Zuschauer wecken. Moritaten von Aufstieg und Fall entwickeln große Dynamik – alles bekommen, alles verlieren; der Verbrecher als moderner tragischer Held.

Motive

Verrat, mit erotischer Eifersucht oder Gier als häufigstem Grund. Getriebene Charaktere, die zum Siegen verdammt sind, da jeder Fehltritt ihr Ende bedeuten könnte. Dadurch häufig Entwicklung paranoider Züge – je größer der Erfolg, umso größer der Wahn. Rache, meist am Mörder eines Verwandten oder Freundes. (Männer)freundschaft, die auf die Probe gestellt wird. Gesetz des Schweigens, Protagonist darf nicht gegen Verbündete aussagen; drakonische Strafen für Verstöße gegen Bandenregeln. Bei Kooperation mit Behörden Motive wie Kronzeugenregelung, Zeugenschutz. Kontrast zwischen ›schmutzigem‹ Job und nach außen ausgestelltem ›sauberem‹ Familienleben. Zeichnung des Gangsters als ›Scharnier‹ der Gesellschaft, als ultimativer Mittler mit Kontakt zu allen Schichten, zugleich aber das Produkt ihrer Fehlerhaftigkeit. In Serien meist horizontal erzählt. Genre in der Umsetzung oft durch explizite Gewaltdarstellungen gekennzeichnet.

Dramaturgie

Komplexes Verfolgungsszenario: Der Held rennt vor dem Antagonisten (Polizei) davon, jagt jedoch seinerseits Rivalen. Er tritt aus der Masse hervor, um sich zu bereichern. Sein Ziel ist dabei egoistisch, nicht altruistisch (nur er selbst, nicht die Gesellschaft profitiert von seinen Taten). Am Midpoint ist er meist auf der Höhe seiner Macht, danach beginnt der Absturz. Wenig Charakterentwicklung, Figuren eher statisch. In Serienform üblich, dort vorwiegend horizontal erzählt.

Vermeiden!

- Polizeiperspektive. Solange es sich nicht um eine Genremischung handelt, sollte rein aus Sicht der Kriminellen erzählt werden.
- Zuviel oder zuwenig Beschönigung von Verbrechen und Gewalt. Welche Haltung hat der Autor zum Dargestellten?
- Protagonist zu unsympathisch werden lassen. Auch der menschliche ›Abschaum‹ muss zur Identifikation einladen.

Mischbarkeit

Bei gediegener Erzählweise Nähe zum → Charakterdrama, oft mit Schwerpunkt Familiendrama. Werden Ursachen von Armut und Benachteiligung beleuchtet, dichter am → Sozialdrama und → politischen Thriller. Mit dem → Krimi vermengbar, wenn Polizei- und Gangsterperspektive gleich gewichtet sind (Subgenre Räuber und Gendarm, *cops and robbers*), wobei in der Regel beide Seiten gleich (un)sympathisch dargestellt werden. Überschneidung mit → Western, wenn dort aus Sicht von Outlaws erzählt wird. Nähe zum → psychologischen Thriller, wenn Kriminelle besonders manipulativ agieren. Häufig humoristisch aufgearbeitet (Gangsterkomödie, Mafiaparodie, auch mit Zügen der → Rom Com). Charaktere aus diesem Genre können auch in → Fantasy oder → Sci-Fi-Szenarien tragende Rollen spielen (Han Solo). Bricht der Protagonist nicht aus Eigeninteresse, sondern für andere das Gesetz (›Sozialbanditen‹ wie Zorro, Robin Hood), Überschneidungen mit → Sozialdrama und → Actionthriller.

Loglines

- »Ein kubanischer Auswanderer erlebt Gewalt als einziges Mittel zum sozialen Aufstieg, errichtet ein Drogenimperium in Miami, aber scheitert an seiner Paranoia.« (*Scarface*, 1983)

- »Als ein Mafiaboss nach einem Anschlag stirbt, übernimmt sein Sohn widerwillig die Geschäfte, aber findet durch den Rachefeldzug Gefallen an der neuen Position.« (*Der Pate*, 1972)
- »Die Verbrecherbanden Berlins schließen sich zusammen, um einen Serienmörder zu beseitigen, dessen Taten ihre Geschäfte stören.« (*M – Eine Stadt jagt einen Mörder*, 1930)
- »Ein charmanter Gauner stellt ein Team aus kriminellen Experten zusammen, um ein Riesending zu drehen: fünf Casinos in Las Vegas gleichzeitig auszurauben.« (*Frankie und seine Spießgesellen*, 1960)

Empfehlungen

Filme:
Der öffentliche Feind (USA 1931)
Der kleine Cäsar (USA 1931)
Engel mit schmutzigen Gesichtern (USA 1938)
Brighton Rock (GB 1948)
Die Rechnung ging nicht auf (USA 1956)
Tokyo Drifter – Der Mann aus Tokyo (JP 1966)
Thomas Crown ist nicht zu fassen (USA 1968)
Graveyard of Honor (JP 1975)
Scarface (USA 1983)
City Wolf (HK 1986)
Goodfellas (USA 1990)
New Jack City (USA 1991)
Robin Hood – König der Diebe (USA 1991)
Léon – Der Profi (FR 1994)
Casino (USA 1995)
Heat (USA 1995)
Kurz und schmerzlos (D 1998)
Bang Boom Bang (D 1999)
Snatch – Schweine und Diamanten (GB 2000)
Inside Man (USA 2006)
American Gangster (USA 2007)
Chiko (D 2008)
Public Enemy No. 1 – Todestrieb (FR 2008)
Inception (USA 2010)
Drive (USA 2011)
Nur Gott kann mich richten (D 2017)
Ocean's 8 (USA 2018)

Serien:
Die Sopranos (USA 1999-2007)
Weeds (USA 2005-12)
Sons of Anarchy (USA 2008-14)
Romanzo Criminale (IT 2008-10)
Breaking Bad (USA 2008-13)
Boardwalk Empire (USA 2010-14)
Peaky Blinders (GB 2013+)
Gomorrha (IT 2014+)
Narcos (USA 2015-17)
Suburra (IT 2017+)
4 Blocks (D 2017-19)
Haus des Geldes (SPA 2017+)

14. Abenteuer

Subgenres

Expeditionsfilm, Katastrophenfilm

Übersicht

Der Terminus *adventure* ist im angelsächsischen Raum weiter gefasst und kann auf alle Filme angewandt werden, in denen die Protagonisten etwas erleben, das im weitesten Sinne als Abenteuer – als Erlebnis außerhalb der Alltagswelt – definiert wird.

In diesem System werden wir präziser: Im Abenteuerfilm geht es um das Verhältnis des Menschen zur Natur, zum Ursprünglichen und zu fremden Lebensweisen. Das Genre spielt mit dem Reiz des Exotischen und Wilden; es zieht seine Faszination daraus, den Zuschauer mit auf Reisen an Orte zu nehmen, an die er sonst nicht gelangen würde, und ihn mit Extremsituationen zu konfrontieren, die er im Alltag nicht erlebt. Ausdauer und menschlicher Zusammenhalt stehen thematisch im Zentrum.

Der Unterschied zwischen den Subgenres ›Expedition‹ und ›Katastrophenfilm‹ macht sich vor allem an der Frage fest, ob sich der Held freiwillig oder unfreiwillig in die geschilderte Gefahrensituation begibt und was dort sein Ziel ist. Beiden ist das übergeordnete Thema des menschlichen (Irr)glaubens, die Natur dauerhaft besiegen, zähmen oder formen zu können, gemein und dass Erkenntnisprozesse diesbezüglich von einer Ausnahmesituation in Gang gesetzt werden, die eine umweltbedingte tödliche Bedrohung beinhaltet.

14.1 Expeditionsfilm

Historie

Literatur seit 19. Jhd., Kolonialismus (Kipling), neue Fortbewegungsmittel (Verne), Sehnsucht nach einfacherem Leben in sich technifizierender Welt (Rice Burroughs). Im Kino seit dem Stummfilm, erste Beiträge aus Frankreich (*Reise zum Mond*, Méliès) und Deutschland (*Spinnen*, Lang; *Grabmal*, J. May). Als Vorfilme dienende amerikanische *movie serials* und in Deutschland der Bergfilm Luis Trenkers (1930er/40er). Hollywoodproduktionen in den 1950er-/1960er-Jahren, danach erst ab den 1980ern wieder in Mode, dann verstärkt als Genremischungen. Vereinzelt aus Asien (HK), wenig aus Europa, sehr selten aus Deutschland.

Emotionalität

Fernweh- und Heimwehgeschichten. Staunen über die Schönheit und Vielfalt der Erde und ihrer Bewohner. Mitfiebern, dass sich der Held aus kunstvoll konstruierten Gefahrensituationen befreit (*cliffhanger*, hier auch durchaus wörtlich zu verstehen), stetiger Puls aus Anspannung und Entspannung. Situativ auch Gefühle der Beklemmung, der Furcht und des Ekels (→ Horrorfilm) üblich.

Konfliktfelder

In diesem Genre steht der Konflikt Mensch gegen Natur wie in keinem sonst im Vordergrund, da die Bedrohung witterungsbedingter, tierischer oder pflanzlicher Natur ist. Interpersonelle Konflikte durch Rivalität im Überlebenskampf. Mensch gegen Selbst beim Ausloten der persönlichen physischen und moralischen Grenzen. Steile Konfliktkurven und große Fallhöhe, es kommt meist zu Situationen, in denen es um Leben und Tod geht.

Protagonisten

Aus beruflichen Gründen in fremder Umgebung: Forscher oder Wissenschaftler, die von Neugier getrieben werden, oder Offiziere als ›Vorhut‹ imperialistischer Armeen auf unbekanntem Terrain. Kompetenzen im technischen oder naturwissenschaftlichen Bereich, Konstrukteure und Ingenieure als Boten der westlichen Zivilisation. Zeitgenössisch gern: Extremsportler als gewaltfreie, nicht profitorientierte moderne ›Naturbezwinger‹. Meist gebildet, aus gutem Hause; nicht Not, sondern Neugier treibt sie in die Welt. Motivation ist idealistisch oder persönlich. Kein Superheld, aber dem Zuschauer geringfügig überlegen. Manchmal zwielichtige Figur, die sich bereichern will, häufig Schatzsucher. Unterschätzt anfangs gern eigene Belastbarkeit. Wenn Transport eines Objektes oder einer Person für die Story bedeutsam ist, gern Kapitän (Schiff, Flugzeug), oft eher abgehalftert, aber mit dem Herz am rechten Fleck. Ist die Hauptfigur unerfahren und/oder begibt sich unfreiwillig auf die Expedition, übernimmt der ältere Abenteurer die Rolle des verwittert-brummigen Mentors (Fährtensucher, Großwildjäger, ›Naturbursche‹). Positiv geschilderte, dennoch meist stereotype Vertreter anderer Kulturen als *streetwise* Helfer (Träger, Führer) und *funny sidekicks*. Männlich dominiertes Genre, seit den 1990er-Jahren jedoch in wenigen Fällen auch Heldinnen (Lara Croft).

Antagonisten

Häufig dem Protagonisten ähnlich bezüglich Herkunft, Beruf und Fähigkeiten, oft aber moralisch korrumpiert, skrupellos, um jeden Preis Erfolg erringen wollend. Oft erfahrener und besser ausgerüstet und vernetzt. Auch: Bei Reisen in abgelegene Regionen v.a. in historischen Szenarien meist als primitiv geschilderte ›Eingeborene‹, die durch kulturelle Missverständnisse Konflikte erzeugen, aber durch geschicktes Verhandeln oder Warentausch besänftigt werden. Oft: Verbündete, die aus Angst, Erschöpfung oder Bestechung seitens des *villains* aufgeben oder umkehren und den Helden im Stich lassen. Flora und Fauna des Settings spielen eine große Rolle und werden als gefährlich und giftig, in seltenen Fällen hilfreich (z.B. Heilpflanzen) bei Bewältigung der Mission dargestellt. Gern Konfrontation mit der Tierwelt (große Raubtiere oder eklige Krabbelviecher).

Setting

›Naturkundliche‹ Arenen, die staunen lassen. Widrige Klimaverhältnisse, die jedoch optisch faszinieren: Steppen, Wüsten, Dschungel, Meere, Gebirge, Sümpfe und Moore. Fremdartige Architekturen, Städte und Häfen mit exotisch aussehenden Menschen und Gebräuchen. Oft Ruinen und Versunkenes, von der Natur Zurückgeholtes, das symbolisch für die Endlichkeit alles menschlichen Schaffens steht. Historische Szenarien sehr verbreitet, v.a. Kolonialzeit.

Themen

Überschreiten topografischer, aber auch innerer Grenzen. Der unstillbare Wissensdurst des Menschen und sein Bedürfnis, eine unkontrollierbare Welt kontrollierbar zu machen. Ertragen schwerer Belastungen (Wetter, Erschöpfung, Verwundung, Krankheit). Selbstüberwindung und Glaube an die eigene Kraft und Fähigkeiten als Schlüssel zum Erfolg. Willensprüfungen und Entdeckung neuer Stärken in sich. Notwendigkeit, etwas zu riskieren, um Erkenntnisgewinn, Schatz (*macguffin*) und/oder persönlichen Ruhm zu erlangen; Mut als wichtigste charakterliche Qualität des Helden. Fähigkeit, Kompromisse zu machen oder zu teilen (Streit um Ressourcen). Improvisation, falls Plan nicht funktioniert. In klassischen Erzählungen oft heute als beleidigend wirkende Rassenhierarchie; die Überlegenheit ›der Weißen‹ wird gefeiert, der/das Fremde ist per se bedrohlich. Die Natur wird als gewaltige Macht inszeniert, sie prüft und straft; dadurch kann es zu Niederlage oder Tod des Antagonisten oder unvorsichtiger Helfer kommen.

Motive

Reise ins Ungewisse, meist Suche, manchmal zur Verhinderung drohender Gefahr. Wettkampf- und Rivalitätsszenarien – nur der Erste kann der große Entdecker oder Retter sein. Dabei oft *ticking clock* durch vorprogrammiertes Ereignis (Wetterumschwung, Jahreszeiten). Helden sind wie in keinem anderen Genre den Elementen ausgesetzt (Regen, Schnee, Hitze, Sturm). Häufig Hilfs- und Bergungsmission mit klarer räumlicher Zielsetzung, wobei der Held der Retter, aber auch das Opfer sein kann. Bei Einsatz menschlicher Antagonisten ständige Oszillation zwischen Gefangenschaft und Flucht. In manchen Fällen wird die Reisekonstellation umgekehrt, d.h. der Protagonist muss (z.B. nach Schiffbruch, Verschleppung) aus der Fremde zurück nach Hause finden (Odyssee). Storys basieren häufig auf wahren Begebenheiten.

Stilmittel

Majestätische visuelle Abbildungen von Natur (›Safariaspekt‹). Aufwendige Setpieces, häufig starke Actionorientierung.

Dramaturgie

Der Held begibt sich freiwillig in die gefährliche Natur, um etwas oder jemanden zu suchen oder zu retten. Am Midpoint benötigt er häufig selbst Rettung. Protagonist ist stark von einem Want getrieben, Needs sind dabei eher Nebensache. Fokus auf Haupthandlung, selten Nebenstränge. Charakterbogen möglich, häufig klassische ›Heldenreise‹. Serielle Umsetzungen eher episodisch.

Vermeiden!

- Zu lange verharren. Wenn es eine Reisegeschichte ist, sollten die Figuren möglichst immer unterwegs sein. Ein Abenteuer ist kein Kammerspiel.
- Zu innerlich werden. Genre fokussiert sich auf äußere Konflikte und die abgebildete Problembewältigung ist eher körperlich-athletisch.
- Schwache Motivation. Es muss ein deutliches räumliches Ziel oder eine klare Mission geben.
- Rassismus. Gefahr, fremde Kulturen als negativ oder rückständig zu schildern und herabzuwürdigen. Die Kolonialzeit ist vorbei.

Mischbarkeit

Überschneidungen mit → Fantasy und → Horror, wenn übernatürliche Elemente eine starke Gewichtung bekommen oder die Story ganz oder teilweise in einer imaginären Welt spielt. Verwandtschaft mit → Actionthriller, der aber mehr auf menschengemachte Kampf- und Zerstörungsszenarien setzt. Dicht am → Spionagethriller, falls Agenten Hauptfiguren sind. Findet die Exploration im Weltraum statt oder verläuft die Reise durch die Zeit, Verschmelzung mit der → Science-Fiction. Nähe zum → Western, in dem Geografie ebenfalls eine große Rolle spielt. Wenn der exotische Backdrop v.a. für eine Liebesgeschichte genutzt wird, Überschneidung mit → Romanze oder im humorvollen Fall mit der → Romantic Comedy. Piratenfilme und Mantel-und-Degen-Filme fallen meist in dieses Genre.

Loglines

- »Ein britischer Offizier und ein Schriftsteller machen sich in Afrika auf die Suche nach den Quellen des Nils und werden auf der Reise zu erbitterten Feinden.« (*Land der schwarzen Sonne*, 1990)
- »Zwei Geschwister wollen den höchsten Berg der Welt erklimmen, aber drohen an den Naturgewalten und Zwist mit ihrem ungeduldigen Auftraggeber zu scheitern.« (*Vertical Limit*, 2000)
- »Ein Archäologe begibt sich auf eine Jagd rund um die Welt, um die mythische Bundeslade zu finden, bevor die Nazis es tun, die sie als Waffe einsetzen wollen.« (*Jäger des verlorenen Schatzes*, 1981)
- »Ein Cowboy nimmt an einem hoch dotierten Pferderennen quer durch die Sahara teil. Als Außenseiter gehandelt, erarbeitet er sich fair und ausdauernd Anerkennung und Sieg.« (*Hidalgo – 3000 Meilen zum Ruhm*, 2004)

Empfehlungen

Filme:
Die Spinnen (D 1919)
Das indische Grabmal (D 1921)
Der Berg ruft (D 1938)
Der Schatz der Sierra Madre (USA 1948)
König Salomons Diamanten (USA 1950)
African Queen (USA 1951)
Moby Dick (USA 1956)
Fitzcarraldo (D 1982)
Die Goonies (USA 1985)
Crocodile Dundee (AUS 1986)
Weißer Jäger, schwarzes Herz (USA 1990)
1492 – Die Eroberung des Paradieses (FR 1992)
Der Geist und die Dunkelheit (USA 1996)
Sieben Jahre in Tibet (USA 1997)
Armageddon (USA 1998)
Lost in Space (USA 1998)
Long Walk Home (AUS 2002)
Fluch der Karibik (USA 2003)
Kekexili – Mountain Patrol (CHN 2004)
Master & Commander (USA 2003)
Walhalla Rising (DÄN/GB 2010)
Der lange Weg (USA 2011)
The Grey (USA 2012)
Everest (USA 2015)
The Revenant – Der Rückkehrer (USA 2015)
Die versunkene Stadt Z (USA 2016)
Kong: Skull Island (USA 2017)

Serien:
Shaka Zulu (SA 1986)
Als die Tiere den Wald verließen (D/GB 1993)
Star Trek: Voyager (USA 1995-2001)
Xena – Die Kriegerprinzessin (USA 1995-2001)

Relic Hunter (USA 1999-2002)
Sheena, Königin des Dschungels (USA 2000)
Black Sails (USA 2014-17)
Hooten and the Lady (USA 2016)
Frontier (CAN 2016+)
Lost in Space (USA 2018+)
Unten am Fluss (GB 2018)
The Widow (GB 2019)
Der Brief für den König (GB 2020+)

14.2 Katastrophenfilm

Historie

Naturkatastrophen oder globale Krisensituationen tauchen als antagonistische Kraft in der Literatur und dem Theater seit der Antike auf, dort häufig als Strafen der Götter. Vorläufer in Romanform (Bulwer-Lytton, 1834) und im Stummfilm (Porter, 1903). Als eigenständige Erzählform erst im Hollywood der 1970er etabliert und wegen des großen Aufwands bis heute vorwiegend dort verankert. Vereinzelt aus Asien (JP, Südkorea). Gelungene Beiträge aus Deutschland vor allem als TV-Movies im Privatfernsehen in den 2000ern.

Emotionalität

Hoffnung, dass betroffene Charaktere überleben. *Cliffhanger*-Momente, bei denen man situativ mitfiebert. Starke Anspannung, da Figuren durchgängig Gefahren und Risiken ausgesetzt sind. Einsatz von Überwältigungsästhetik, Staunen über apokalyptische Bilder – den Weltuntergang aus der Distanz des sicheren Kinosessels erleben.

Konfliktfelder

Der Konflikt Mensch gegen Natur steht im Vordergrund, da die unkontrollierbare Katastrophe die größte antagonistische Kraft ist. Mensch gegen Mensch durch Rivalität im Überlebenskampf. Innerer Konflikt, wenn das eigene Wertesystem in der Extremsituation auf die Probe gestellt wird: Wie weit gehst du, um dich zu retten? Steile Konfliktkurve, große Fallhöhe, ständige Leben-und-Tod-Situationen. Plots sind selten originell; eher *character driven* und *scene driven*.

Protagonisten

Breit gefächert, da die Katastrophe den Querschnitt der Gesellschaft betrifft. Meist Alltagsmenschen, die den Zuschauer zur Identifikation einladen, da sie ähnlich hilflos sind, wie er es in der Situation wäre. Oft auch Personen, die die öffentliche Ordnung wahren (Feuerwehr, Polizei, Armee) und nun ihre größte Prüfung erleben, wobei sie häufig ihr Leben geben. Manchmal hochrangige Politiker (in Hollywood gern Mr./Mrs. President persönlich), die führen müssen und schwierige Entscheidungen treffen und gegen Zweifler verteidigen. Kann die Katastrophe noch abgewendet werden bzw. bedarf sie einer gründlichen Analyse, agieren meist Wissenschaftler als Haupt- oder Nebenprotagonisten. Häufig alle Ebenen durch Ensemblestruktur vereint.

Auch in der Wildnis verloren gehende Protagonisten wie Schiffbrüchige und in Isolation Verunglückte gehören im Prinzip in diese Kategorie (Subgenre der Robinsonade). In dem Fall ist die Katastrophensituation stark begrenzt und nur die Protagonisten persönlich, nicht aber ihre gesamte Umgebung betroffen.

Antagonisten

›Die Katastrophe‹, die den Normalzustand beendet: Flut, Sturm, Brand, Asteroid, Seuche, Reaktorunfall, amoklaufende Tiere, Megablackout oder neue Eiszeit, häufig in kausaler Kombination. Kann plötzlich kommen, aber sich auch ankündigen, was Gegensteuern durch Pläne ermöglicht (dann das Dilemma: wer wird gerettet, wer nicht; Arche-Noah-Szenarien). Alles vernichtende Urkraft, die selten gestoppt werden kann, meist einfach ertragen werden muss. Im Chaos der Zerstörung agieren auch menschliche Antagonisten, meist Egoisten, die Ressourcen nicht teilen wollen, die Not anderer ausnutzen oder sich zu Tyrannen aufschwingen. Die Ausnahmesituation lässt Masken fallen und offenbart das ›wahre Gesicht‹ vieler Figuren, die man anfangs anders einschätzte. Wissende, die vor Desaster warnten, wurden als Spinner abgetan (Cassandra-Komplex). Politische Profiteure versuchen durch Verschwörungstheorien für die Zeit nach der Katastrophe die Geschicke in ihrem Sinne zu lenken.

Setting

Häufig urbanes Szenario mit dichter Besiedlung (Großstadt), damit Schaden kinematisch ausgereizt werden kann. Darin Abbildung vielfältiger Lebensbereiche, die alle auf ihre Weise betroffen sein werden (Haus, das Familie verliert; Krankenhaus, in dem Opfern geholfen wird; Rathaus, in dem der Krisenstab tagt). Auch isolierte Orte beliebt, an denen Hilfe nicht schnell erfolgen kann (Kreuzfahrtschiff, Flugzeug, einsame Insel) und von denen es, häufig unter Druck einer *ticking clock*, zu entkommen gilt. Vorwiegend zeitgenössische Szenarien, selten historisch.

Themen

Solidarität in Zeiten der Krise. Zusammenhalt und Teamgeist werden beschworen. Aufwertung des Gruppengedankens, Problemlösung durch Kooperation. Gleichzeitig auch Lob des Individuums (besondere Kompetenzen, die bei der Rettung helfen; Person mit ›Nerven aus Stahl‹ macht den Unterschied; Opferbereitschaft eines Einzelnen für das Kollektiv). Erkenntnisse, was im Leben zählt und wirklich wichtig ist. Warnung davor, wie schnell die Natur den Menschen in seine Schranken weisen kann; wie anfällig und filigran das technisch hochgezüchtete kapitalistische System ist und wie dünn die Kruste der Zivilisation. Unterschwellig werden auch ökologische Themen verhandelt, unsere Verantwortung für die Umwelt: Der Mensch braucht den Planeten, aber der Planet den Menschen nicht; Kontrolle über die Natur ist eine Illusion.

Motive

Ausnahmezustand, in dem etablierte Regeln des Zusammenlebens und staatlich gewahrte Gesetze über Nacht außer Kraft treten. Zurückgeworfensein auf archaische Triebe (Selbsterhaltung, *survival story*) und Lösungstaktiken (Recht des Stärkeren). Welt, aus der die Zivilisation vorübergehend oder dauerhaft verschwindet: *back to basics*. Cocooning und Verbarrikadierung (Wagenburgmentalität, Kammerspiel-Subplots), die zu psychischem Stress und Gewalt führen. Metaphysisch: der Mensch als Sünder, der die Erde zugrunde richtet und von höheren Mächten die Quittung erhält. Trotz der gezeigten Not Bemühen um Silberstreif; wer tapfer und gerecht ist, wird siegen. Häufiges Motiv der Reue und Versöhnung (entfremdete Paare oder Familien finden zusammen, Feinde werden Freunde), da persönliche Querelen plötzlich nichtig wirken im Angesicht der großen Bedrohung.

Dramaturgie

Der Held begibt sich unfreiwillig in die gefährliche Natur. Sie kreist ihn ein und er versucht, ihr zu entkommen. Protagonist wird vom Selbsterhaltungswunsch angetrieben, Want und Need daher meist identisch. Keine großen Pläne, meist Improvisation von einem bedrohlichen Moment zum nächsten. Häufig multiperspektivische Erzählweise: Mehrere Charaktere erleben die Krise an verschiedenen Orten innerhalb derselben Stadt oder rund um den Globus. Ensembleerzählung somit deutlich häufiger als in anderen Genres. Selten als Serie realisiert, wenn, dann horizontal erzählt und eher als abgeschlossene Miniserie.

Vermeiden!

- Zu klein denken. Zuschauer erwartet hier große Bilder und will überwältigt werden, Katastrophe kann nicht nur per Mauerschau erfolgen (wird sonst eher → Drama).
- Offenes Ende. Publikum erwartet die Rettung der Charaktere und Wiederherstellung der Normalität, soweit die Prämisse es erlaubt.

Mischbarkeit

Nähe zur → Expedition, wenn Fokus auf Retterperspektive und Reiseaspekt verstärkt sind. Überschneidung mit → Horrorfilm, wenn die Katastrophe übernatürlichen Ursprungs ist oder Monster involviert sind. Überschneidung mit → Science-Fiction, wenn Auslöser technisch ist und Protagonisten Wissenschaftler sind, auch Ähnlichkeit mit dort verbreiteten Endzeitszenarien. Elemente des → Krimis oder → Politthrillers, wenn Krise menschengemacht ist und Schuldige ermittelt werden. Globale Zerstörungsszenarien auch im → Kriegsfilm, wobei Gegner dort im Kampf bezwungen werden kann, während Held hier nur reagiert.

Loglines

- »Nachdem eine Riesenwelle ein Kreuzfahrtschiff im Mittelmeer auf den Kopf dreht, sucht eine kleine Gruppe Überlebender einen Ausgang, bevor das Schiff versinkt.« (*Die Höllenfahrt der Poseidon*, 1972)
- »Ein in Scheidung lebendes Wissenschaftlerpaar findet bei der Jagd nach einem Tornado wieder zusammen – aber wird es die Begegnung mit seinem Forschungsobjekt überleben?« (*Twister*, 1996)
- »Der Magnetpol der Erde verschiebt sich, die Welt wird von Katastrophen heimgesucht. Die Regierungen haben heimlich Archen gebaut, aber wer darf an Bord?« (*2012 – Das Ende der Welt*, 2009)
- »Während des stärksten Erdbebens aller Zeiten, das Los Angeles zerstört, findet ein mutiger Rettungsflieger den Weg zurück in seine Familie.« (*San Andreas*, 2015)

Empfehlungen

Filme:
Life of an American Fireman (USA 1903)
Die letzten Tage von Pompeji (IT 1913)
Godzilla (JP 1954)
Die Vögel (USA 1963)
Airport (USA 1970)
Erdbeben (USA 1974)
Überleben! (USA 1993)
Outbreak (USA 1995)
Daylight (USA 1996)
Titanic (USA 1997)
Armageddon (USA 1998)
Cast Away – Verschollen (USA 2000)
The Day After Tomorrow (USA 2004)
Die Wolke (D 2006)
World Trade Center (USA 2006)
Das Inferno – Flammen über Berlin (D 2007)
Vulkan (D 2009)
127 Hours (USA 2010)
Aftershock (CHN 2010)
Contagion (USA 2011)
The Impossible (SP 2012)
Geostorm (USA 2017)

Serien:
Zoo (USA 2015)
The Hot Zone (USA 2019+)
Acht Tage (D 2019)
Krieg der Welten (GB/FR 2019+)
Tschernobyl (USA 2019)
Sløborn (D 2020)

15. Science-Fiction

Subgenres

Experiment, Dystopie

Übersicht

Wohl am besten übersetzt mit ›wissenschaftliche Spekulation‹. Gemeint sind damit Zukunftsgeschichten und Utopisches. Das Genre beleuchtet das Verhältnis des Menschen zur Technik, mit der seine Entwicklung untrennbar verbunden ist, sowie den Methoden, durch die sie entsteht, und den ihr anhaftenden Risiken. Zeigt dabei Begeisterung für menschlichen Einfallsreichtum, warnt jedoch auch vor Voreiligkeit und Tabubruch. Während das ›Experiment‹ die Geschichten derer erzählt, die den Fortschritt vorantreiben, schildert die ›Dystopie‹ die Schicksale derer, die darunter leiden. Erstere erzeugen also die Welt, in der Zweitere später leben müssen. Vereinendes Motiv ist die Entwicklungsabschätzung: Wohin steuern wir? Prophetische Aspekte und die Sehnsucht nach Vorhersage des eigenen Schicksals machen diese Geschichten für das Publikum interessant.

15.1 Experiment

Historie

Seit dem Zeitalter der Entdeckungen (15.-18. Jhd, *Automata*, Hoffmann; *Chymische Hochzeit*, Andreae) und Industrialisierung (19. Jhd., *Frankenstein* von Shelley; *20.000 Meilen* von Verne) Zunahme von Erzählungen, die wissenschaftlichen Fortschritt dokumentieren und positiv-utopisch extrapolieren. Im 20. Jhd. weltweit literarische Explosion, v.a. im Ostblock (Lem, Strugatzkis) und USA (Asimov, Clarke, Dick). Erste Blüte im deutschen Stummfilmkino der 1920er (*Homunculus*, O. Rippert; *Frau im Mond*, Lang). Beständige Impulse aus Asien (v.a. Japan, dort oft in animierter Form) seit den 1950ern. In der Nachkriegszeit in der BRD selten (*Welt am Draht*, Fassbinder), in der DDR häufiger (*Der schweigende Stern*, K. Maetzig u.v.a.). Im wiedervereinten Deutschland keine Beiträge mehr.

Emotionalität

Eher intellektuelles als emotionales Genre, das von der Kühnheit gedanklicher Entwürfe, weniger von menschlicher Interaktion lebt. Emotionalisierung durch individuelle Schicksale der Protagonisten oder eine Vermengung mit anderen Genres, die hier besonders häufig anzutreffen ist (es gibt kaum ›reine‹ Science-Fiction-Filme).

Konfliktfelder

Wie in keinem anderen Genre steht hier der technologische Konflikt im Vordergrund, da Werkzeuge sich der Kontrolle durch ihre Konstrukteure verweigern. Interpersonelle Konflikte, wenn verschiedene Weltanschauungen oder Moralvorstellungen kollidieren. Mensch gegen Selbst, wenn Figur an eigenen (meist moralischen) Makeln zu scheitern droht. Fragen nach universellen Lebens- und Herrschaftsmodellen werden hingegen in der → Dystopie verhandelt und sind hier nicht Betrachtungsgegenstand. Moderate Konfliktkurve und Fallhöhe, Bedrohung eher lokal und betrifft wenige Figuren; es kommt zu Leben-und-Tod-Situationen. *Theme driven.*

Protagonisten

Forscher oder Erfinder, Wissenschaftler (z.B. Physiker, Biologe, Chemiker, Kybernetiker, Astronom, Informatiker), akademisches Umfeld, ehrgeizig, idealistisch, relativ autonom arbeitend, mit großen Plänen, die Menschheit durch technischen Fortschritt zu bereichern. In einem Weltraumszenario meist Astronaut mit von höherer Stelle vorgeschriebener Mission (Erforschung von Planeten, Anomalien, Phänomenen). Zu den Kompetenzen des Wissenschaftlers kommen bei ihm noch Wagemut und physische Fitness hinzu, was ihn wehrhaft macht und stark in die Nähe des Helden des → Abenteuerfilms rückt. Oft soll er durch Suchen einer Rettung im All ein Problem auf der Erde lösen, dann dicht am → Katastrophenfilm. Ebenfalls üblich sind künstliche Lebensformen als Hauptfigur (Androiden, Roboter), die versuchen, sich in die menschliche Gemeinschaft einzugliedern und dabei das Menschsein erkunden (Pinocchio-Geschichte, z.B. *A.I. - Künstliche Intelligenz* [2001]).

Antagonisten

Die Domäne des *mad scientist*, des verrückten Erfinders, eines größenwahnsinnigen Nerds, der zwar hochintelligent und seiner Zeit voraus ist, aber Schaden mit seinen Projekten anrichtet. Sein Wahn ist dabei häufig Resultat von Vereinsamung (lange Isolation im Labor, im All) und/oder tragischen Verlusterlebnissen, die zu seinem Rückzug von den Menschen und seiner Hinwendung zur vermeintlich berechenbareren Technik führten. Ziel des Erkenntnisgewinns oder der persönlichen Bereicherung um jeden Preis. Häufig ist Hauptantagonist aber auch wissenschaftsfremd, eher ein Profiteur, die sprichwörtlichen ›falschen Hände‹ - Großindustrieller oder Politiker, der die gut gemeinten Ideen des Protagonisten oder des körperlich schwachen, erpressbaren oder bestechlichen *mad professor* (der in dem Fall sein Scherge ist) kommerzialisiert oder pervertiert.

Setting

Nicht so futuristisch wie in der → Dystopie, die meisten Experimente spielen im Hier und Jetzt oder einer sehr nahen Zukunft (*near future*). Die technischen Voraussetzungen für das Experiment sind meist schon gegeben, aber noch nicht erprobt, wenn der Autor die Story verfasst. Bei mehr auf *far future* ausgerichteten Szenarien seit dem *space race* ab den 1950er-Jahren häufig der Weltraum als wild-leeres, übergroßes, maximal fremdes und damit ultimativ herausforderndes Experimentierfeld. Glaube daran, dass sich Schicksal der Menschheit ›zwischen den Sternen‹ entscheidet und die Antwort auf alles ›irgendwo da draußen‹ ist. Das schier endlose All als Symbol für Unbeherrschbar- und Undurchschaubarkeit, hier schrumpft der Mensch und wird zum unbedeutenden Staubkorn. Grundsätzlich das Genre mit dem breitesten Spektrum an Handlungsorten, da Reisen durch Raum und Zeit möglich sind.

Themen

Ein Experiment, das in der Theorie hätte funktionieren müssen und gut geplant war, geht in der Praxis schief, was schlimme Folgen hat. Dabei kann ein Zufall oder Unfall ausschlaggebend sein, meist aber menschliches Versagen (falsche Berechnung, Sabotage). Verantwortung: Eine durch Bildung und Mittel privilegierte wissenschaftliche Elite wird auf den Boden der Tatsachen zurückgeholt. Dabei Erkenntnis der Limitationen der eigenen Fähigkeiten, die aber für Rettung oft zu spät kommt. Zusammenstoß mit dem Unbekannten, Unerforschten. Dabei häufig Erstkontakt mit außerirdischen Wesen in deren Lebensraum oder auf der Erde, der subtil-dramatisch oder eher mit Bildern des → Kriegsfilms, dann auch dem → Katastrophenfilm ähnelnd, erzählt wird; Resultat meist Kollaps von Hybris und neue Bescheidenheit durch Erkennen der eigenen Unterlegenheit. Immer wieder zentral: die Frage, ›was uns menschlich macht‹ – Biologisches wird künstlicher, Künstliches biologischer. Das Verschwimmen von Grenzen (Mensch und Maschine, Öffentliches und Privates); wo ist unser Platz in der sich rasant verändernden Welt?

Motive

Die Bebilderung des Unvertrauten, das Herbeifantasieren des noch nicht Existenten, aber vielleicht Möglichen. Unbeherrschbare Erfindungen. Schöpfungen, die sich gegen den Schöpfer wenden. Das Scheitern daran, die Welt in Zahlen zu pressen. Arroganz, durch die ein geistig überlegener Charakter sich selbst zu Fall bringt. Unfähigkeit, im richtigen Moment aufhören zu können. Umsiedlung und Kolonisierung; Hoffnung, nach ökologischer Zerstörung der Erde auf anderen Planeten neu anfangen zu können; menschliche ›Saat‹ wird mit phallisch penetrierenden Raketen ins All getragen; hier Parallelen zur → Dystopie. Religiöse Motivik: ›Mensch, der Gott spielt‹ und nach vermeintlicher ›Verbesserung‹ der Schöpfung brutal in seine Schranken verwiesen wird. Das maskuline Wesen, das ›das Weibliche‹ durch Hilfsmittel zügelbar machen oder seine Unfähigkeit, Leben zu gebären, kompensieren will. Der biologische Körper als Rohmaterial, das neu geformt, kastriert oder erweitert, umkonfiguriert werden soll. Wer sich in sein Schicksal ergibt und den Lauf der Dinge akzeptiert, kann eine neue Bewusstseinsebene oder eine neue Evolutionsstufe erreichen.

Stilmittel

Faszination für Maschinen und Apparate. Zeitreisen und Übertritte in andere Dimensionen oder alternative Realitäten durch Portalvorrichtungen. Manipulation von Materie (Teleportation, Schrumpfung, Unsichtbarkeit), Fortpflanzung (Klonen) und Lebensverlängerung (Unsterblichkeit). Künstliches Leben (Robotik, A.I.). Transfer von Identitäten oder Persönlichkeiten bzw. Tausch von Körpern. Erinnerungen werden extrahiert, verändert und implantiert. Auch Experimente mit ›geistigen‹ Phänomenen, wie Telepathie und Telekinese, oder Seelenzuständen (Leben nach dem Tod).

Dramaturgie

Der Held kann nicht aufhören, immer weiterzugehen. Am Midpoint stellt er fest, dass er sich verlaufen hat. Charakterentwicklung wenig ausgeprägt; Figuren eher statisch, verbissen auf ihr Want fixiert und ihre Needs ignorierend, bezahlen sie die Unfähigkeit, eigene Fehler zu erkennen, mit dem Leben, auch wenn äußerliche Transformation (Verwandlung, Mutation, Verfall durch Strahlung) extrem sein kann. Spannung wird im Wesentlichen durch Erwartungshaltung bezüglich Ausgang des Experimentes erzeugt: Es kann gelingen, schief gehen oder einfach andere Resultate zeitigen als erwartet; ein misslungenes Experiment kann gute Folgen haben, ein gelungenes jedoch auch schlechte – dies macht die Komplexität des Genres aus. In Serienform häufig umgesetzt, früher episodisch, heute öfter horizontal.

Vermeiden!

- In → Dystopie verfallen, die ein eigenes Genre ist. Nicht die Welt oder Gesellschaft ist hier pervertiert, sondern der Verstand von Einzelpersonen, die Moral und Vorsicht vergessen.
- Technobabble. Story soll Entertainment bieten und keine trockene wissenschaftliche Abhandlung voller unverständlicher Fachbegriffe sein.
- Emotionale Unterkühlung. Geschichten dieses Genres in Fühlbares zu verpacken, ist eine der zentralen Herausforderungen.
- Nicht alles erfinden. Spekulation hat Grenzen. Recherche zwingend, es sollte Wert auf Respektierung der Naturgesetze gelegt werden. *Bogus science* ist unfreiwillig komisch.

- Zu realistisch werden, sonst wird es ein Wissenschaftsdrama. Erst durch einen Anstrich des Grellen, prophetisch-spielerisch Projizierten wird Sci-Fi *larger than life*.
- *Double Mumbo-Jumbo*: Fokussierung auf *eine* Technologie, eine Fragestellung, im Zentrum. Überfrachtung verwässert die Story.

Mischbarkeit

Genre wird sehr häufig gemischt, v.a. um Emotionales in die stark konzeptuellen Storys einzufügen. Sehr häufige Überschneidung mit dem → Horrorfilm, wenn das Experiment schiefgeht und grauenerregende Konsequenzen hat, z.B. den Helden oder ein Versuchstier einer Metamorphose unterzieht (*body horror* und *creature feature*). Mischung mit dem → Abenteuerfilm, wenn Konflikt in der Natur ausgetragen wird, geografische Exploration oder Rettungsszenarien mit Reiseaspekt gegeben sind. Kreuzung mit → Fantasy, wenn Technik mit Magie kollidiert oder verschmilzt. Im Fahrwasser des → Katastrophenfilms, wenn die Krise von einem Experiment ausgelöst wird. Droht Protagonist durch Begegnung mit dem Unbekannten wahnsinnig zu werden und es treten psychedelische Elemente auf, Züge des → psychologischen Thrillers. Überschneidung mit → Krimi, → Actionthriller oder → Spionagethriller, wenn experimentelle Technologien im Fokus sind. Kann humoristische Züge tragen, dann Nähe zur → High-Concept-Comedy, und war Gegenstand zahlreicher → Parodien. Beeinflusst die Erfindung eine Liebesbeziehung, Mix mit → Romanze oder → Rom Com. Konventionen des Experimentsubgenres sind essenzieller Bestandteil vieler Superheldenstorys.

Loglines

- »Wissenschaftler und Militärs müssen gigantische Ameisen aufhalten, die durch Atombombentest in der Wüste New Mexicos entstanden sind.« (*Formicula*, 1954)
- »Ein Mann verliebt sich in das intelligente Betriebssystem seines Computers.« (*Her*, 2013)
- »Ein Astronaut begegnet auf einer Raumstation einer fremden Intelligenz, die Wünsche erfüllt, und wird dadurch mit einer verdrängten Vergangenheit konfrontiert, die ihn in den Wahnsinn treibt.« (*Solaris*, 1972)
- »Ein Experte für virtuelle Realitäten stellt fest, dass er selbst nur Teil einer Simulation ist.« (*Welt am Draht*, 1973)

Empfehlungen

Filme:
Homunculus (D 1916)
Frau im Mond (D 1929)
Der schweigende Stern (DDR 1959)
2001 – Odyssee im Weltraum (USA 1968)
Solaris (RUS 1972)
Star Trek 2: Der Zorn des Khan (USA 1982)
Herrscher der Zeit (FR 1982)
Projekt Brainstorm (USA 1983)
Die Fliege (USA 1986)
Robocop (USA 1987)
Jurassic Park (USA 1993)
Mary Shelleys Frankenstein (USA 1994)
12 Monkeys (USA 1995)
Contact (USA 1996)
Men in Black (USA 1997)
Der 200 Jahre Mann (USA 1999)
Vergiss mein nicht! (USA 2004)
Prestige – Die Meister der Magie (USA 2006)
Iron Man (USA 2008)
Moon (GB 2009)
Interstellar (USA 2014)
Transcendence (USA 2014)
Ex Machina (GB 2014)
Arrival (USA 2016)
Flatliners (USA 2017)
Ad Astra (USA 2019)
Die wandernde Erde (CHN 2019)
Archive (USA 2020)

Serien:
Der 6-Millionen-Dollar-Mann (USA 1973-78)
Mondbasis Alpha 1 (GB 1975)
Die Besucher (ČSSR 1981-83)
Zurück in die Vergangenheit (USA 1989-93)
Sliders (1995-2000)
Eureka – Die geheime Stadt (USA 2006-12)
Person of Interest (USA 2011-16)
Orphan Black (CAN/USA 2013-17)
Limitless (USA 2015)
Sense8 (USA 2015-18)
The Flash (USA 2014+)
Dark (D 2017-20)
Counterpart (USA 2017-19)
Devs (USA 2019)
Star Trek: Discovery (USA 2017+)

15.2 Dystopie

Historie

Weissagung schrecklicher Zukunft in antiken Sagen (Cassandra). 1826 *Verney, der letzte Mensch*, von Mary Shelley. Nach literarischem Utopismus des 19. Jhds. zunehmend skeptischere Töne (ca. ab Wells, *Zeitmaschine*). Im 20. Jhd. Widerspiegelung politischer Konflikte und des realen ›Kampfs der

Ideologien‹ (*Wir*, Samjatin; *Schöne neue Welt*, Huxley; auch Orwell, Bradbury, später Gibson), häufig verfilmt. Kalter Krieg v.a. in den USA als *military scifi* verarbeitet (Heinlein, Haldeman, Card). Erste Beiträge aus Deutschland im Kino der Stummfilmzeit (1920er, *Metropolis*, Lang). Fortentwicklung im liberalen Hollywood der späten 1960er. Ab 1970ern aus Australien, dann USA, GB, Endzeitfilme (*Mad Max*, Miller), deren Szenarien in die Literatur rückkoppelten (*The Road*, McCarthy). Sporadische Beiträge aus Asien. Heute kaum Beiträge aus Deutschland.

Emotionalität

Mitgefühl mit den notleidenden Menschen der Zukunftswelt. Empörung über die Ungerechtigkeit der dort Herrschenden. Potenzial zum ›Aufreger‹, ähnlich dem → Sozialdrama. Zugleich ›Kino der Angst‹, benutzt Schreckmechanismen des → psychologischen Thrillers und → Horrorfilms.

Konfliktfelder

Starker Fokus auf einen sozialen Konflikt, da das Individuum von der herrschenden Klasse unterdrückt wird. Interpersonelle Konflikte durch gegenseitiges Misstrauen oder darwinistischen Überlebenskampf, aber auch Widerstand Mutiger gegen die Machthaber. Innere Konflikte, wenn Vertreter des Systems Zweifel bekommen. Steile Konfliktkurve und extreme Fallhöhe, Schicksal der Menschheit steht auf dem Spiel – sind wir Sklaven oder Freie?

Protagonisten

Alltagsmenschen, die Opfer eines Systems sind, das der persönlichen Entfaltung meist herbe Grenzen setzt. Versuchen, sich so gut es geht damit zu arrangieren. Oft etwas schlauer, verstehen sie, das Beste aus der Lage zu machen, aber sich einen Rest Menschlichkeit und Solidarität zu bewahren. Häufig auch: Verteidiger oder Begünstigte des Systems, oft im mittleren Management, die Kontakte oder technische Möglichkeiten hätten, das Unrecht zu beenden, denen aber Courage dazu fehlt. Freiheitskämpfer, Terroristen und Rebellen, die sich dem Staat widersetzen und ihn gewaltsam zu Fall bringen wollen, eher als Nebenfiguren (Mentoren), in der *young adult*-Literatur der Nuller- und Zehnerjahre (*Tribute von Pa-*

nem) jedoch auch als Helden. In postapokalyptischen Szenarien, in denen die Welt untergegangen ist und Anarchie herrscht, oft einzelgängerische Überlebenskünstler, erfindungsreich, diszipliniert, wehrhaft und keusch (futuristischer ›Kriegermönch‹), die innere Verletzlichkeit (meist Verlusttrauma) durch Abstand von der menschlichen Gemeinschaft verbergend.

Antagonisten

Angehörige der Elite, die das Unrechtssystem nicht unbedingt geschaffen haben, aber es nun verwalten, steuern und als einzige davon profitieren. Leben in Saus und Braus, während die Masse leidet. Überheblich, megaloman, oft sadistisch, müssen sie keine Strafen fürchten, da sie auf der ›richtigen Seite‹ stehen. Auch: Schergen, die sich den Herrschenden fügen, entweder aus blankem Opportunismus oder tiefster ideologischer Überzeugung. Ebenfalls: verräterische Normalbürger, oft verängstigt und verzweifelt, die unter Druck (Belohnung, Erpressung) Freunde und Familie bespitzeln.

In postapokalyptischen Szenarien gern karikaturhafte Überzeichnung: lokale Warlords oder Bandenführer, oft schillernde, exotisch gekleidete Persönlichkeiten vom Schlag eines Piratenkapitäns, die ihr eigenes kleines Reich beherrschen. Werden von brutalen Schergen flankiert, die häufig geisteskrank sind und/oder körperliche Mutationen (Strahlung, Vergiftung) oder Modifikationen (Cyborgs) aufweisen.

Setting

Futuristische Welt, meist urbanes Szenario, die sich durch technologische Fortentwicklung massiv zum Negativen verändert hat. Wissenschaftliche Erkenntnisse wurden missbraucht, um System mit technokratischen, diktatorischen, unterdrückerischen Zügen zu errichten, in dem die Macht in den Händen einer kleinen Gruppe liegt. Meist eine Gesellschaft mit extremen Gegensätzen (Klassenkontrast), in der politische Teilhabe der Bevölkerung und neutrale Justiz abgeschafft sind. Äußerlich oft glänzend (beeindruckende Architektur und Verkehrssysteme), innerlich (sittlich und im metaphysischen Sinne seelisch) verrottet. System steht oft schon kurz vor dem Kollaps, was dem Volk aber verborgen bleibt. Herrscher setzen omnipräsente Propaganda zur Beschönigung der Lage ein, erwarten Unterwerfung; Zuwiderhandlung wird bestraft.

In der postapokalyptischen Dystopie das gegensätzliche Extrem: eine Gesellschaft ohne Regeln und feste Werte, keine Überwachung, dafür Anarchie, *survival of the fittest*. Abwesenheit staatlicher Instanzen, ordnend agieren hier eher kriminelle Banden. Rückfall in archaische Lebensweisen (Stammesbildung, Menschenjagd, Kannibalismus), vorzeitliche oder mittelalterliche Verhältnisse als Regressionsmodell. Alles Schöne und Poetische ist verschwunden. Verwüstete Welt ohne Infrastruktur, Städte nur noch Ruinen (*wasteland*), Flora und Fauna verseucht und gefährlich. Ressourcenmangel (Wasser, Treibstoff, Medizin). Intakte Apparate aus ›Welt davor‹ haben höchsten Wert (Fahrzeuge, Funkgeräte, Generatoren), ehemals alltägliche Gegenstände haben nun kultischen Wert.

Themen

Menschliches Zusammenleben in der Zukunft. Ungleichheit und Ausbeutung als zentrale Probleme einer globalisierten Welt. Die Gesellschaft als gigantisches Gefängnis, aus der es kaum ein Entrinnen gibt, wobei sich die Schlinge immer enger zieht, je mehr sich die Technik entwickelt. Subgenre greift Sehnsüchte nach Revolution, Putsch oder Systemreboot aus der realen Gegenwart auf, die aus Ohnmachtsgefühlen gegenüber einer undurchschaubar komplexen Welt resultieren. Moralische und politische Vereinfachung stillt Sehnsucht nach Überschaubarkeit. Existente Systeme (Faschismus, Sozialismus, Oligarchie etc.) dienen als Inspiration, die gedanklich auf die Spitze getrieben werden. Fragestellung an Zuschauer: Würdest Du dagegen kämpfen – oder mitmachen?

Motive

Verlust von Freiheit und Autonomie. Zwang zur Unterwerfung unter grausame Gesetze (z.B. Selektion der ›Lebenswerten‹). Düstere Prognosen zu Verwaltungs- und Verteilungsmodellen. Warnung vor gesellschaftlichen Fehlentwicklungen. Brandmarkung von Individualismus und eigener Identität, Zwang in den ›Schwarm‹ als wiederkehrende furchterregende Vision. Geschichtsbücher werden umgeschrieben, Sprache verändert, Lüge siegt, Wahrheit verliert. Obwohl die Szenarien in der Zukunft angesiedelt sind, richten sich die Botschaften an heutige Zuschauer und wollen dazu anregen, genauer hinzuschauen. Figurenentwicklung möglich, häufig in Form eines Erwachens oder von Bekehrung (oft als Resultat einer Liebesverwicklung; tiefe Gefühle als transformierende Kraft, die zur Freiheit führt) mit nachfolgendem Kampf gegen das System (Partisanengeschichte). Variationen: Cyberpunk (Schwerpunkt auf Internet, A.I., Mensch-Maschine-Interfaces, urbaner Verfall, Welt wird von Megakonzernen beherrscht), Steampunk (pseudohistorische, oft viktorianisch gefärbte Alternativwelt, in der Dampfmaschinen statt Computer dominante Technik sind). Genre lebt stark von *worldbuilding* und ist damit sehr *idea driven*.

Dramaturgie

Der Held tritt aus der Masse hervor, um ein System zu beseitigen. Doch das System versucht, ihn umzudrehen. Der Protagonist muss seinen Mut, gegen den Status Quo zu handeln, erst finden, insofern sind starke Charakterbögen im Genre üblich (z.B. von der Arbeitsdrohne zum Menschheitsretter). Das anfängliche Need - individuelle *Sehnsucht nach* Freiheit - wird dabei in ein äußeres Ziel - altruistischer *Kampf für* Freiheit - transformiert. Dieses Genre ist in Serienform äußerst beliebt, wird dort meist horizontal erzählt.

In postapokalyptischen Szenarien steht meist reines Überleben im Vordergrund, altruistische Motive und das Schmieden großer Pläne sind dem Helden fremd. Die Katz-und-Maus-Spiele mit dem Antagonisten sind hier dramaturgisch eher dem → Actionthriller entlehnt. Sowohl intakte als auch zerstörte Zukunftswelten sind in Serienform üblich, werden sowohl episodisch als auch horizontal erzählt.

Vermeiden!

- Humor. Es spricht nichts dagegen, das Genre als → Parodie aufzuarbeiten, aber solange es keine Komödie ist, sollte die Stimmung düster und depressiv sein. Es sei denn, Einflüsse der → Satire sind bewusst eingesetzt, um eine Genremischung zu erzeugen.
- Das System zu sympathisch machen, sonst wird die Dystopie zur Utopie und schlimmstenfalls zur propagandistischen Vorbereitung eines tatsächlichen Wandels dieser Art. Diese Storys sollen zu Widerstand, nicht Gehorsam anregen.

Mischbarkeit

Der dystopischen Gesellschaft liegt oft eine umwälzende Erfindung zugrunde, die im Subgenre des → Experiments beleuchtet wird. Themen der Beobachtung, des Misstrauens und der Paranoia sind auch im → psychologischen Thriller evident, von dem die Dystopie starke Züge trägt. Martialische Aspekte des Systems und strikte Hierarchisierung weisen Parallelen zum → Kriegsfilm auf. Bei humoristischer Betrachtung Vermischung mit der → Satire (*Brazil*, GB 1985). Das → Sozialdrama verfolgt gleiche Intentionen, ist aber zeitgenössisch und weniger grell, bewusst dichter an unserer Alltagswelt. Postapokalyptische Sci-Fi trägt starke Züge des → Katastrophenfilms, da die Natur feindselig ist, steht aber auch dem → Horrorfilm sehr nah, wenn Menschheit in Monster verwandelt wurde (*zombie apocalypse*). Das Genre ist auch schon erfolgreich mit dem → Western und der → Fantasy gekreuzt worden.

Loglines

- »In einer Welt, in der keine Kinder mehr geboren werden, muss die letzte schwangere Frau in Sicherheit gebracht werden.« (*Children of Men*, 2006)
- »Ein biologisch gezeugter Mann versucht in einem System, das genmanipulierte Übermenschen bevorzugt, seine Träume zu verwirklichen.« (*Gattaca*, 1997)
- »Auf der Suche nach Benzin gerät ein einsamer Wolf in einer postapokalyptischen Wüste in ein Dorf, das von Gangstern belagert wird und muss sich entscheiden, auf welcher Seite er steht.« (*Mad Max – Der Vollstrecker*, 1981)
- »Nach dem Ausbruch eines Wutvirus müssen die Gesunden in einem unter Quarantäne stehenden England sich einer Militärdiktatur beugen.« (*28 Days Later*, 2002)

Empfehlungen

Filme:
1984 (GB 1956)
Fahrenheit 451 (FR 1966)
Planet der Affen (USA 1968)
Der Omega Mann (USA 1971)
... Jahr 2022 ... die überleben wollen (USA 1973)
Zardoz (USA 1974)

Der Junge mit dem Hund (USA 1975)
Flucht ins 23. Jahrhundert (USA 1976)
Brazil (USA 1985)
Nausicaä aus dem Tal der Winde (JP 1984)
Der Komet (USA 1984)
Zombie 2 (USA 1985)
Max Headroom (USA 1987-88)
Die Jugger – Kampf der Besten (AUS 1989)
Akira (JP 1988)
Cyborg (USA 1989)
Total Recall (USA 1990)
Waterworld (USA 1995)
The Matrix (USA 1999)
District 9 (SA 2009)
Die kommenden Tage (D 2010)
Hell (D 2011)
In Time – Deine Zeit läuft ab (USA 2011)
Immigration Game (D 2017)
Jugend ohne Gott (D 2017)

Serien:
1990 (GB 1977-78)
V – Die außerirdischen Besucher kommen (USA 1984)
Alien Nation (USA 1989)
The Walking Dead (USA 2010+)
Black Mirror (GB 2011-19)
The 100 (USA 2014+)
Into the Badlands (USA 2015-19)
The Man in the High Castle (USA 2015-19)
Humans (USA 2015-18)
Westworld (USA 2016+)
The Handmaid's Tale (USA 2017+)
Colony (USA 2016-18)
3% (BRA 2016+)
Ad Vitam (FR 2017)
Altered Carbon (USA 2018+)
The Purge (USA 2018+)
The Boys (USA 2019+)
Watchmen (USA 2019+)

16. Kriegsfilm

Historie

Aus dem Kriegsroman entstanden. Erste Narrative in der Antike (*Ilias*, Homer). Heldensagen, im Mittelalter verschriftlicht (Artus, Dietrich). Mitte 1850er Stendhal, Tolstoi, Crane. Britische *invasion novels* um 1900 (Chesney; Wells). Erster Film von Méliès, 1897. Seit 1930ern Verarbeitung des 1. und 2. Weltkriegs (in Deutschland Pabst, Wicki, Petersen; UdSSR Eisenstein, Chukhray, Lavrov). Reaktionär-Monumentales aus USA, GB 1960er-70er (Attenborough, Sturges), Fokus Hollywoods 1980er auf Vietnam (Coppola, Stone), heute zeitgenössische Szenarien. Historische Beiträge aus Asien (Japan, Korea) verstärkt ab 2000ern. Aktuelle deutsche Beteiligung an Kriegen nur sporadisch behandelt.

Emotionalität

Mitleid und Erschütterung angesichts gewaltiger Zerstörungsszenarien und der sich darin abspielenden Tragödien. Hoffnung, dass sympathische Charaktere überleben, wobei es jeden jederzeit treffen kann. Aber auch: Staunen und erhebendes Kribbeln durch Überwältigungsästhetik, Genre ist ungebrochen populär, da große Schauwerte geboten werden.

Konfliktfelder

Mensch gegen Mensch im bewaffneten Kampf. Soziale Konflikte, wenn Protagisten sich gegen Befehle auflehnen und den Sinn des Krieges infrage stellen. Mensch gegen Selbst, wenn Individuen schwerwiegende moralische Entscheidungen treffen müssen. Steilste Konfliktkurve und extreme Fallhöhe, da es um Leben und Tod von Millionen Menschen geht.

Protagonisten

Hauptfiguren im Kriegsfilm sind ausschließlich Militärangehörige (Offiziere, Soldaten); liegt der Fokus auf anderen Figuren oder stehen Kampfhandlungen nicht im Vordergrund, handelt es sich um ein → Drama (*Schindlers Liste, Top Gun* – kriegs*bezogene* Filme, aber keine *Kriegs*filme). Gewöhnliche Menschen in ungewöhnlicher Situation, auf Augenhöhe mit dem Publikum. Protagonist häufig ›Frischling‹, unerfahrener, idealistischer Rekrut, der dann brutalen *reality check* erfährt. Hierbei gern Ausbildungsszenarien im ersten Akt oder der ersten Hälfte der Story. Auch: Offizier, älter als seine Soldaten, zwischen Vorgesetzten und Untergebenen zerrieben, muss Führen lernen. Auffällig v.a. in der westlichen Welt der extreme Schwerpunkt auf männlichen Charakteren, in vielen Kriegsfilmen taucht keine einzige Frau auf. Erzählung aus Perspektive weiblicher Soldaten ist immer noch eine Seltenheit (gab es in 2. WK-Filmen aus der UdSSR aber öfter).

Antagonisten

›Der Feind‹ – ebenfalls Offiziere und Soldaten, hier meist aus einem fremden Land, mit anderer Kultur und Sprache, die mit derselben Ausdauer wie der Held ums Überleben kämpfen. Antagonisten bleiben in vielen Filmen anonyme gesichtslose Masse, früher häufig mit rassistischen Vorurteilen propagandistisch gefärbt (›der böse Kraut/Iwan/Japs‹), während andere um Balance bemüht sind und beide Seiten fair schildern (Eastwood, 2006). Aber auch: Gegner in den eigenen Reihen; unfähige oder sadistische Offiziere, die Soldaten in den Tod schicken oder sie quälen; Rivalen um Bevorzugung oder Beförderung; psychopathische Kameraden, die Lust am Töten entdecken und zum Risiko werden; Tölpel, die ihre Kameraden gefährden (Waffen falsch einsetzen, auf Wache einschlafen etc.).

Setting

Die Welt des Militärs, vorrangig Kasernen und Schlachtfelder. Verortung mit atmosphärischen Eigenheiten abhängig vom jeweiligen Konfliktherd. Fokus auf unmittelbar betroffene Orte der Kampfhandlung. Konflikte sowohl in isolierter geografischer Lage (v.a. Luftwaffe, Marine) als auch urbanes Szenario (Infantrie, Panzer, Häuserkampf). Zerstörung transformiert zuvor pittoreske Gegenden in die ›Hölle auf Erden‹, die zur neuen Heimat der Protagonisten wird (Leben im Schützengraben, dauerhaftes Verweilen in albtraumhafter Kampfsituation). Häuserruinen, Sandsäcke, Panzersperren, Stacheldraht, Leichen, herrenlose Tiere. Bei Fokus ›Seekrieg‹ klaustrophobische, kammerspielartige Elemente (eingepfercht in Schiff, U-Boot).

Themen

Hierarchie (hier in Form der militärischen Kommandokette): Krieg gibt Menschen Macht über andere Menschen, Story verhandelt die Folgen davon. Immer ein Hadern: Soll der Offizier die unsinnige Anordnung der sesselfurzenden Obrigkeit nach unten weitergeben, sie ignorieren oder durch eine improvisierte bessere Taktik ersetzen? Befolgt der Soldat den Befehl eines Offiziers, ethisch verwerflich zu handeln, oder verweigert er ihn? Wann ist Töten Kampf, wann Mord? Immer stellt sich die Frage nach Sieg und Niederlage, aber muss der Sieg um jeden Preis errungen werden? Wo macht der Drang nach Überlegenheit Halt? Wo verläuft die Grenze zwischen Selbsterhaltung, Willkür und Machtmissbrauch? Umgang mit Angst, Scham und Schuld. Wertung des Gezeigten kann je nach Intention der Filmemacher verschieden sein: Manche treffen die Aussage, Krieg sei Teil der Natur und des menschlichen Daseins, oft notwendig, um Schlimmeres zu verhindern oder sogar erstrebenswerter Teil maskuliner Charakterbildung; andere sind strikt dagegen und kritisieren die Armee als Maschine der Entmenschlichung. Manchmal propagandistische Herabwürdigung der Feinde als eigentliches Ziel des Films, oft jedoch Verständnis für den Gegner weckend – letztlich sitzen beide Seiten im selben Boot.

Motive

Wie Krieg den Menschen verändert. Verlust der Unschuld, ›das erste Mal‹ (Töten) und was es mit einem macht. Wie es korrumpieren kann, über das Leben anderer zu bestimmen. Entbehrungsreicher Alltag in der Ausnahmesituation ›Krieg‹; der Soldat als geknechtetes Wesen, das diszipliniert wird. Sitten, Kampfgeist und Gehorsam wackeln immer wieder, müssen von Offizieren, teilweise durch Bestrafung, erhalten werden. Verhandlung der Konzepte ›Pflicht‹ und ›Ehre‹ stärker als in jedem anderen Genre. Opfermotiv, Leben vieler vor dem des Einzelnen. Faszination für Fahrzeuge und Waffen, die gründlich in Szene gesetzt werden. Der sterbende Soldat, der dem besten Freund ein Foto und eine Botschaft mitgibt. Der sinnlose Angriff, der im letzten Moment abgeblasen wird. Das Gefühl seelischer Verschmutzung. Tragisches Missverständnis oder versagende Technik, die viele Leben kostet. Streit um Ressourcen (Nahrung, Medizin). Politisiertes Genre mit Bezug zur außenpolitischen Agenda des Herstellungslandes.

Dramaturgie

Der Held riskiert sein Leben für ein altruistisches Ziel – nicht immer freiwillig, er kann auch zwangsweise eingezogen worden sein. Das Ziel ist das Gewinnen des Krieges, das Bedürfnis das Überleben der Schlacht. Als persönliches Want kann zusätzlich das Streben nach Ruhm, Anerkennung der Nachwelt erzählt werden, wobei dieser Weg in den Abgrund führen kann. Konkrete dramaturgische Zielvorgabe durch eine Mission, die meist unter großen Opfern und nicht immer erfolgreich erfüllt wird. Narrative Dynamik dabei aus sich ständig wandelnden Gefechtssituationen (Angriff – Pattsituation – Rückzug). Figurenbögen üblich, bei jungen Protagonisten *coming of age*; negativ (Desillusionierung, Verrohung, ›Durchdrehen‹) oder positiv (über sich hinauswachsen). Da Gruppenprozesse wichtig sind, häufig mehr als eine Hauptfigur, Ensemblestorys somit im Genre sehr verbreitet. Happy Ending möglich, zwiespältige Enden verbreiteter. In Serienform üblich, hier sowohl episodische als auch horizontale Erzählweise.

Vermeiden!

- Zuviel außerhalb der militärischen Welt sein. Fokus ist auf dem Leben in der Armee und den damit verbundenen Zielen. Auswirkungen auf die Zivilbevölkerung werden im → Drama erzählt.
- Liebesgeschichten. Sie spielen im Genre keine Rolle. Dient der Krieg lediglich als Backdrop für solchen Schwerpunkt, handelt es sich um eine → Romanze.

Mischbarkeit

Häufiger Mix mit Szenarien der → Fantasy und → Science-Fiction, in denen die Eigenheiten der Genres (Magie, High-Tech) das Schlachtgeschehen beeinflussen. Spielen Witterungsbedingungen eine fundamentale Rolle, Züge des → Abenteuerfilms, da Natur als zusätzlicher Antagonist auftritt; ebenfalls, wenn Kriegsszenario als Folie einer Schatzsuche dient (*Three Kings*, 1999). Militärisches Leben häufig Gegenstand der Veralberung in → Satiren und → Parodien, v.a. in Hollywood. Filme, die mehr den Fokus auf Gefangenschaftsszenarien legen (*Brücke am Kwai*), kommen dem → Sozialdrama nahe, da die Kampfhandlungen bereits beendet sind und das darauffolgende Leid thematisiert wird; ebenso wie Filme, die das Schicksal zurückkehrender Veteranen erzählen. Züge des → Politthrillers, wenn Gewichtung auf Entscheidern und Justiz liegt. ›All Star‹-Superheldenfilme, in denen gewaltige Kämpfe stattfinden (*Avengers*), tragen auch durchaus Züge des Kriegsfilms, in denen die mächtigen Heroen und Bösewichte als personifizierte Massenvernichtungswaffen agieren.

Loglines

- »Nach der Landung in der Normandie muss ein Spezialkommando der Army hinter feindlichen Linien einen verschollenen Soldaten retten, der dringend in die USA zurückkehren soll.« (*Der Soldat James Ryan*, 1997)
- »Einem Offizier der Roten Armee wird im großen vaterländischen Krieg überraschend ein Trupp Flakhelferinnen zugewiesen.« (*Im Morgengrauen ist es noch still*, 1972)
- »Der karthagische Feldherr Hannibal überquert mit einer riesigen Armee die Alpen, um die Römer zu Fall zu bringen, die verzweifelte Gegenmaßnahmen ersinnen.« (*Hannibal*, 1959)
- »Die Besatzung eines deutschen U-Boots kämpft im Atlantik um ihr Überleben, als sich alliierte Schiffe an seine Fersen heften.« (*Das Boot*, 1981)

Empfehlungen

Filme:
Westfront 1918 (D 1930)
Im Westen nichts Neues (USA 1930)
Mai 1943 (USA 1955)
Die Ballade vom Soldaten (UDSSR 1959)
Die Brücke (D 1959)
Nobi (JP 1959)
Die Kanonen von Navarone (GB/USA 1961)
Der längste Tag (USA 1962)
Gesprengte Ketten (USA 1963)
Die Lebenden und die Toten (UDSSR 1964)
Schlacht um Algiers (IT 1966)
Der blaue Max (USA 1966)
Luftschlacht um England (GB 1969)

Stoßtrupp Gold (USA 1970)
Schlacht um Midway (USA 1976)
Die Brücke von Arnheim (GB/USA 1977)
Die durch die Hölle gehen (USA 1978)
Apocalypse Now (USA 1979)
Gallipoli (AUS 1981)
Platoon (USA 1986)
Full Metal Jacket (USA 1987)
Stalingrad (D 1993)
Mut zur Wahrheit (USA 1996)
Starship Troopers (USA 1997)
Der schmale Grat (USA 1998)
Three Kings (USA 1999)
Black Hawk Down (USA 2001)
Brotherhood (KOR 2004)
Letters from Iwo Jima (USA 2006)
Kaiten – Human Torpedo War (JP 2006)
The Hurt Locker (USA 2008)
Lebanon (ISR 2009)
City of Life and Death (CHN 2009)
Herz aus Stahl (USA 2014)
Edge of Tomorrow (USA 2014)
1917 (USA/GB 2019)

Serien:

Ein Käfig voller Helden (USA 1965-71)
Pazifikgeschwader 214 (USA 1976-78)
NAM – Dienst in Vietnam (USA 1987-90)
Band of Brothers (USA 2001)
Generation Kill (USA 2008)
The Pacific (USA 2010)
Strike Back (GB 2010+)
Eine Frau an der Front (GB 2013+)
SEAL Team Six (USA 2017-18)
Das Boot (D 2018+)

17. Western

Historie

Vorläufer in der Literatur (*Der letzte Mohikaner,* Cooper, 1826). Entwicklung in den USA v.a. als *dime novel,* Groschenheft. In Europa von Ferry (*Der Waldläufer,* FR 1850) und K. May aufgegriffen. Erster Film USA 1903 (Porter); noch an der Ostküste produziert, dann Domäne Hollywoods, erste Blüte im frühen Tonfilm (*Der große Treck,* 1930; *Ringo,* 1939). *Movie serials* als Vorfilme in den 1940ern (ab den 1970ern im ZDF als *Western von gestern*). In den 1950ern erfolgreiche Serien im amerikanischen Network-TV und kommerziell-künstlerische Höhepunkte im Kino (Ford, Hawks, Mann, Boetticher), die den Westen aber eher revisionistisch verklärten. Impulse aus Europa in den 1960ern, May-Verfilmungen mit deutscher Beteiligung (Winnetou als populärer Held), härtere, zynische ›Italowestern‹ (Leone, Sollima) mit Rückkopplung ins gegenkulturelle New Hollywood der 1970er, das den postrevisionistischen Western einläutete (Peckinpah, Eastwood). Adaptionen des japanischen Samuraifilms (Sturges, Leone, inspiriert von Kurosawa). Seit 2000ern in den USA Konzentration auf horizontal erzählte (Mini) serien, zeitgleich kleines Revival im Kino.

Emotionalität

Keine spezifische emotionale Ausrichtung, Vermischung mit anderen Genres kann jedoch entsprechende Färbungen hervorrufen, wobei Familiendramen und in geringerem Maße Liebesgeschichten genutzt werden. Die Sehfreude wird vor allem durch das ästhetische Erlebnis geschürt.

Konfliktfelder

Mensch gegen Mensch im Überlebenskampf. Mensch gegen Gesellschaft, wenn das Wertesystem des Helden mit gängigen Ansichten seiner Umgebung kollidiert. Innerer Konflikt, wenn Protagonisten über sich hinauswachsen, sich selbst überwinden müssen. Mensch gegen Natur, die im wahrsten Wortsinn Steine in den Weg legt. Moderate Konfliktkurve und Fallhöhe, Leben-und-Tod-Situationen sind äußerst gängig und zahlreich.

Protagonisten

Siedler aus aller Welt (v.a. Europa), die in einer gefährlichen, Hoffnung verheißenden Umgebung neu anfangen. Sheriffs und ihre Deputys sorgen für Ordnung, meist keine kampferprobten Beamten, sondern gewöhnliche Bürger mit Zivilcourage. Wenn nichts mehr hilft, wird die Kavallerie gerufen. Cowboys, solitäre Schwellenhüter zwischen Natur und Industrie, treiben für Viehbarone Rinderherden durch das Land. Prediger fordern Frömmigkeit. Glücksritter wie (Falsch)spieler, Quacksalber, Schausteller und *gunslinger* (Pistoleros) mischen mit. Waren und Personen werden per Postkutsche, Nachrichten per *pony express* oder Telegraf übermittelt. Bisher sehr maskulin geprägtes Genre mit Fokus auf patriarchalen Strukturen (Vater-Sohn- oder Brüdergeschichten), Frauen entweder auf brave Pioniergattin, keusche Witwe, patentes Reitermädchen oder Sängerin, Tänzerin, Hure reduziert.

Über Jahrzehnte hinweg ›weißes‹ Narrativ dominierend; Angehörige der Nations (›Indianer‹) bis heute selten in der Heldenrolle, mehr im → Drama vertreten. Ab dem New Hollywood als Nebenfiguren positiv besetzt, vor allem als Mentoren in Bezug auf Fragen der Ethik und Ökologie (›edle Wilde‹, Naturglaube). Auch hispanische Charaktere ursprünglich stereotyp rassistisch gezeichnet (Bohnen, Sombreros, barfuß). Afroamerikanische Helden treten seit dem New Black Cinema der 1990er verstärkt im Genre auf (*Posse*, 1993); seit diesem Jahrzehnt auch mehr Heldinnen, deren Verhaltensweisen jedoch meist einfach von den Männern kopiert werden (das Cowgirl, die Banditin) ohne die tatsächlichen Rollen von Frauen der Pionierzeit authentisch abzubilden (*Bandidas*, 2006).

Antagonisten

Alles, was die erfolgreiche Zähmung des Westens stört und dabei meist todbringend ist: ›Indianer‹-Stämme ›auf dem Kriegspfad‹, ursprünglich vorwiegend als aggressiv und barbarisch geschildert, erst später als eigenständige Charaktere ernst genommen (*Ein Mann, den sie Pferd nannten*, 1970). Banditen (*outlaws*): Räuberische Reiterscharen, oft verwahrloste Veteranen des Bürgerkrieges (*jayhawker, bushwacker*) oder dreist lachende mexikanische Banditen, die in der Weite kaum Angst vor dem Gesetz haben müssen. Geschäftemacher, v.a. mächtige Rancher mit unersättlichen territorialen Ansprüchen. Feindselige Natur: Witterung, Flora und Fauna arbeiten gegen die Siedler, werden jedoch mit wachsender Erfahrung kalkulierbarer.

Setting

Der amerikanische Westen zwischen 1800 und 1900, meist pittoreske, sonnige Steppen- und Wüstenszenarien mit ikonischen Bildern (Monument Valley, Kaktus, Kuhschädel, Klapperschlange). Das stets bewegte, sich ständig verschiebende *frontierland*, das Garten Eden und Hölle zugleich ist. Mühsame Überwindung von Gewässern und Gebirgen. Wagenburgen, in denen sich Siedler verschanzen (Belagerung). In den Städten typische Anlaufstellen (Stallungen, *saloon*/Hotel/Bordell, Friseur, Arzt, Kirche, Schmied und *drugstore*). Szenarien nach Auftauchen des Automobils zählen als Spätwestern, Ansiedlung in Mexiko mit Elementen des → Politthrillers als Revolutionswestern, häufig kombiniert (*Lasst uns töten, Companeros*, 1970). Winterliche Szenarien sind sogenannte ›Schneewestern‹ (Corbucci, Pollack, Tarantino).

Themen

Die Eroberung des Westens als Gründungsmythos der USA: Kartografierung, Unterwerfung, Urbarmachung und Urbanisierung eines endlos scheinenden Kontinents. Sehnsucht nach Erneuerung und Regenerierung. Überschreiten von Grenzen auch im Inneren: Willenskraft, Ausdauer, Solidarität werden geprüft, Verzicht gefordert, Verlust toleriert. Selbstjustiz: In Abwesenheit ordnender Instanzen greift der Pionier selbst zur Waffe (*stand your ground*). Die Sehnsucht Ausgewanderter, neue Wurzeln zu schlagen; in der alten Heimat missachtet oder verfolgt, ist für sie in Amerika erstmals Freiheit greifbar. Die dunkle Seite: Unfähigkeit, in Harmonie mit der neuen Welt zu leben; Sichverlieren in der Weite, Isolation und Einsamkeit (*lone ranger*); geplatzte Träume und enttäuschte Erwartungen; Ureinwohner werden vernichtet (Genozid), vertrieben und in Reservate zwangsumgesiedelt; Tierwelt (Büffel) ausgerottet, Rücksichtslosigkeit und Gier greifen um sich.

Motive

Kollision des ›zivilisierten‹ Europäers (mit Büchern und Geige im Gepäck, weich) mit der unzähmbaren Natur (Weite, Dreck, Härte). Lange Reisen in Gruppen (*treks*). Pionierleben, das den Blick für das Wesentliche schärft. Errichten von Siedlungen und der Versuch, Strukturen im Chaos zu etablieren. Bau der Eisenbahn quer über den Kontinent als Denkmal eines aufstrebenden, kapitalistisch-industriellen Systems. Kampf gegen Verbrecherbanden, die den fragilen Frieden gefährden, aber auch mit den Herrschenden kooperieren. Sofortige Nostalgie, wehmütige Rückblicke auf das ursprüngliche, ›reinere‹ Land davor; ein Mythos wird aufgebaut und demontiert sich zugleich selbst. Im frühen Western starker Actionanteil, große Bedeutung von Stunts und Artistik (›Rodeo-Appeal‹), heute eher gesetzte Dramen. Früher häufig rassistische Darstellung der amerikanischen Ureinwohner; beim Casting ›Redfacing‹, J. Ford besetzte jedoch Indigene. Heute Bemühen um Wiedergutmachung (*Der mit dem Wolf tanzt*, 1990; *Into the West*, 2005). Sklavereithematik hier weitgehend ausgeblendet, dafür öfter im → Sozialdrama behandelt (*Roots*, 1977; *12 Years a Slave*, 2013).

Dramaturgie

Der Held bewegt sich an einer Grenze entlang, muss sich entscheiden, ob er sie überschreitet, und die Konsequenzen tragen. Protagonist ist in der Regel äußerst zielorientiert und eher blind für persönliche Bedürfnisse, die er als ›harter Kerl‹ verdrängen muss. Motivation kann altruistisch (z.B. Sheriff, der Gemeinde schützt), aber auch persönlich (dann meist Rachemotiv, hier häufiger als in allen anderen Genres) sein. Narrativer Drive entsteht aus Identitäts- und Zugehörigkeitsfragen, stärkster Konflikt dabei der zwischen dem autarken Pionier und der Nation als Ganze (Individuum vs. Kollektiv). Figuren durchlaufen dabei häufig einen *character arc*, wechseln die Seiten, reifen oder justieren ihre Werte. Genre wird häufig in Serienform aufgegriffen und variiert, sowohl episodisch als auch horizontal erzählt.

Mischbarkeit

Deutliche Parallelen zum → Abenteuerfilm bei Reisen ins Ungewisse. Elemente des → Krimis oder → Actionthrillers, wenn Strafverfolgung (Sheriff) dominiert. Überschneidungen mit dem → Kriegsfilm (Kavalleriewestern), wobei Filme über den amerikanischen Bürgerkrieg vollständig jenem Genre zuzurechnen sind (*Gettysburg*, 1993), da der Migrations- und Pionieraspekt fehlt. Mischungen mit der → Expedition, wenn Protagonisten vor Westernfolie einen Schatz suchen. Dem → Gangsterfilm nah, wenn Banditen die Helden sind (*Die Ermordung des Jesse James durch den Feigling Robert Ford*, 2007). Mit der → Rom Com verzahnbar, bei ernsten Liebesgeschichten mit der → Romanze. Sozialkritische Beiträge näher am → Sozialdrama, vor allem bei Fokus auf indigene Kulturen. Beim Auftauchen Außerirdischer oder bei Zeitreise Synthese mit der → Science-Fiction. In den 1970ern schrullige Verquickungen mit dem Kung-Fu-Film (Eastern). Das Genre ist häufiger Gegenstand von → Parodien.

Loglines

- »Ein schweigsamer Revolverheld wird von zwei verfeindeten Banden umworben und spielt sie gegeneinander aus.« (*Für eine handvoll Dollar*, 1964)
- »Ein Ex-Bandit lernt, Verantwortung zu übernehmen, als den Pionieren, die er anführt, der Hungertod droht und nur er sie retten kann.« (*Meuterei am Schlangenfluß*, 1952)
- »Zwei ungleiche Gauner raufen sich zusammen, um mitten im Bürgerkrieg einen Goldschatz zu bergen, doch ein eiskalter Killer droht, ihnen einen Strich durch die Rechnung zu machen.« (*Zwei glorreiche Halunken*, 1966)
- »Ein rassistischer Bürgerkriegsveteran will seine von ›Indianern‹ entführten Töchter retten, doch die jahrelange vergebliche Suche wird zu einer selbstzerstörerischen Obsession.« (*Der schwarze Falke*, 1956)

Empfehlungen

Filme:
The Great Train Robbery (USA 1903)
Ringo (USA 1939)
Panik am roten Fluß (USA 1948)
Der Teufelshauptmann (USA 1949)
Zwölf Uhr mittags (USA 1952)

Mein großer Freund Shane (USA 1953)
Königin der Berge (USA 1954)
Der letzte Wagen (USA 1956)
Weites Land (USA 1958)
Rio Bravo (USA 1959)
Auf eigene Faust (USA 1959)
Alamo (USA 1960)
Der schwarze Sergeant (USA 1960)
Der Mann der Liberty Valance erschoss (USA 1962)
Cheyenne (USA 1964)
Der Mann vom großen Fluß (USA 1965)
Django (IT 1966)
Der Verwegene (USA 1967)
Hängt ihn höher (USA 1968)
Leichen pflastern seinen Weg (IT 1968)
Spiel mir das Lied vom Tod (IT/USA 1968)
The Wild Bunch (USA 1969)
Ein Fressen für die Geier (USA 1970)
Jeremiah Johnson (USA 1972)
Der Mann mit der Kugelpeitsche (IT 1973)
Ein Fremder ohne Namen (USA 1973)
Der Texaner (USA 1976)
Erbarmungslos (USA 1992)
Tombstone (USA 1993)
Posse - Die Rache des Jessie Lee (USA 1993)
Wyatt Earp (USA 1994)
Bad Girls (USA 1994)
Schneller als der Tod (USA 1995)
Open Range (USA 2003)
Bandidas (USA 2006)
Todeszug nach Yuma (USA 2007)
True Grit - Vergeltung (USA 2010)
Django Unchained (USA 2012)
The Homesman (USA 2014)
The Hateful 8 (USA 2016)
Neues aus der Welt (USA 2020)
Serien:
Lone Ranger (USA 1949-57)
Rauchende Colts (USA 1955-75)
Maverick (USA 1957-62)
Have Gun - Will Travel (USA 1957-63)
Bonanza (USA 1959-73)
Der Mann in den Bergen (USA 1977-78)
Lucky Luke (FR 1983-85)
Dr. Quinn - Ärztin aus Leidenschaft (USA 1993-98)
Deadwood (USA 2004-06)
Into the West (USA 2005)
Hell on Wheels (USA 2011-16)
Hatfields & McCoys (USA 2012)
Godless (USA 2017)

18. Fantasy

Subgenres

Andersweltgeschichte, Mystery

Übersicht

Geschichten über Magie, die von alten Sagen und Märchen inspiriert sind. Das Subgenre der ›Andersweltgeschichte‹ ist dabei in imaginären, wie selbstverständlich von Fabelwesen bevölkerten, durch detailiertes *world-building* (eigene Sprachen, erfundene Kulturen) geprägten Arenen angesiedelt. Dort ist die Präsenz arkaner Kräfte alltäglich, wohingegen in der ›Mystery‹, die in unserer bekannten Welt spielt, punktuell, oft nur von wenigen bemerkt, Zauberisches in die Realität einbricht und mythische Kreaturen eine so auffällige Besonderheit darstellen, dass sie mitunter vom Protagonisten versteckt werden müssen. Während Mystery im angelsächsischen Raum eher eine Form der Kriminalerzählung bezeichnet, definiert sich der Terminus hier als eigenständige Spielart der Fantastik. Manche Storys mischen unter Zuhilfenahme einer Portalmechanik Elemente beider Gattungen und verbinden Handlungsstränge in der uns bekannten Welt mit einer fiktiven Umgebung (Harry Potter, Narnia).

Die in der Literaturwissenschaft gebräuchlichen Termini ›High Fantasy‹ und ›Low Fantasy‹ werden hier außen vor gelassen; sie stellen nicht etwa eine qualitative Bewertung der Werke in der betreffenden Sparte dar, sondern grenzen sich eher durch ihre Erzählkomplexität voneinander ab. Die High Fantasy ist diesbezüglich mit der Andersweltgeschichte gleichzusetzen, da sie epische Szenarien mit weltumfassenden Storykonstrukten aufbietet, wohingegen Narrative der Mystery (wie auch der Low Fantasy) sich eher im privaten Bereich abspielen und die Fallhöhe allgemein geringer ist. Die Bezeichnung ›Heroic Fantasy‹ wird hier ebenfalls ignoriert, da die Protagonisten beider Subgenres als Helden betrachtet werden können (auch wenn die Low Fantasy traditionell zwielichtigere Akteure aufzubieten hat); der Terminus wird im allgemeinen Verständnis aber wohl meistens mit dem hier als Andersweltgeschichte bezeichneten Subgenre synonym gesetzt.

Der Begriff ›Anderswelt‹ ist ausdrücklich von dem der ›Alternativwelt‹ abzugrenzen, welche eine an einem spekulativen Punkt erfolgte Abweichung der Zeitlinie auf unserer Erde meint, in der die Geschichte ›falsch‹ verlaufen ist. Alternativwelten und sonstige Paralleldimensionen sind eher in der → Science-Fiction zu finden.

18.1 Andersweltgeschichte

Historie

Bezwingung von Fabelwesen mit göttlicher Hilfe in griechischen Sagen (Herakles, Theseus). Mittelalterliche Epen (*Beowulf*, *Wolfdietrich*). Anfang 19. Jhd. Märchensammlungen der Brüder Grimm. Parallel zu → Abenteuer- und → Sci-Fi-Literatur entwickelt (*Peter Pan*, Barrie; *Alice*, Carroll). Genrebegriff ab Anfang des 20. Jhd. (*Pegana*, Dunsany; Conan, Howard; *Hobbit*, Tolkien), Impulse durch weibliche Autoren (*Erdsee-Saga*, LeGuin; *Avalon*, Zimmer Bradley). Pen & Paper-RPGs (D&D) ab 1970ern, Computerspiele ab 80ern (*Ultima*, Garriot). Deutscher Stummfilm der 1920er (Lang, Murnau). Osteuropäische Märchenfilme in den 1960ern und 1970ern. Aufblühen im Hollywood der frühen 1980er (Milius, Scott, Petersen), im TV v.a. animiert. Enorme weltweite Popularität ab den 2000ern (Jackson), bis heute ungebrochen.

Emotionalität

Das Genre weist keine spezifische Gefühlsrichtung auf und nutzt meist Spannungs- und Emotionalisierungsmethoden anderer Genres, wobei Familiendramen und Liebesgeschichten am häufigsten sind. Staunen durch Überwältigungsästhetik wird gefordert (*imagery driven*). Das Publikum möchte ›verzaubert‹ werden, Eskapismus und *larger than life* sind hier besonders wichtig.

Konfliktfelder

Wie in keinem anderen Genre spielt hier der Konflikt mit dem Übernatürlichen (im metaphysischen Sinne: dem Göttlichen) eine Rolle, da die Beherrschung launischer magischer Kräfte im Mittelpunkt steht. Interpersonelles bei schwieriger Gruppenbildung oder Überlebenskampf. Mensch gegen Natur, da der Held in dieser Welt meist nicht an der Spitze der Nahrungskette steht, sondern auch als Monsterfutter enden kann. Soziale Konflikte, wenn der Held sich gegen ein Unrechtssystem auflehnt (hier Parallelen zur → Dystopie, dort ist jedoch Technik, nicht Magie, Mittel der Wahl, um das Volk zu knechten). Steile Konfliktkurve und extreme Fallhöhe, da meist eine ganze Welt vor dem Bösen gerettet werden muss.

Protagonisten

Junge Helden, die in einer imaginären Welt in die Fremde aufbrechen, um eine Mission zu erfüllen. Edlen Blutes (Prinzen, Halbgötter) oder dem gewöhnlichen Volk entstammend. Nicht zwingend menschlich, gern Elfen, Zwerge, Halblinge. Oft Personen mit magischen Begabungen, die ihr Potenzial dann durch Einwirkung älterer Mentoren entwickeln (*Zauberlehrling*, Goethe). Überstrapaziertes Motiv des ›Auserwählten‹ (*chosen one*), der durch eine Prophezeiung in eine bestimmte Rolle gedrängt wird. Protagonist hadert anfangs mit der Aufgabe, wächst aber durch Gefahrendruck, meist mit altruistischen Motiven, über sich hinaus (Weltenretter). Ensembles verbreitet (Questegruppe), darin Archetypen mit sich ergänzenden Talenten, die gemäß des *worldbuildings* typische Berufe ausüben (Krieger, Magier, Druide) und durch *teambuilding* zusammengeführt werden – gemeinsam besiegt man das Böse leichter. Helden stehen für Kooperation, Kompromiss und Vielfalt, das Böse hingegen für diktatorische Monokultur. Hauptfiguren bisher meist männlich, aber starke, selbstbestimmte weibliche Nebenfiguren mit ebenbürtigen Skills seit den 1980ern üblich und verstärkt auftretend.

Antagonisten

Tyrannische Zauberinnen (*sorceress*, *witch*) oder Hexenmeister (*wizards*), die glamouröse, aber auch nerdige Züge tragen (sozial isolierte, frustrierte Intellektuelle, oftmals die einzigen Personen in dieser Welt, die Bücher besitzen; mit dem *mad scientist* der → Sci-Fi verwandt). Von Gier nach Macht oder Reichtum korrumpiert, wenden sie Magie zu egoistischen Zwecken (Bereicherung, Herrschaft) an. Oft in Verbindung stehend mit, oder besessen von, dämonischen Entitäten aus anderen Dimensionen (Welt in der Welt). Manchmal Gottheiten, die in die physische Welt eintreten und sie zerstören wollen (*cosmic horror,* Lovecraft). Manchmal militärische Figuren - Feldherren, Generäle - brutal und stark, die sich mit Zauberkundigen verbünden oder sie für ihre Zwecke einspannen und ausnutzen. Auch: Monstren und mythologische Kreaturen (Drachen, Gnome, Feen, Trolle, Tier-Mensch-Chimären), die entweder als Schergen fungieren oder im Konflikt neutral sind bzw. eine eigene Agenda verfolgen.

Setting

Eine imaginäre Welt (im Sinne von: anderer Planet), die fast immer an vergangene irdische Epochen angelehnt ist. Entweder atavistische Vorzeit, versunkene Kontinente à la Atlantis oder Hyperborea, nach der Bronzezeit oder Antike modelliert (v.a. in der Barbaren-Fantasy), am häufigsten aber vom Mittelalter inspiriert; selten weiter entwickelt als Renaissance (Ausnahme viktorianische Szenarien im Steampunk). In abenteuergeeignete Regionen eingeteilt (Meere, Wüste, ewiges Eis, Städte). Orte und Figuren mit ›erfundenen‹ Namen; Kulturen, die an vertraute angelehnt sind. Religionen oder Kulte mit Tempeln und bizarren Ritualen; eigene Kosmologie und Schöpfungsgeschichte; dunkle, von Kreaturen behauste Höhlensysteme. Bösewichte leben meist in gut bewachten dunklen Schlössern oder windschiefen Türmen. Ausgestaltung des Settings erfordert von allen Genres das genaueste und aufwendigste *worldbuilding*. Genre wird dadurch aber auch gut vermarktbar (Spielzeug, Games, Community Building), was seine Popularität erklärt.

Themen

Bewältigung der Moderne durch das Ewige, Beschwörung der Kraft des Archaischen, wehmütiger Rückblick in eine Zeit der Unwissenheit, in der alles einfacher schien. Kampf Gut gegen Böse, wobei die Grenzen meist klar gezogen sind und man die Sehnsucht des Zuschauers nach einer überschaubaren, verständlichen Gesellschaft mit sauberen Helden und klaren Feindbildern stillt. Philosophischer Kern: der Wunsch, die Realität durch Nutzbarmachung übernatürlicher Kräfte zu beeinflussen; Magie als Schicksalskatalysator, aber auch gefährliches Werkzeug, das bei Missbrauch alles zerstören kann (*the force*, *Star Wars*, Lucas). Dies schwingt auch dann mit, wenn der Held selbst keine zauberischen Fähigkeiten hat, sondern diese von Nebenfiguren genutzt werden. Häufig wird der Prozess eines Sicheinfügens eines Einzelgängers in eine Gruppe oder Zivilisierung eines ›Wilden‹ durch Engagement für ein höheres Ziel geschildert.

Motive

Der Held als ›Gast‹ in einer fremdartigen Welt. Portale, durch die man zwischen Realitäten wechseln kann (Wandschrank, Lewis; Bahnsteig, Rowling), symbolisch für die Schwelle zwischen Wachzustand und Traum. Naturgesetze sind in dieser Welt außer Kraft, Charaktere können fliegen, Materie, Geist und Zeit manipulieren. Freude am Ausleben von Fantasien, die im Alltag unmöglich sind. Orakel, die weissagen und prophezeien; Zeit in der fantastischen Welt läuft schneller oder langsamer ab. Metamorphosen, Flüche und erlösende Rückverwandlung, enge Verbindung mit dem Animalischen (Froschkönig, Tierfabeln). Magische Gegenstände (Tarnkappe, Siebenmeilenstiefel, verzauberte Spiegel oder Waffen), deren Besitz das Leben des Protagonisten erleichtert, aber auch über das Schicksal der Welt entscheiden kann (*Macguffin*). Starker Fokus auf körperlichen Einsatz: Rennen, Schleichen, Schwimmen, Klettern (Nähe zum → Abenteuerfilm) sowie schwelgerisch inszenierte Kämpfe gegen Monster. Versuch des Bösewichts, die Helden auf seine Seite zu ziehen. Heldentum wird auch als Praktik des sozialen Aufstiegs erzählt (vom Bauern zum König).

Dramaturgie

Der Held begibt sich (freiwillig oder unter Druck) auf eine Mission und lernt auf dem Weg Freundschaft, Liebe und Gemeinschaft, aber auch Versuchung, Verderben und die zuvor unterschätzte Kraft des Bösen kennen. *The big bad* hat einen mit Nutzung von Magie verbundenen *masterplan*, den die Helden verstehen und, ebenfalls unter Zuhilfenahme von Magie, durchkreuzen müssen (Parallelen zum → Actionthriller). Eine Ordnung ist bedroht und muss verteidigt oder wiederhergestellt, Macht über ein Land oder ein Volk zurückerlangt werden. Das (altruistische) Ziel, für das Gute zu siegen, ist wichtiger als innere Bedürfnisse, wodurch Wants und Needs eher selten kollidieren und somit Charakterbögen eher klein oder moderat ausfallen. Happy Ending üblich. In Serienform häufig, früher nur episodisch, heute vorwiegend horizontal.

Vermeiden!

- Zu realistisch werden. Es wird die Aufrechterhaltung einer zauberischen Stimmung und historisierten Atmosphäre erwartet.
- Unglückliche Enden. Der Zuschauer möchte die eskapistische Freude, dass der Held bekommt, was er will, und die Welt gerettet wird.
- Epigonentum. Die Stereotype dieses Genres sind dermaßen verfestigt, dass Storys schnell zur unfreiwilligen Selbstparodie werden.
- Unschlüssiges *worldbuilding*. Die gezeigte Anderswelt muss so plausibel und in ihrer Konstruktion ›wasserdicht‹ wie möglich sein. Schlecht von Tolkien kopieren ist ein Sakrileg.

Mischbarkeit

Überschneidung mit der → Romanze und → Romantic Comedy, wenn Prinzessinnenrettung oder Geschlechterkampf Fokus. Mit mit einer beschwerlichen Reise verbundenen *quests* nah am → Abenteuerfilm. Einsatz morbider, erschreckender Elemente aus dem → Horrorfilm, dessen Konflikte aber lokaler, intimer ausgefochten werden; bei Splattereinflüssen Subgenre der sogenannten ›Dark Fantasy‹ (*Pans Labyrinth*, 2006). Konstellationen, die von Intrigen, Verrat und Manipulation geprägt sind, dicht am → Politthriller (*Game of Thrones*), Familienkonflikte wie im → Charakterdrama. Genre wird häufig → parodiert. Bei eher der → Dramedy ähnelnder Tonalität wird auch von ›Light Fantasy‹ gesprochen (*Die Braut des Prinzen*, 1987). Überschneidungen mit der → Science-Fiction möglich, wenn magische und futuristische Elemente koexistieren (*He-Man – Im Tal der Macht*, 1983). Züge des → Kriegsfilms, wenn Schlachtenszenarien dominieren.

Loglines

- »Ein Einhorn verbündet sich mit einem tollpatschigen Zauberer und einer Räuberin, um seine Artgenossenen aus den Klauen eines dunklen Fürsten zu befreien.« (*Das letzte Einhorn*, 1982)

- »Ein Junge wird durch ein Buch in eine magische Welt gezogen, die nur er als Auserwählter vor der Auslöschung retten kann, indem er die Macht der Fantasie verstehen lernt.« (*Die unendliche Geschichte*, 1984)
- »Ein gnomenhafter Held muss den Splitter eines magischen Kristalls finden, um seine Welt ins Gleichgewicht zu bringen und von einer tyrannischen Herrschaft zu befreien.« (*Der dunkle Kristall*, 1982)
- »Ein Zwerg findet ein Menschenbaby und begibt sich auf die Suche nach dessen Eltern, doch auch eine böse Königin, die eine alte Prophezeiung fürchtet, versucht, des kleinen Mädchens habhaft zu werden.« (*Willow*, 1988)

Empfehlungen

Filme:
Der Zauberer von Oz (USA 1939)
Krieg der Sterne (USA 1976)
Der Drachentöter (USA 1981)
Conan, der Barbar (USA 1982)
Krull (USA 1983)
Taran und der Zauberkessel (USA 1985)
Legende (USA/GB 1985)
Die Reise ins Labyrinth (USA 1986)
Prinzessin Mononoke (JP 1997)
Chihiros Reise ins Zauberland (JP 2001)
Der Herr der Ringe – Die Gefährten (USA/NZL 2001)
Harry Potter und der Stein der Weisen (USA/GB 2001)
Die Chroniken von Narnia (USA 2005)
Wo die wilden Kerle wohnen (USA 2009)
Alice im Wunderland (USA 2010)
Frozen (USA 2013)
Maleficent (USA 2014)

Serien:
Die Märchenbraut (ČSSR 1979-81)
Doctor Snuggles (GB 1979)
He-Man – Im Tal der Macht (USA 1983-85)
Disneys Gummibärenbande (USA 1985-91)
Thundercats (USA 1985-88)
Avatar – Der Herr der Elemente (USA 2005-08)
Game of Thrones (USA 2011-19)
His Dark Materials (USA/GB 2019+)
The Witcher (USA/POL 2019+)
Der Dunkle Kristall – Ära des Untergangs (USA 2019)

18.2 Mystery

Historie

Begegnungen mit Engelwesen oder unerklärlichen Kräften werden in religiösen Texten (*Bibel*) geschrieben. Übernatürliche Helfer in der Volkssage (Heinzelmännchen). In den USA seit den 1930ern v.a. in Comicform, ab den

1960ern in episodischen TV-Serien populär. Erfolge im Hollywoodkino der 1980er (Spielberg, Carpenter, R. Howard). Einflussreiche TV-Serien aus der ČSSR der 1960er-70er. In Deutschland selten für Erwachsene, häufiger für Kinder realisiert (Bibi Blocksberg, Pumuckl).

Emotionalität

Der fantastische Aspekt der Erzählung soll mild erschaudern lassen (nicht schocken) und Neugierde auslösen. Er kann Hoffnungen und Sehnsüchte wecken, auch durch Niedlichkeit (etwa einer ikonischen Kreatur) rühren.

Konfliktfelder

Spiritueller Konflikt, da Protagonist sein Verhältnis zu höheren Mächten prüft. Interpersonelle Konflikte bei Kämpfen mit Antagonisten. Innerer Konflikt beim Ringen um emotionale Öffnung oder moralische Entscheidungen. Moderate Konfliktkurve und Fallhöhe, in der Regel wenige Todesfälle, häufig für ein Familienpublikum konzipiert. Eher *character driven*.

Protagonisten

Alltagsmenschen mit breitem Identifikationspotenzial. Häufig Kinder, die die Welt der Erwachsenen noch nicht verstehen, aber unter den Auswirkungen derer Konflikte leiden (Trennung, Scheidung); oft Erwachsene in der Sinnkrise (überforderte Eltern, erfolglos in Job oder Liebe); seltener alte Menschen, die zurückblicken und mit sich ins Reine kommen müssen. Protagonist ist meist rational, Realist; akzeptiert die Existenz von Magie nicht, hat sich evtuell nach einem traumatischen Erlebnis vom Transzendenten abgewandt.

Antagonisten

Antagonistische Kraft liegt häufig im Protagonisten selbst, v.a. seine Weigerung, höhere Mächte, oft aus Furcht vor deren Unberechenbarkeit, in sein Leben zu lassen (hier Parallelen zum → Charakterdrama). Dieser Widerstand muss überwunden, befreiender Glaube zugelassen werden. Häufig auch: Menschliche Gegenspieler, die die Unsicherheiten des Protagonisten ausnutzen oder das übernatürliche Element im Zentrum der

Handlung vernichten, stehlen oder für sich nutzbar machen möchten. Während der Protagonist das Übernatürliche zu respektieren lernt und pfleglich behandelt, sich damit dessen Kooperation sichert, verscheucht oder zerstört es der Gegenspieler durch Ignoranz oder Gier.

Setting

Die uns bekannte Welt. In meist zeitgenössischem Alltagsszenario angesiedelt, das dem Erfahrungshorizont des Publikums nahekommt. Häufig Haus in der Vorstadt, Wohnblock oder Farm auf dem Land. Darin liegt der fundamentale Unterschied zur → Andersweltgeschichte: Während diese möglichst weit weg vom Zuschauer angesiedelt sein muss, um zu faszinieren, wird die Mystery umso packender, je vertrauter die Umgebung ist. Denn nur dann wird der Kontrast zu den unerklärlichen Kräften, die sich auf einmal darin ausbreiten, stark genug.

Es sind auch historische Settings verbreitet, die dann jedoch meist von mythologischer Überhöhung geprägt sind; allerdings nicht in einem Maße, in dem Sprache, Kulturen etc. wie in der → Andersweltgeschichte völlig fiktionalisiert sind (z.B. griechische Mythologie, Artussage, Nibelungen – topografisch und kulturell eindeutig irdisch, aber fantastische Komponenten beinhaltend).

Themen

Bewältigung von Trauer, Verlust oder Einsamkeit. Protagonist ist häufig von Entfremdung betroffen, fühlt sich vernachlässigt oder im Stich gelassen. In diesen Prozess greift ein paranormales Element ein, das Trost spendet und seelisch stabilisiert. Irgendwann ist die Magie fort, als würde man aus einem Traum aufwachen. Glaube an Wunder, daran, dass etwas ›von selbst geschieht‹. Anders als im → Horrorfilm ist das Eindringen geheimnisvoller höherer Mächte in der Mystery eher positiv besetzt; die Magie ist eine transformative Kraft, die persönliches Wachstum auslöst. Häufig wird dies durch die Annäherung des menschlichen Helden an eine übernatürliche Wesenheit symbolisiert; mitunter kommt es sogar zu amourösen Verwicklungen oder dauerhaften Liebesbeziehungen, wobei der Protagonist dann so gut wie immer weiblich ist (Subgenre der *paranormal romance*, am häufigsten mit Vampiren), während männliche Charaktere eher Freundschaft finden. Hier schwingt die Botschaft mit, dass der Mensch nicht allein ist, sondern von höheren Mächten, metaphysisch formuliert göttlichen Kräften, beobachtet und geschützt wird. Die Interaktion mit jenen ist jedoch meist an komplexe Regeln gebunden und damit schwierig und zerbrechlich.

Motive

Betonung des Wundersamen, Mirakelhaften. Übernatürliche Phänomene, entweder andersweltliche Lebewesen oder Objekte, die in das Dasein der Protagonisten einbrechen, den Status Quo zerstören und sie zur Neuorientierung bringen. Häufig: Das Wiederfinden verlorenen Glaubens und Reparatur dysfunktionaler Familienkonstellationen. Paranormales Element ist aber oft nicht gegenständlich, sondern eher energetisch, ähnelt Zaubern oder Flüchen; manchmal Wetterphänomene oder Zeitschleife, aus der entkommen werden muss. Unbelebtes erwacht zum Leben (Animismus) oder Tiere beginnen zu sprechen. Fantastische Wesen tragen oft messianische Züge (Engel, Erlöserfiguren), ihr Auftauchen und Verschwinden wird nicht durch im Dialog ausgewälztes *worldbuilding* oder gar wissenschaftlich begründet, sondern bleibt das titelgebende ›Mysterium‹: Je weniger der Zuschauer es versteht, umso wirksamer ist es. Im Gegensatz zum → Horrorfilm ist die Kreatur nicht hässlich und böse, sondern sympathisch und kooperationswillig, mitunter sogar sexuell attraktiv. Oft sieht nur der Held das Wesen oder das Phänomen, wird bei Berichten darüber vom Umfeld nicht ernst genommen (*imaginary friend*; Pumuckl, Kaut). Stellen von Glaubensfragen.

Dramaturgie

Der Held rennt vor dem Übernatürlichen, das er falsch (nämlich zu negativ) einschätzt, davon, wird aber belohnt, wenn er sich umdreht, Vorurteile überwindet und auf das in seine Welt eingebrochene Phänomen zugeht. Das ist dabei flüchtig, die Begegnung meist nicht von langer Dauer, nur wenige Stunden oder Tage. Protagonist war vor der Begegnung wie versteinert, hatte kein Ziel und ignorierte Bedürfnisse. Das sich offenbarende Transzendente ›küsst ihn wach‹ und belebt Wants und Needs wieder. Happy Ending üblich, unterstreicht eskapistischen Aspekt, oft Feel-Good-Movie. Am Ende des Heilungs- oder Bekehrungsprozesses des Helden steht oft ein rührender Abschied. Charakterbögen sind üblich, aber nicht groß, Figuren leben ihr Leben (allerdings etwas glücklicher) weiter. In Serienform verbreitet, dort häufiger episodisch als horizontal erzählt.

Vermeiden!

- Andere Realitäten. Sie gehören in die → Andersweltgeschichte. Mystery braucht Erdung der realen Welt.
- Das übernatürliche Element zu bedrohlich machen. Magie wirkt hier eher heilend.
- Übererklärung. Zerstört das Mysterium. Dinge unaufgelöst lassen, das Geheimnisvolle wirken lassen.
- *Double Mumbo-Jumbo*: Fokussierung auf *ein* paranormales Element, das das Thema im Zentrum der Story materialisiert.

Mischbarkeit

Deutlichste Parallelen zum → Horrorfilm, wenn vom Paranormalen eine starke Bedrohung ausgeht. Grenzen fließend, Schrecken und Ekel sollen in der Mystery jedoch ausdrücklich nicht geweckt werden. Dicht am → Charakterdrama, da die innere Wandlung des Protagonisten Gewicht hat. Mögliche Komponenten wie eine übersinnliche ›Gabe‹ oder ein bizarres Gimmick erinnern an die → High-Concept-Comedy, werden hier jedoch in ernster Tonalität erzählt. Parallelen zur → Science-Fiction, wenn technologische Aspekte (Erfindungen, Experimente) in der Story eine Rolle spielen oder zivilisatorisch fortschrittliche Aliens einwirken bzw. zu Besuch kommen. Mixtur mit der → Romanze oder → Rom Com, wenn eine Liebesgeschichte im Mittelpunkt steht. Greift das übernatürliche Element in eine Ermittlung ein oder steht im Zusammenhang mit einem Verbrechen, Nähe zu → Krimi oder → Thriller. In Superheldengeschichten sind erworbene übernatürliche Kräfte oft künstlich verlängerbar oder permanent und transformieren das Leben des Betroffenen nachhaltiger, viele von ihnen entsprechen jedoch genau dem hier beschriebenen Konzept. Märchenfilme fallen eher in diese Kategorie als in die der → Andersweltgeschichte.

Loglines

- »Ein Chirurg, der nach einem Unfall nie wieder operieren kann, wendet sich auf der Suche nach Heilung der Magie zu und wird dadurch unfreiwillig zum Retter der Welt.« (*Dr. Strange*, 2016)

- »Rentner merken, dass ihr Swimmingpool sich in einen Jungbrunnen verwandelt hat, müssen ihre Träume von ewiger Jugend aber aufgeben, um den Aliens zu helfen, die ihn angelegt haben.« (*Cocoon*, 1985)
- »Ein einsames Mädchen findet ein Stück magischer Knete, aus der sich zwei Gnome bilden, die sich nur ihr zeigen. Sie sind zwar feine Freunde, stiften aber auch viel Chaos.« (*Luzie, der Schrecken der Straße*, 1980)
- »Ein trauernder Mann bittet ein Medium, Kontakt zu seiner verstorbenen Frau aufzunehmen. Eigentlich ein Scharlatan, bekommt die schrullige Wahrsagerin plötzlich wirklich Kontakt ins Jenseits.« (*Ghost – Nachrichten von Sam*, 1990)

Empfehlungen

Filme:
Die Nibelungen: Siegfried (D 1924)
Der Dieb von Badgad (USA 1940)
Kampf in den Wolken (USA 1943)
Jason und die Argonauten (USA/GB 1963)
Unheimliche Begegnung der dritten Art (USA 1977)
Excalibur (USA/GB 1981)
E.T. – Der Außerirdische (USA 1982)
Das Mädchen, das durch die Zeit sprang (JP 1983)
Starman (USA 1984)
Der Tag des Falken (USA 1985)
Highlander – Es kann nur einen geben (USA/GB 1986)
Das Wunder in der 8. Straße (USA 1987)
Der Navigator (AUS/NZ 1988)
Feld der Träume (USA 1989)
Laurin (D 1989)
Edward mit den Scherenhänden (USA 1990)
Ghost – Nachrichten von Sam (USA 1990)
... und täglich grüßt das Murmeltier (USA 1993)
Dragonheart (USA 1996)
Frequency (USA 2000)
Bibi Blocksberg – Der Film (D 2002)
Nachts im Museum (USA 2006)
Twilight – Biss zum Morgengrauen (USA 2008)
Die Tür (D 2009)
Trollhunter (NOR 2010)
Chronicle – Wozu bist Du fähig? (USA 2012)
Mara und der Feuerbringer (D 2015)
Die Insel der besonderen Kinder (USA 2016)
BFG: Big Friendly Giant (USA 2016)
Meine teuflisch beste Freundin (D 2018)
Border (SWE 2018)
Doctor Sleep (USA 2019)

Serien:
Twilight Zone (USA 1959+)
Verliebt in eine Hexe (USA 1964-72)
Dr. Dolittle (USA 1970-72)
The Outer Limits (USA 1963-65)
Pan Tau (CCSR 1969-78)

Catweazle (GB 1970-71)
Sie kam aus dem All (ČSSR 1978)
Meister Eder und sein Pumuckl (D 1982)
Der fliegende Ferdinand (ČSSR 1983-84)
Robin of Sherwood (1984-86)
Der kleine Vampir (D 1986)
Hercules (USA 1995-99)
Sabrina – Total verhext (USA 1996-2003)
Wonderfalls (USA 2004)
4400 – Die Rückkehrer (USA 2004-07)
Ghost Whisperer (USA 2005-10)
Merlin – Die neuen Abenteuer (GB 2008-12)
Misfits (GB 2009-13)
Once Upon a Time (USA 2011-18)
Les Revenants (FR 2012-15)
Forever (USA 2014-15)
Stranger Things (USA 2016-21)
Lucifer (USA 2016+)
American Gods (USA 2017+)
Sie weiß von Dir (GB 2021)

19. Horror

Historie

Freude am Grusel schon in antiken Sagen. In der Literatur deutsche Schauerromantik ab 18. Jhd. (Hoffmann). Werke von Dickens, Poe; Stokers *Dracula* (GB 1897). *Cosmic horror* mit Sci-Fi-, Abenteuer- und Verschwörungselementen (in USA Lovecraft, ab 1930ern). Seit 1970ern in der Mainstreambelletristik erfolgreich (King, Barker), Beiträge im Comic (Moore, Gaiman). Auf der Bühne in Form des *Grand Guignol* und als *freak shows* populär gemacht. Im Kino deutscher Stummfilm der 1920er (*Alraune, Nosferatu*). In Hollywood Mutanten (*Formicula*) und Aliens (*Ding aus einer anderen Welt*) des Atomzeitalters der 1950er. Hammer Studios, Roger Corman. Zombiefilme ab Ende 1960er (Romero), Slashermovies ab 1970ern (Carpenter, Hooper), auch verstärkt Parodien. Impulse aus Italien (*giallos*, Argento; Mondo-Filme, Lenzi) bis in die 1980er, dann extreme Beiträge aus JP (Spielfilm und Anime). In Deutschland in den 1990ern lebhafter Splatterfilm-Underground, aber wenig kommerziell erfolgreiche Beiträge im Kino, vereinzelt als TV-Movie im Privatfernsehen.

Emotionalität

Das ›Kino der Angst‹. Schrille Schockmomente oder tiefer, oft lang anhaltender Schrecken (Terror), vor allem auch Ekel bis hin zu körperlich spürbarer Übelkeit, ausgelöst durch Darstellung extremer, möglichst einfallsreicher Gewalt und obszöner, optisch abstoßender Wesenheiten. Genrebeiträge verkaufen sich nicht nur, aber auch, durch den Tabubruch.

Konfliktfelder

Spiritueller Konflikt, da eine Auseinandersetzung mit dem Übernatürlichen oder Jenseitigen im Vordergrund steht. Interpersonelles, wenn Streit über Problemlösungstaktiken entbrennt. Innere und gesellschaftliche Konflikte sind möglich, aber seltener. Moderate Konfliktkurve (Schrecken braucht meist eine Weile, um sich zu entfalten) und starke Fallhöhe (meist, aber nicht immer, Kampf auf Leben und Tod von mehr als einer Person). Figuren und Plot haben sich der Emotion unterzuordnen (*emotion driven*).

Protagonisten

Im Okkult- oder Religionshorror junge Familien (traditionell Vater-Mutter-Kind), deren harmonisches Miteinander von jenseitigen Kräften gestört wird. Kind, manchmal Mutter, hat dabei oft ›zweites Gesicht‹ und kann mit Geistern kommunizieren. Vater wird oft vom Bösen infiziert und wendet sich gegen die Familie. Frauenfiguren dominieren hier, Männer wirken oft eher hilflos, da ihre typischen (eher physischen) Bewältigungsstrategien in dem Fall wirkungslos sind. Mentorenfiguren mit magischen oder schamanischen Fähigkeiten häufig.

Im Vampirfilm meist jugendlicher Protagonist, manchmal Paare, an der Schwelle zur sexuellen Reife. Hier Hauptfiguren entweder junge Frauen, die vom Untoten erotisch erweckt oder ›wachgeküsst‹ werden, oder junge Männer, die mit dem älteren, erfahreneren Monstrum in quasi-ödipalen Konfliktszenarien um das erotische Begehren der Frau rivalisieren.

Im Slasherfilm häufig Ensembles jugendlicher Stereotypen (Cheerleader, Jock, Nerd etc.), wobei die Gruppe schrittweise brutal dezimiert wird. Psychopathischer Killer dabei oft metaphorische Strafe für erotische Ausschweifung (bei Sex ›in die Hölle‹, das Monstrum als christlich-konservativ ordnende Instanz). Motiv der ›reinen‹, meist weiblichen Überlebenden, die die eigene Unschuld rettet.

Auch im Zombiefilm Gruppendynamiken üblich, Figuren meist älter und repräsentieren einen Querschnitt durch die Gesellschaft; oft im Umgang mit Waffen erprobt, dem Actionheld näher. Anders als in Geister- oder Vampirgeschichten hat hier das ›männliche Prinzip‹ einer physisch destruktiven Problemlösung mehr Erfolg: Wer metzelt, überlebt.

Antagonisten

Schreckenswesen, die gegenüber der ›Beute‹ Mensch als Jäger auftreten, was starke Überlegenheit gegenüber dem Protagonisten erfordert. Enormes Spektrum an Figuren, denen das Monströse gemein ist – äußerlich fremdartig oder missgestaltet, sich bedrohlich-bizarr verhaltend, oft mit okkulten Mächten in Verbindung stehend, teilweise Regeln der Physik außer Kraft setzend. Fleisch (bzw. Ektoplasma) gewordene Albträume, durch Triebkräfte ›entgrenzt‹, oft dem Tier näher als dem Menschen. Die Monster repräsentieren alles, was wir im tiefsten Inneren fürchten oder an uns ablehnen, sind in Form gegossene Furcht und (Selbst)hass. Es dominieren Untote; Wesen, die aus dem Grab oder dem Jenseits zurückkehren, um sich an den Lebenden zu rächen oder sie zu warnen:

Geister, meist halb-transparent und feinstofflich dargestellt, sind oft durch *unfinished business* oder einen Fluch an einen Ort, Gegenstand oder Protagonisten persönlich gebunden und manifestieren sich als unheimliche Erscheinungen, oft begleitet von Phänomenen (telekinetisch, telepathisch oder witterungsbezogen), unter Umständen fragil wirkend, aber nicht mit normalen Waffen zu besiegen.

Zombies, wandelnde Leichname meist durch Krankheit (Virus, außerirdische Strahlen) Verstorbener. Hunger auf Menschenfleisch; langsam, aber ausdauernd und gnadenlos, kognitive Fähigkeiten stark begrenzt, aber von einer Art Schwarmprinzip geleitet. Können nur durch Köpfung, Zerstückelung oder Verbrennung aufgehalten werden. Bewegen sie sich schnell und verwesen nicht, sind es eher Mutanten.

Vampire, zur Unsterblichkeit verdammte Personen, die menschliches Blut trinken, bei Sonnenlicht verbrennen und in klassischen Szenarien allergisch gegen Knoblauch, Weihwasser und Kreuze sind. Durch Holzpflock ins Herz zu töten; im Gegensatz zu Zombies überwiegend als kultiviert, charismatisch und sexuell verführerisch dargestellt, oft *shapeshifter* (Verwandlung in Tiere). Tragen sie stark vermenschlichte Züge und verfolgen Ziele, die über reine Triebbefriedigung hinausgehen, treten sie eher als Personal im → Fantasyfilm auf (Twilight).

Der Werwolf ist ein gewöhnlicher Mensch, der sich durch Infektion oder einen Fluch bei Vollmond in eine Bestie verwandelt (Formwandlung) und Menschen und Tiere reißt, danach häufig unter Amnesie leidet.

Im Okkult- oder Religionshorror Besessenheitsszenarien durch dämonische Wesen aus anderen Realitäten oder den Teufel selbst (meist junge Frauen, kleine Mädchen oder Jungs, ›Satanskinder‹). Der Leibhaftige kann hier auch in menschlicher Gestalt persönlich auftreten, oft um einen Handel mit den Sterblichen zu schließen (Motiv des Teufelspaktes).

Menschliche Antagonisten sind möglich und üblich, v.a. in den Subgenres des Slasher- oder Splatterfilms. Dort meist markant maskierte, raubtierhafte Psychopathen, maschinell-kalt oder freudig-sadistisch folternd und tötend. Der Mensch als des Menschen Wolf. Oft mit übermenschlicher Kraft aber limitierten geistigen Fähigkeiten, die häufig durch familiären Background (Inzucht in Familie oder Sekte, Misshandlung) begründet sind. Killer zweckentfremden gern Werkzeuge als Waffen für extreme körperliche Zertrümmerung der Protagonisten, mit denen sie aber auch selbst vernichtet werden können. Überhöhte Serienmördergeschichten, die stärker mit dem → Krimi und → Thriller verwandt sind, als der → Fantasy, welcher Antagonistentypen, die eher Fabelwesen sind, näher kommen.

Der Antagonist im Horrorfilm hat nicht zwingend die Vernichtung des Helden im Sinn, oft will das Monstrum nur erhört werden und braucht die Hilfe oder Kooperation des Helden, um Erlösung zu erlangen und die diesseitige Welt für immer zu verlassen.

Setting

Orte, an denen es spukt (*haunted house*) oder die verhext sind. Nicht zwingend ein Haus, auch eine Landschaft (Wald, See) oder ein Transportmittel (Geisterschiff) möglich, bei denen die besondere Abgelegenheit den Schrecken verstärkt. Locations sind meist durch entsetzliches Unrecht oder Tragödien in der Vergangenheit mit negativer Energie aufgeladen, die vom Protagonisten freigesetzt wird und unheimliche Erscheinungen auslöst, welche nicht immer lebensgefährlich aber in ihrer Andersartigkeit stets erschreckend sind.

Weiterer Ansatz ist die alltägliche Lebensumgebung, dicht an der Realität des Zuschauers, in die ein paranormal belastetes Objekt, meist verflucht (Schmuckstück, Puppe, Videotape), hinein gelangt (ähnlich der → Mystery) und dort Schaden anrichtet. Im Zombiefilm häufig Belagerungsszenarien (Einkaufszentrum, Wohnblock), in denen sich die Lebenden wie in einer Burg oder einem Fort verschanzen (Echos des → Westerns).

Themen

Angst vor Endlichkeit und Tod, zugleich aber auch vor (misslungener) Reproduktion, welche Monstren hervorbringen oder einen selbst zum Ungeheuer machen kann. Der Mensch als Beute; seine Furcht, plötzlich nicht mehr Spitze der Nahrungskette zu sein, sondern selbst getötet, verschleppt oder verschlungen zu werden, Blut, Fleisch oder Seele geraubt zu bekommen. Impotenz- und Kastrationsängste v.a. beim männlichen Publikum: Es tritt eine richtende Macht auf, die noch stärker ist als das Patriarchat. Der unbedingte Drang, zu Überleben (*survival horror*) und dafür größte Opfer zu bringen. Die Sehnsucht, Jenseitiges, das Leben nach dem Tod oder Mechanismen des Transzendenten besser durchschauen zu lernen. Auseinandersetzung mit dem ›Bösen‹, oft definiert nach religiösen Polaritäten (Heiland/Satan), das sich hier in Sadismus, Gnadenlosigkeit und Destruktion entlädt. Problematisch ist unreflektierte Gleichsetzung psychischer Erkrankungen mit kriminellem Handeln und Gefährlichkeit (Klischee des ›mörderischen Irren‹).

Motive

Die Ehrung des Abscheulichen. Das Hässliche lustvoll das Schöne zerstören lassen. Kindlicher Genuss am Erschrecken und Terrorisieren. Freude am Kryptozoologischen, an bizarren Kreaturen (*creature feature*). Freude an der Originalität des Designs der Monstren, die oft ikonischen Status erlangen und als Actionfiguren vermarktet werden, was das Genre populär und erfolgreich macht. Im Okkulthorror ausgiebiges Spiel mit zauberischen Elementen (verbotene Bücher, Formeln, Beschwörungen). Bei künstlichen Lebewesen, die durch magisches oder technisches Wirken entstehen (Golem, Homunculi), Warnung vor ›Vergreifen an der Schöpfung‹. Grundsätzlich starke religiöse Färbung mit durchgängigen Motiven der Sünde, Schuld und Erlösung. Monster stehen metaphorisch für menschliche Verhaltensweisen und Problemstellungen, repräsentieren das Verdrängte, sind das inkarnierte Fremde, Andere. Um sich gegen das Böse zu wehren, muss sich der Held oft einer Versuchung durch es stellen oder es als Teil von sich selbst annehmen, was zu moralischen Dilemmata führen kann: Wie weit bin ich bereit, zu gehen? Bin ich soviel besser als das Monster?

Stilmittel

Nachtszenen, suggestive Dunkelheit. *Jump scare*, heftiger Schrecken durch überraschend hervorspringende Bedrohungen. *Suspense*-Spannung durch Wissensvorsprung des Zuschauers, der die Figuren auf der Leinwand warnen wollen würde. *Final girl*, einzig überlebende Heldin, die über sich hinauswächst und das Böse bezwingt. Durch unnötige Streitereien geht Zeit verloren, was dem Monster einen Vorteil verschafft. Filme können extreme Gewaltdarstellungen enthalten, die früher v.a. in Deutschland und dem UK zu Indizierungen und Beschlagnahmungen führten (seit 2000 seltener). Beliebt ist das Format der *mockumentary* bzw. des *found footage horror*, bei dem vermeintlich dokumentarisches Videomaterial verwendet wird.

Dramaturgie

Der Held rennt vor einer vernichtenden Macht davon. Im Wettlauf ist diese auf Dauer schneller und stärker, und wenn er stehen bleibt, stirbt er ohnehin. Den Sieg erringt er also nur, indem er seinen Mut findet, sich umdreht und aktiv auf die Gefahr zugeht. Dabei wechseln immer wieder die Rollen des Jägers und des Gejagten. Anfangs starke Bedürfnisorientierung (Need des Überlebens, Selbsterhaltung), später Zielsetzung einer oft altruistisch motivierten Problemlösung, um das Böse in die Schranken zu verweisen, auch um andere zu retten. Ziel und Bedürfnis sind häufig identisch. Storys spielen sich in einem privaten Umfeld unbemerkt von den meisten Mitmenschen ab; epische Geschichten mit sehr großer Fallhöhe und übernatürlichen Elementen sind eher in der → Fantasy zu finden. Ensembleansätze häufig anzutreffen, wenngleich eine Hauptfigur hervorgehoben wird. Charakterbogen eher selten und wenn, moderat, bloßes Überleben wird schon als Erfolg gewertet. Häufig in Serienform episodisch wie auch horizontal erzählt.

Vermeiden!

- Den Horror zu lange hinauszögern. Obwohl das Publikum geduldig ist, darf der erste Schockmoment nicht zu lange auf sich warten lassen.
- Sein Pulver zu schnell verschießen. Alle guten Szenen direkt an den Anfang zu setzen, sollte nicht das Ziel sein. Eine Steigerung des Schreckens muss immer möglich bleiben.
- Zu oberflächlich erzählen. Der Anspruch des Publikums an das Genre ist in den letzten Jahren durch künstlerisch hochwertige *elevated genre*-Filme gestiegen; es reicht nicht, Formeln der 1980er-Jahre zu wiederholen.
- *Double Mumbo-Jumbo*: Für einen Monstertypus entscheiden und den richtig ausreizen. Geister *und* Vampire und Zombies *und* Serienkiller in

einer Story wären einfach zu viel, wirkt trashig. Hier Überfrachtungen vermeiden.

Mischbarkeit

Das Monster kann symbolisch für ein gesellschaftliches Problem stehen, dann kommt man dem → Sozialdrama, bei humoristischer Spiegelung der → Satire nahe. Bei technologisch geschaffenen Wesen Verquickung mit der → Science-Fiction, auch der *mad scientist* ist hier gern zu Gast. Horror wird oft → parodiert, seine Tropen eignen sich bestens für Slapstickhumor. Viele → Abenteuerfilme nutzen Aspekte des Horrorfilms als Würze, auch der Survival-Aspekt verbindet. Ist das System in der → Dystopie besonders widerlich oder wird die Zukunftswelt von monströsen Kreaturen beherrscht, gibt es Parallelen. Ist die Hauptfigur ein Ermittler, der sich mit okkulten Gegnern herumschlägt, Nähe zum → Krimi, ebenso bei der Jagd nach Serienmördern mit besonders albtraumhaften Zügen. Bei Fokus auf Zauberei und Rituelles Nähe zum → Fantasyfilm, wo das übernatürliche Element dort aber auch positiv sein kann. Vampirgeschichten können starke Züge der → Romanze aufweisen, diese Vermischung wird auch *romantic horror* oder *paranormal romance* genannt und ist vor allem in Romanform äußerst erfolgreich.

Loglines

- »Der Glaube eines jungen Priesters wird auf die Probe gestellt, als ihn eine verzweifelte Mutter um Hilfe bittet, deren Tochter von einem Dämon besessen ist.« (*Der Exorzist*, 1975)
- »Ein paar Rucksacktouristen geraten in der Slowakei in die Fänge skrupelloser Geschäftsleute, die ihre Kunden Unschuldige foltern und ermorden lassen.« (*Hostel*, 2005)
- »Ein Kinderpsychologe nimmt sich eines Jungen an, der behauptet, Geister sehen zu können und kommt dadurch einem Geheimnis in seiner eigenen Vergangenheit auf die Spur.« (*The Sixth Sense*, 1999)
- »Eine Gruppe von Youtubern dringt im Rahmen einer Challenge in ein verfallenes Sanatorium ein, in dem es nicht mit rechten Dingen zugeht, und sie verschwinden nach und nach.« (*Heilstätten*, 2018)

Empfehlungen

Filme:
Nosferatu – Eine Symphonie des Grauens (D 1992)
Plan 9 aus dem Weltall (USA 1959)
Das Dorf der Verdammten (GB 1960)
Die Vögel (USA 1963)
Rosemaries Baby (USA 1968)
Die Nacht der lebenden Toten (USA 1968)
Blutgericht in Texas (USA 1974)
Parasiten-Mörder (CAN 1975)
Das Omen (USA 1976)
Halloween (USA 1978)
Phantasm (USA 1979)
Nackt und zerfleischt (IT 1980)
Ein Zombie hing am Glockenseil (IT 1980)
Shining (USA/GB 1980)
Tanz der Teufel (USA 1981)
Poltergeist (USA 1982)
Das Ding aus einer anderen Welt (Remake) (USA 1982)
Christine (USA 1983)
Videodrom (CAN/USA 1983)
The Lost Boys (USA 1987)
Hellraiser (GB 1987)
Der Biss der Schlangenfrau (GB 1988)
Sie leben! (USA 1988)
Braindead (NZ 1992)
Bram Stokers Dracula (USA 1992)
DellaMorte DellaMore (IT 1994)
Ringu (JP 1998)
Blair Witch Project (USA 1999)
The Others (SP 2001)
Black Sheep (AUS 2006)
Paranormal Activity (USA 2007)
REC (USA 2007)
So finster die Nacht (SWE 2008)
Durst (KOR 2009)
Rammbock (D 2010)
Die Farbe (D 2010)
The Cabin in the Woods (USA 2011)
Conjuring – Die Heimsuchung (USA 2013)
Only Lovers Left Alive (2013)
The Purge (USA 2013)
The Witch (USA 2015)
It Follows (USA 2014)
Der Babadook (USA 2014)
Lights Out (USA 2016)
Hereditary – Das Vermächtnis (USA 2018)
Get Out (USA 2017)
A Quiet Place (USA 2018)
Midsommar (USA 2019)
Blood Red Sky (D 2021)

Serien:
Geschichten aus der Gruft (USA 1989-96)
The Walking Dead (USA 2010+)
American Horror Story (USA 2011+)
The Strain (USA 2014-17)
Ash vs. Evil Dead (USA 2015-18)
Scream Queens (USA 2015-16)
Castlevania (USA 2017+)
The Terror (USA 2018+)
Spuk in Hill House (USA 2018+)
Castle Rock (USA 2018+)
Marianne (FR 2019+)
Kingdom (KOR 2019+)
Lovecraft Country (USA 2020+)

20. Genremischungen

Viele der erfolgreichsten Projekte auf dem globalen Film- und Serienmarkt sind Genremixturen, die geschickt die Elemente verschiedener Erzählgattungen fusionieren. Sie haben eine lange Tradition. Anfangs trugen diese wilden Eintöpfe noch unfreiwillig komische Züge – man erinnere sich an *movie serials* wie *Phantom-Reiter* (1935), das erstmals mit fast kindlich wirkender Unbeschwertheit Western mit Science-Fiction paarte, oder italienische Sandalenepen wie *Herkules' Sohn gegen die Maulwurfmenschen* (1961), die Abenteuer und Horror kreuzten. Seit Mitte der 1970er-Jahre sind diese Mixturen allerdings inhaltlich und ästhetisch erwachsen geworden und haben sich fest im Mainstream verankert, wobei George Lucas' *Krieg der Sterne* (1977) einen Meilenstein darstellte.

Wie im vorangegangenen Teil des Buches gezeigt, besitzen manche Genres durch ähnliche Gefühlssteuerung, Figurenkonstellationen oder Themen automatisch eine gewisse Kompatibilität, während andere weiter voneinander entfernt zu sein scheinen. Interessant ist hier zu beobachten, welches Zusammenspiel die jeweiligen Eigenheiten ergeben und welche Faszinationsfaktoren auf den Zuschauer einwirken.

Aus Marketingsicht ist ein Genrecocktail ein cleverer Schachzug, wächst doch die Wahrscheinlichkeit, Fans bestimmter ›Erzählgeschlechter‹ unter einem Dach zu vereinen und damit eine größere Reichweite zu erlangen. Und auch aus narrativer Sicht bietet die Hybridisierung Vorteile: Dadurch, dass die Genreelemente von Szene zu Szene oszillieren, mal eher die eine Gattung, dann wieder die andere dominiert, entsteht eine sich aus mehr Abwechslung und Unvorhersehbarkeit entfaltende Dynamik als bei ›puren‹ Genreerzählungen. Das *layering* von Merkmalen erzeugt eben eine Vielschichtigkeit, in der es mehr zu entdecken gibt.

Diese Zielsetzung erfolgreich zu erfüllen, stellt für Autoren jedoch eine große Herausforderung dar, da diese sich nicht nur in einem Genre, sondern gleich in mehreren gut auskennen müssen, um eine solche Geschichte entwickeln zu können. Entsprechende Qualifikation lässt sich vor allem durch Konsum erwerben – eine funktionierende Melange aus Krimi, Fantasy und Romanze kann nur schreiben, wer wirklich viele Beiträge aus allen drei Sparten gesehen hat, die entsprechenden Tropen kennt und daher zum Spiel mit entsprechenden Erwartungshaltungen befähigt wird.

Den offensichtlichen Vorteilen zum Trotz sind Genremischungen ein heikles Terrain. Es ist nicht damit getan, Versatzstücke in einen Mixer zu werfen und einmal gut durchzuquirlen. Solche Experimente können auch schiefgehen, und die möglichen Gründe dafür sind vielfältig: mangelnder Tiefgang, fehlende Emotionalisierung, löchriger Plot, falsches Casting oder einfach nicht das richtige Projekt zur richtigen Zeit – die Liste ließe sich fortsetzen. Es reicht nicht aus, in einem Western mal ein Raumschiff durchs Bild fliegen zu lassen und dann zu behaupten, dies sei ein origineller Genrecocktail. Der lässt sich auch mit Kirsche und Schirmchen nicht mehr aufpolieren, wenn der Inhalt nicht schmeckt. Daher müssen wir für jeden *Joker* (2019) und jede *Wonder Woman* (2017) ein *Wild Wild West* (1999) und ein *Cowboys and Aliens* (2011) erdulden.

Verharren wir kurz bei diesen Beispielen, von denen die ersten beiden große Erfolge und die letzteren immense Flops waren. Die vier Filme haben Gemeinsamkeiten: Alle basieren auf Comicvorlagen, alle vermischen mehrere Genres miteinander, und für alle waren Stars die Zugpferde. Aber warum war ihr Erfolg so ungleich verteilt? *Wild Wild West* mag seiner Zeit einfach voraus gewesen sein – Steampunk wurde erst zehn Jahre später ein mediales Massenphänomen. *Cowboys and Aliens* hingegen könnte dem Zeitgeist hinterher gehinkt sein, die Alien-Welle der 1990er war längst abgeebbt und das Publikum konnte vielleicht einfach keine fliegenden Untertassen mehr sehen.

Bei genauerer Betrachtung zeigt sich aber noch ein deutlicher Unterschied zwischen den Filmen, und er liegt in der Zeichnung und Handhabung seiner Hauptfiguren begründet. Der scheiternde Komödiant Arthur Fleck (und spätere *supervillain* ›Joker‹) ist eine gequälte Seele, die man halb bemitleidet, halb fürchtet und die an den Rand der Gesellschaft gedrängt ist (Sozialdrama). Kein sympathischer Charakter, erst recht nicht, als er beginnt, Morde zu begehen (psychologischer Thriller), aber ein faszinierender. Und auch die Amazone Diana, aufgewachsen auf einer mythischen Insel voller übermenschlich starker Frauen (Fantasy) und schockiert von der Grausamkeit der Menschen, die sie erleben muss, als sie deren Welt betritt

(Kriegsfilm), wird Trägerin einer spannenden Handlung mit entsprechenden moralischen Dilemmata: Lohnt es sich eigentlich, als Superheld*in für eine Welt zu kämpfen, die Frieden und Gerechtigkeit scheinbar gar nicht wertzuschätzen weiß? Es sind Filmfiguren, die man nicht vergisst, weil sie Entscheidungen treffen und Momente erleben, die einen nicht loslassen. Hingegen kann sich wohl kaum jemand an die Namen der Protagonisten aus *Wild Wild West* und *Cowboys and Aliens* und deren, vor allem innere, Konflikte erinnern, denn es waren Filme, die rein von äußerlichen Faktoren her konstruiert wurden (Western meets Science-Fiction, Daniel Craig spielt mit, hallo!), aber kein bewegendes Innenleben aufweisen konnten.

Daraus lässt sich eine interessante Lektion ableiten: Der Schlüssel zu einer erfolgreichen Genremischung sind die Figuren. Sie sind der Fixpunkt im Auge des narrativen Wirbelsturms, das Scharnier auf dem sich alle Storyschichten drehen. *Twin Peaks* hätte ohne Dale Cooper ebenso wenig funktioniert wie *Fluch der Karibik* ohne Jack Sparrow. Es sind diese Charaktere, die, selbst wenn sie teilweise nicht einmal die Hauptfiguren der betreffenden Geschichten sind, alles zusammenhalten. In manchen Fällen, wie bei Darth Vader in *Krieg der Sterne*, sind es sogar die Antagonisten, die zu den ikonischsten Gesichtern einer Marke werden. In den Persönlichkeiten dieser Figuren strömen die Einflüsse der beteiligten Genres zusammen, ihre Wesensarten und Temperamente zurren sie zusammen.

Eine weitere Frage, die sich aufdrängt, ist: Wie viele Genres verträgt eine Geschichte überhaupt? Bei einer Pizza ›mit alles‹ schmeckt man keinen Belag mehr wirklich heraus, und ebenso läuft eine Story Gefahr, generisch zu werden und keine Schwerpunkte mehr setzen zu können, wenn sie mit Komponenten überfrachtet ist.

Es müssen mindestens zwei sein, damit sich überhaupt etwas vermischen lässt, soviel ist klar. Aber wie viel mehr wäre zuviel?

Auf den nächsten Seiten habe ich exemplarisch 15 Filme und Serien auf ihre narrativen Verschmelzungsstrategien hin untersucht und in Diagrammen schnell greifbar abzubilden versucht. Dabei hat sich, vielleicht wenig überraschend, eine Dominanz der heiligen Dreifaltigkeit herauskristallisiert: *Three, it's the magic number*. Was nicht heißt, dass es nicht mehr Genres sein können, aber dann muss man stark aufpassen, nicht ins Schlingern zu geraten. Ich werde nun die Beispiele für sich selbst sprechen lassen.

20.1 *Krieg der Sterne* (1977)

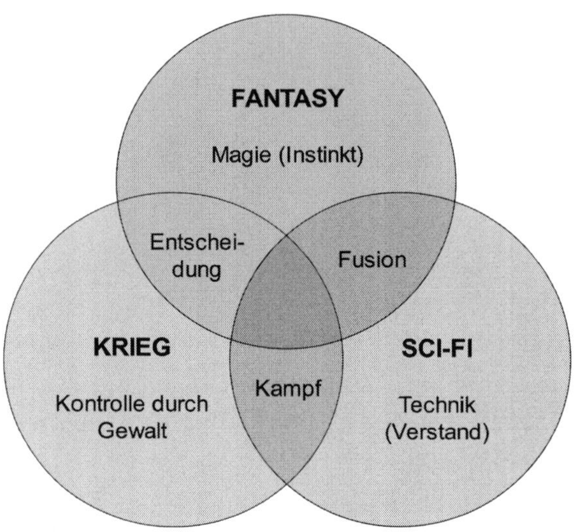

Wie der Titel bereits erkennen lässt, handelt es sich grundsätzlich um einen Kriegsfilm. Typische Elemente wie Schlachten, Festungen, Faszination für Fahrzeuge und Kommandoketten sind evident. Das Ganze ist in einem futuristischen Szenario angesiedelt und zeigt ein galaktisches Imperium bei der Errichtung einer Dystopie, wobei ihm Rebellen in die Quere kommen. Entscheidend ist hier nicht nur, wer die besseren Waffen hat oder die Pläne des anderen schneller auskundschaftet, sondern auch die Frage, welchen spirituellen Mächten er sich verschreibt. Die Jedi-Ritter – Kriegermönche wie aus einer alten Heldensage und klar dem Personal des Fantasygenres zuzuordnen, die Gesamterzählung der neunteiligen Reihe kreist um ihr Vermächtnis – sind Hüter magischen Wissens, das in diesem Konflikt ausschlaggebend ist.

20.2 *Das Schweigen der Lämmer* (1991)

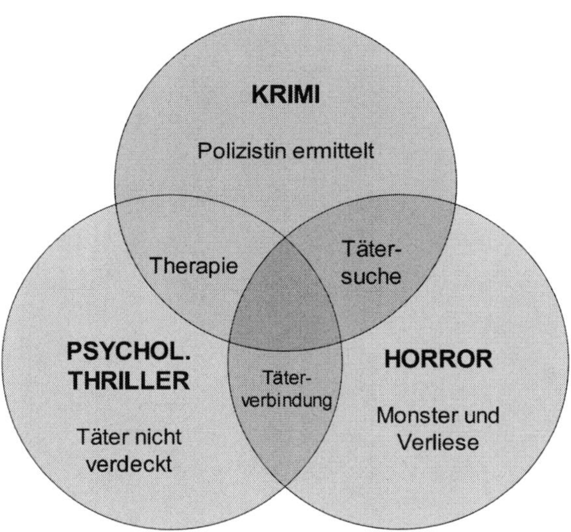

Oft als Thriller bezeichnet, sind Merkmale des Genres in der Tat Säulen der Erzählung – er ist aber mehr. Grundsätzlich ein *police procedural*: Eine junge FBI-Agentin muss ein Verbrechen aufklären, sammelt Beweise, befragt Zeugen und Experten, schlägt sich mit Problemen am Arbeitsplatz herum. Nicht anders als ein *Tatort* – wäre da nicht Hannibal, eine düstere Mentorfigur, die so wirkt, als ragte sie ein Stück zu weit aus einem Albtraum in die Realität. Seine raubtierhaften Züge und die Angst, die er verströmt, sind dem Horrorfilm zuzurechnen. Den wahren Antagonisten, Buffalo Bill, erleben wir bald live bei der Arbeit. Es ist also kein *whodunnit*, sondern es geht darum, wie der Täter zur Strecke gebracht wird (*howcatchem*) – dieses Spiel mit Suspense ist Merkmal des psychologischen Thrillers.

20.3 *Fluch der Karibik* (2003)

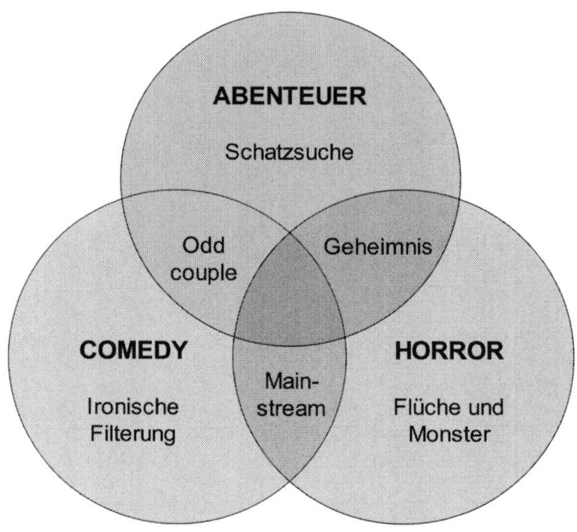

Diese Kinoumsetzung einer Disney-Themenparkattraktion hauchte dem Piratenfilm nach langem Siechtum neues Leben ein. Narrativ ist er eine Mischung aus Abenteuerfilm, Horrorfilm und Komödie. Das Rückgrat bildet eine Schatzsuche, bei der sich eine junge Frau auf eine gefährliche Expedition begibt, um ein Familiengeheimnis zu lüften. Nicht nur die exotisch-schöne, aber auch gefährliche Natur stellt dabei ein Hindernis dar, sondern auch eine Bande von Geisterpiraten, die nach Erlösung strebt – ein typisches Motiv des Horrorfilms. Allzu ernst gemeint war das Ganze aber nicht, schließlich sollte es ein Mainstream-Blockbuster werden, und so entschied man sich, alles mit einem kleinen Augenzwinkern zu erzählen. Dies manifestierte sich besonders im Screwball-Trio Elizabeth, Will und dem ikonischen Schlitzohr Captain Jack.

20.4 *Buffy – Im Bann der Dämonen* (1997-2003)

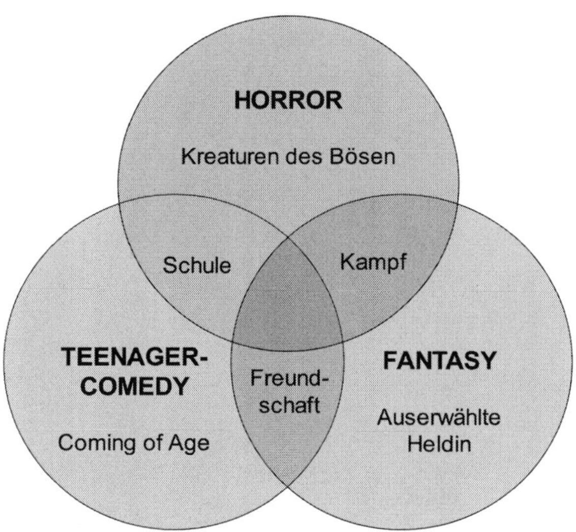

Horrorgrundkonstellation: In den Höhlen unter dem Städtchen Sunnydale schlummert Böses. Vampire und andere Nachtgestalten drängen an die Oberfläche und trachten Menschen nach dem Leben. Gut, dass mit der 16-jährigen Buffy Summers eine tapfere Kämpferin bereit steht, die dazu auserwählt wurde, die Mächte des Lichts zu verteidigen – ein Motiv der Andersweltgeschichte. Doch Buffy ist nicht nur ›die Jägerin‹, sondern eben auch ein *teenage girl*. Mit ihren Freunden, die ihr tapfer zur Seite stehen und den emotionalen Kern der Serie formen, geht sie auf die örtliche Highschool (die zufällig genau über dem Höllenschlund erbaut wurde) und muss mal komisch, mal traurig gefärbte Schulalltags- und Liebesverwicklungen überstehen.

20.5 *Lost* (2004-10)

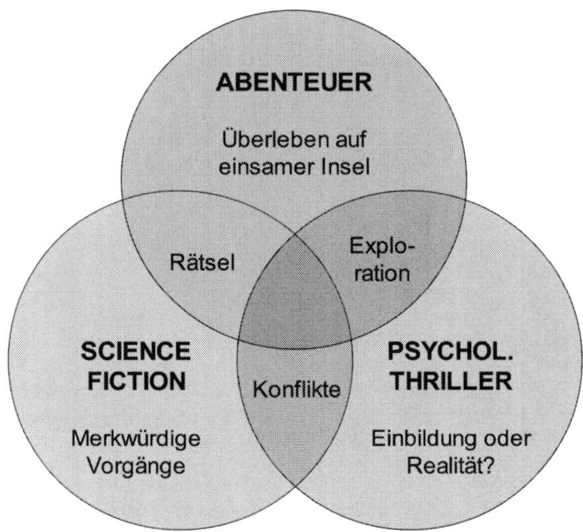

Eine Serie, die durch eine enorme Frequenz überraschender Wendungen faszinierte, die die Internetforen zum Kochen brachten. Die Grundkonstellation stammt aus dem Abenteuerfilm: Eine Gruppe von Menschen überlebt knapp den Absturz eines Flugzeuges und findet sich auf einer tropischen einsamen Insel wieder, die es zu erkunden gilt. Gibt es einen Weg zurück nach Hause? Bald merken sie, dass es hier nicht mit rechten Dingen zugeht - merkwürdige Phänomene und Wesen offenbaren sich. Sind sie technologischen Ursprungs, wie verwaiste Labore nahelegen, oder drehen einfach alle langsam durch? Die stets mitschwingende Frage, ob das Erlebte Einbildung oder Realität ist, trägt Züge des psychologischen Thrillers, und viele Figurenkonflikte der esoterischen High-Tech-Robinsonade ergeben sich aus diesem Spannungsfeld.

20.6 *Breaking Bad* (2008-13)

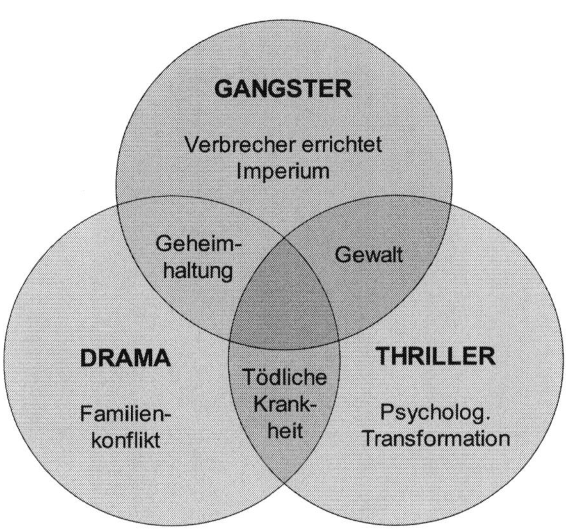

Walter White muss mit mehreren Jobs seine Familie über Wasser halten. Als dann noch Krebs bei ihm diagnostiziert wird, scheint sein Leben vorbei, bevor er es richtig leben konnte. Die Ausgangssituation einer Dramaserie, und der familiäre Konflikt wird das Rückgrat bleiben - allerdings beginnt Walter, Drogen zu brauen, und was als Notlösung begann, um Frau und Sohn Geld zu hinterlassen, weitet sich in ungeahnte Dimensionen aus. Die Story von Aufstieg und Fall eines Drogenbarons ist mustergültig für den Gangsterfilm. Besonders fasziniert zu sehen, wie der zunehmende Erfolg den Helden verändert. Die psychologische Transformation, die sich im Spannungsfeld aus durch Krankheit erlittenen Schmerz und zunehmender Gewalt gegen andere abspielt, ist, wie auch seine wachsende Freude am Unwesen, das er treibt, und sein graduell immer besser beherrschtes Jonglieren mit Lügen und Geheimnissen, dem Thriller entlehnt.

20.7 *A Woman in a Lizard's Skin* (1971)

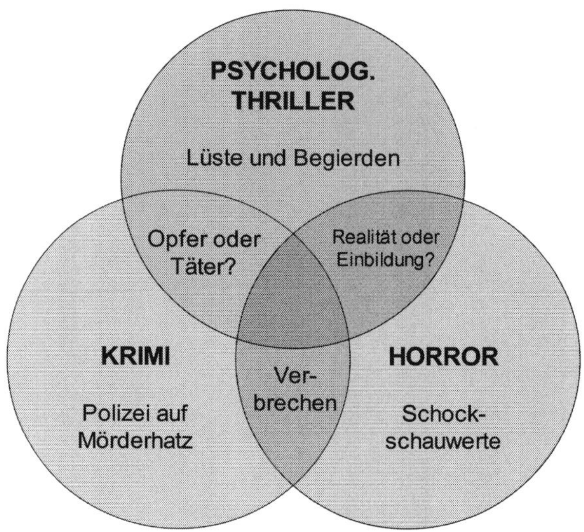

Politikergattin Carol fühlt sich sexuell zu ihrer ausschweifend lebenden Nachbarin Julia hingezogen und macht deswegen eine Psychotherapie. Als Julia ermordet wird, ist jeder verdächtig. Der Film führt zwei gleichberechtigte Hauptfiguren: Den Polizisten Corvin, der den Mord aufklären soll (Ermittlergeschichte), und die verwirrte Heldin Carol, die sich bald selbst nicht mehr sicher ist, ob sie Opfer, Zeugin oder Täterin ist (psychologischer Thriller). Einige überrschend blutige Schockmomente dienen als Einsprengsel (Horror). Ein typisches Beispiel für die ab den 1960ern in Italien zu Hunderten realisierten *Giallo*-Filme, die einerseits auf die Entwicklung des Krimigenres hin zu einer härteren Gangart, andererseits auf die des Horrorfilms Auswirkungen hatte (der *slasher movie* führte später die Tradition fort).

20.8 *Killing Eve* (2018+)

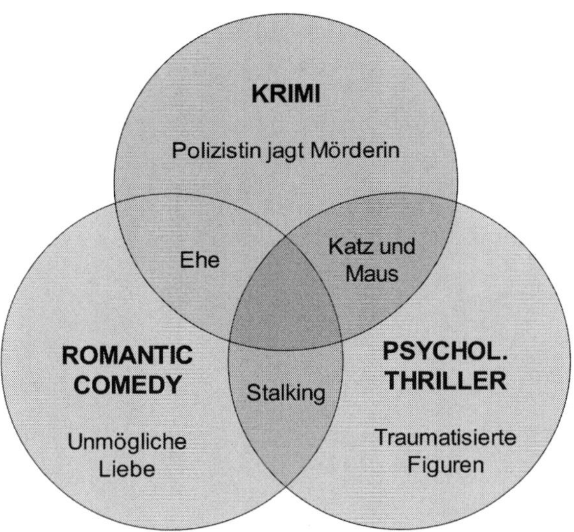

Eve ist eine mäßig erfolgreiche Londoner Agentin mit schlingernder Ehe. Ausgerechnet sie muss sich an die Fersen einer höchst erfolgreichen Auftragsmörderin heften, die eine blutige Schneise durch Europa zieht – Grundmechanismen aus dem Krimi. Die verqueren Figuren, die sich hier ein Katz-und-Maus-Spiel liefern, entstammen aber mehr dem Personal des psychologischen Thrillers, vor allem die traumatisierte, ebenso schöne wie kaltblütige namenlose Russin. Ein Genremarker, der dies unterstreicht, ist der Stalkingaspekt, denn die ›Böse‹ verknallt sich in die ›Gute‹ und drängt sich in ihr Leben. Die Beamtin hat wenig Lust auf eine lesbische Liaison, lässt sich aber zum Schein darauf ein, da sie ihrer Beute nur so nah genug kommen kann – was in einer absurden Rom-Com-Aufstellung mündet.

20.9 *The Blacklist* (2013+)

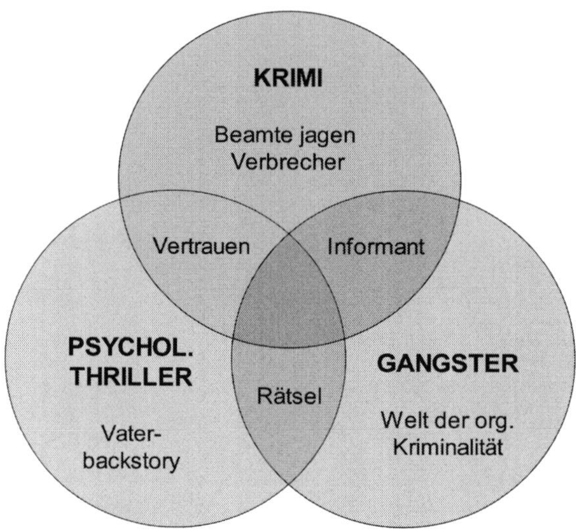

Superbösewicht Raymond ›Red‹ Reddington stellt sich dem FBI, um einen Deal zu machen: Wenn die Behörde ihn vor seinen kriminellen Feinden schützt, hilft er als Gegenleistung bei deren Festnahme. Die aus Sicht der jungen Agentin Liz erzählte Serie variiert das *procedural*: Die Beamtin hat zwar dank Reds Tipps Erfolg, aber ist das den Teufelspakt wirklich wert? Als sie mit ihrem zweifelhaften Mentor in die Welt der organisierten Kriminalität (Gangsterfilm) eintaucht, kommt sie einem Mysterium in ihrer Vergangenheit auf die Spur: Red kannte ihren unter merkwürdigen Umständen verstorbenen Vater. Lizs Suche nach Antworten und die *mind games*, die Red mit ihr spielt, damit beide bekommen, was sie wollen, ist psychologischer Thriller.

20.10 *The Man in the High Castle* (2015-19)

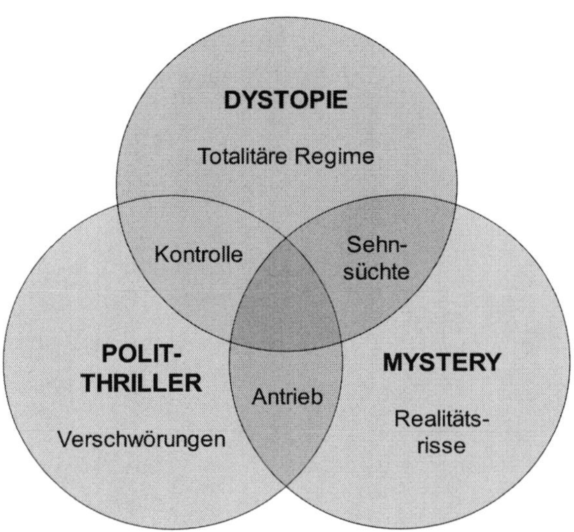

In der auf einem Roman von Philip K. Dick basierenden Serie haben die Nazis und Japaner den zweiten Weltkrieg gewonnen und die USA unter sich aufgeteilt – die Grundkonstellation einer dystopischen Sci-Fi-Erzählung. Aus dem Politthriller stammen die wendungsreichen Machtkämpfe innerhalb der Alternativwelt, nicht nur aus Sicht der Widerstandskämpfer, sondern vor allem auf höchster Ebene, wo manch Verantwortlicher ein Gewissen entdeckt, das er sich nicht leisten kann. Das verbindende Element ist der Fantasy entlehnt: unerklärliche Realitätsrisse, die allen Beteiligten zeigen, welches Leben sie in der uns bekannten Welt leben würden, wecken Sehnsucht nach Veränderung, welche die diktatorische Doppelspitze zu Fall bringen könnte.

20.11 *Alarm für Cobra 11* (1996-2021)

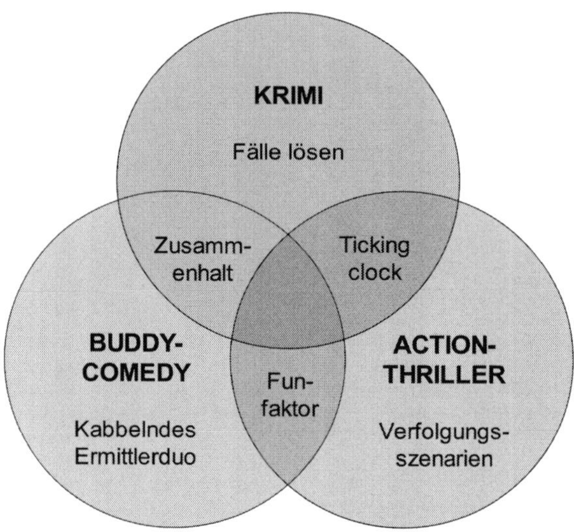

Der Dauerbrenner unter den deutschen Privatsenderserien ist auf den ersten Blick ein Krimi: Polizisten mit einem Revier als Dreh- und Angelpunkt sorgen für Recht und Ordnung. Die Art der Fälle unterscheidet sich jedoch von der gewöhnlichen Ermittlergeschichte, weil sie keine *whodunnits* sind: Oft geht es eher darum, ein kommendes Verbrechen großer Tragweite rechtzeitig zu verhindern, ein für den Actionthriller typischer Zug, ebenso wie der für Deutschland ungewöhnliche Mut zu überhöhten Gegenspielerfiguren. Die Solidarität der Polizisten untereinander, verkörpert vom Heldenduo Gerkhan mit wechselndem Partner, deren Austausch oft komödiantisch geprägt ist, bildet das emotionale Rückgrat.

20.12 *Vikings* (2013-20)

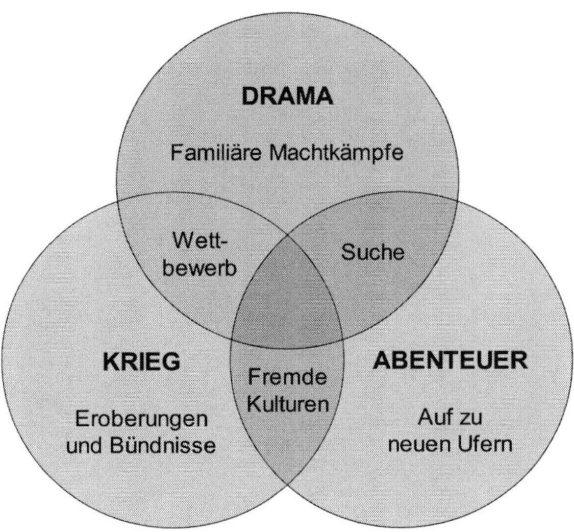

Im Kern handelt es sich um ein Familiendrama, in dem die Söhne des legendären Wikingerhelden Ragnar Loðbrók um dessen Nachfolge ringen, wobei die inneren Konflikte mindestens so wichtig wie die äußeren sind. Die Nordmänner sind auch mutige (Er)forscher: Vom Fernweh angespornt befinden sie sich auf der Suche nach neuen Ländern, wodurch viele Bilder des Abenteuergenres in die Handlung einfließen. Die Begegnungen mit fremden Kulturen sind meist nicht friedlich – doch den Thron von Kattegat wird ohnehin nur erringen, wer ein erfolgreicher Feldherr ist, und so spielen narrative und ästhetische Elemente des Kriegsfilms auch eine tragende Rolle.

20.13 *Thor* (2011)

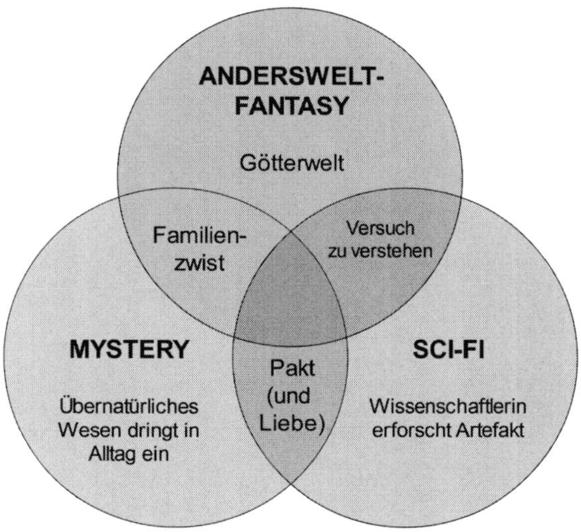

Der Marvel-Superheldenfilm startet als klassische Andersweltfantasy: In der nordischen Götterwelt Asgard liegt der ebenso starke wie hochmütige Thor im Familien-Clinch mit Vater Odin und Ziehbruder Loki. Thors aufbrausendes Verhalten macht ihn in Odins Augen unwürdig, sein Thronfolger zu werden, und so verbannt er den Sohn auf die Erde und belegt dessen magischen Hammer mit einem Bann, um ihm eine Lektion zu erteilen. Besagter Hammer, der in der Welt der Sterblichen als außerirdisches Artefakt größtes Aufsehen erregt, wird von der Wissenschaftlerin Jane Foster untersucht - aus deren Blickwinkel das Geschehen als Science-Fiction-Geschichte einzuordnen wäre -, bis sie Thor, diesem Himmelswesen, das ihr Leben nun gehörig durchschütteln wird, persönlich begegnet (ein Motiv der Mystery) und sie einen schicksalhaften Pakt eingehen.

20.14 *Twin Peaks* (1990-91)

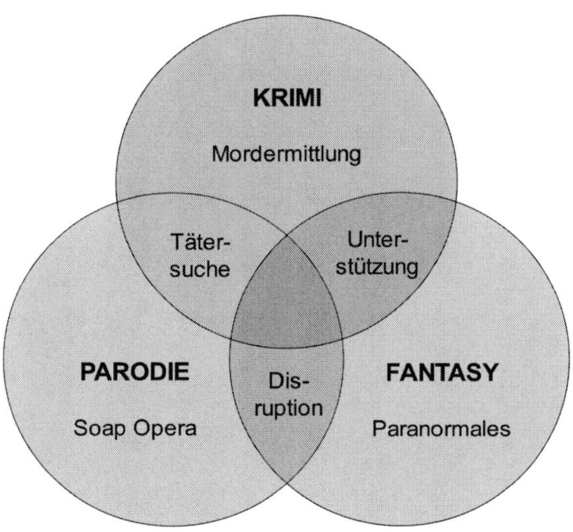

Ein schrulliger Kommissar muss den Mord an einer Schülerin in einem kleinen Ort an der amerikanisch-kanadischen Grenze aufklären – auf den ersten Blick ein weiteres *police procedural*. Der sich aus den Dörflern rekrutierende Reigen der Verdächtigen, der schnell größer wird und vor allem von eigentümlichen Liebesverwicklungen befeuert wird, kreuzt darin eine Parodie des Formates der Soap Opera ein. Die heile Welt wird aber nicht nur vom Verbrechen, sondern auch von übersinnlichen Phänomenen ins Wanken gebracht, die sowohl erschreckend (dem Horrorfilm näher), als auch, wie für das Mysterygenre typischer, konstruktiv sein können – so gehören ein tanzender Zwerg und ein stummer Riese zu den Helfern des Helden.

20.15 *Homeland* (2011-20)

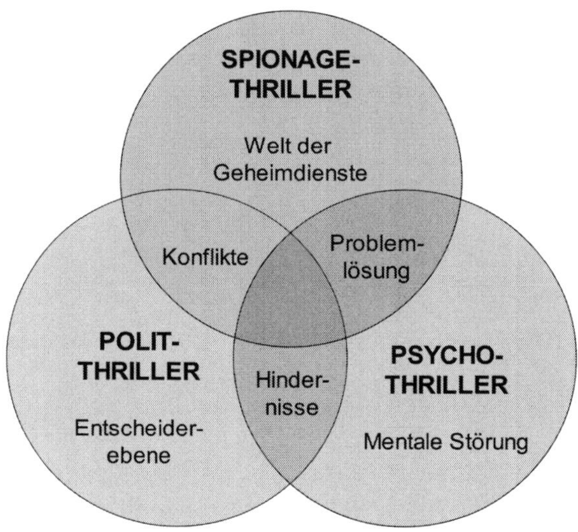

Drei Spielarten des Thrillers werden in der langlebigen Serie miteinander verzahnt. In erster Linie ist es eine Spionagegeschichte, die die Heldentaten (und Untaten) amerikanischer Agenten schildert. Dabei spielt die Entscheiderebene bis hoch ins Weiße Haus eine große Rolle, wodurch Überschneidungen mit dem Politthriller entstehen. Als Kitt dient das Ringen der genialen Carrie Matheson mit ihrer bipolaren Störung, die es ihr unmöglich macht, Privatleben und Job in Einklang zu bringen. Die Erkrankung verschafft ihr zwar einen klareren Blick auf den jeweiligen Fall, sorgt aber auch dafür, dass sie und ihre Thesen vom Umfeld angezweifelt werden. Die in Anbetracht der auf dem Spiel stehenden Menschenleben relevante Frage, was real und was eingebildet ist und ob man ›der Verrückten‹ (und sie sich selbst) trauen darf, ist typisch für den psychologischen Thriller.

21. Genre in Serie

Obwohl alle vorangegangenen Kapitel sowohl Bezug auf Filme wie auch Serien genommen haben und die beschriebenen Mechanismen in beiden Medien gültig sind, soll abschließend auf das immer wichtiger werdende Thema ›serielles Erzählen‹ eingegangen werden. In Anbetracht der Tatsache, dass nicht zuletzt durch die Coronakrise, während der dieses Buch verfasst wurde, das Kino vor unseren Augen im Dornröschenschlaf lag und Streamingplattformen einen enormen Machtzuwachs verzeichneten, scheint dies geboten.

Die Pandemie hat nicht nur politische, sondern auch kulturelle Umwälzungsprozesse angeschoben, von denen Medienschaffende direkt betroffen sind – vielleicht sogar direkter als Ausübende vieler anderer Berufe. Und das nicht nur durch unterbrochene Stoffentwicklungen oder abgesagte oder verschobene Dreharbeiten. 2020 war das erste Jahr, in dem die großen Filmfestivals von Cannes und Venedig und viele kleinere vergleichbare Veranstaltungen entweder gar nicht oder nur online stattfanden. Und obwohl der mit diesen Ereignissen verbundene Glitter und Glamour die Öffentlichkeit stets bewegt hat, wurde er doch nicht so schmerzlich vermisst, wie mancher vermutet hätte. So traurig es sein mag: Es geht auch ohne. Heute wird eher der Veröffentlichung der neuen Staffel einer Lieblingsserie entgegengefiebert, als der Antwort auf die Frage, wer die goldene Palme gewinnt. Früher fand die Debatte darüber, was ein künstlerisch angspruchsvoller, sehenswerter Film ist, vor allem in den Feuilletons der (ebenfalls an Macht verlustigen) Tageszeitungen statt, heute, mit einer neuen Generation am Ruder der Meinungssteuerung und -findung, auf Twitter, Instagram und der Internet Movie Database. Das 20. Jahrhundert ist vorbei und mit ihm erlöschen seine Traditionen, oder verlieren zumindest an Wert. Das Fachmagazin *Audiovision* veröffentlichte im Mai 2020 folgenden kurzen Artikel:

> »Die Corona-Pandemie hat erhebliche Auswirkungen auf das Medienverhalten der Deutschen. So sehen 42 Prozent mehr lineares Fernsehen, 36 Prozent nutzen häufiger Streaming-Plattformen und Mediatheken, wie eine aktuelle Studie der gfu, der Veranstalterin der IFA, herausgefunden hat. Weil Kinos geschlossen bleiben, findet das Kino nun verstärkt in den eigenen vier Wänden statt. Insgesamt 15 Prozent der Haushalte haben Corona-bedingt kostenpflichtige Verträge für Filme, Dokumentationen und Serien abgeschlossen. Elf Prozent sagen, dass sie aufgrund der aktuellen Gegebenheiten zusätzlich zu einem bereits bestehenden Streaming-Vertrag ein weiteres Abo gebucht haben. Vier Prozent der Befragten geben an, dass sie jüngst erstmalig einen Vertrag mit einem Streaming-Anbieter abgeschlossen haben. Durch das gestiegene Interesse an Nachrichten kommt auch Internet und TV eine größere Bedeutung zu. 68 beziehungsweise 67 Prozent der Befragten erklären, dass sie die beiden Medien häufiger oder viel häufiger als sonst zur Information über aktuelle Ereignisse nutzen.«

Noch interessanter wird diese Entwicklung, wenn man sich die Zuwächse der einzelnen Streamingdienste vor Augen führt. Laut einer Analyse des Filmportals Justwatch.com verzeichneten die Anbieter Sky Go/Sky Ticket ein Wachstum von 190 Prozent, Joyn/Maxdome von 148 Prozent und Amazon Prime Video von 144 Prozent in Deutschland – und zwar innerhalb nur eines einzigen Monats (Ende März bis Ende April 2020). Der Neuzugang Disney+ konnte bereits nach knapp vier Wochen etwa 20 Prozent des Netflix-Volumens verbuchen. Netflix selbst erwartete für den Zeitraum einen Zuwachs von 7 Millionen Abonnenten weltweit, es wurden jedoch mit 15,8 mehr als doppelt so viele, wobei der größte Zuwachs außerhalb Nordamerikas lag. Zeitgleich entließen Hollywoodstudios Tausende Mitarbeiter und die größten Kinoketten der USA gingen pleite.

Neben dem wirtschaftlichen Erfolg wuchs auch der kulturelle Einfluss der Streamingdienste. Denn einige von ihnen stellen längst nicht mehr nur Serien, sondern auch Spiel- und Dokumentarfilme her, die mit Kinoreleases konkurrieren – auch um heißbegehrte Trophäen. In Hollywood wurde lange diskutiert, ob man Streamingfilme zu den Oscars zulassen darf; Industriegrößen wie Steven Spielberg sprachen sich dagegen aus, doch die AMPAS gab dem Begehren der Streamingdienste statt, sofern bestimmte Auflagen wie ein limitierter Kinorelease des Films in einem bestimmten

Zeitfenster erfüllt wurde. Die Konsequenz: 2020 holte Netflix ein Sechstel der Oscarnominierungen. Rivalisierende Streamer werden auch etwas von diesem Kuchen abhaben wollen und in Zukunft verstärkt Filme produzieren.

Die Botschaft ist deutlich: Neue Player sind am Zug. Die Film- und Fernsehwelt, wie wir sie kannten, existiert nicht mehr und befindet sich in einem beispiellosen Umbruch, der bis heute (Ende 2021) noch nicht abgeschlossen ist. Den damit verbundenen Herausforderungen gilt es für Autoren, sich sowohl inhaltlich wie auch geschäftlich zu stellen. Inhaltlich, wenn es darum geht, Geschichten zu finden, die unsere verworrene und verwirrende Zeit, eben auch besonders gern durch die Abstraktionsmethoden der Genreerzählung, beleuchten und zu erklären versuchen. Geschäftlich, was ihre Position im Business betrifft. Denn mit der Stärkung der Streamingdienste und damit der endgültigen Verschiebung vom Film zur Serie als globalem Fiction-Leitmedium wird eine Stärkung der Position des Drehbuchschreibers als Creator und, wenn er auch eine produzentische Funktion einnimmt, Showrunner, einhergehen, wohingegen sich die in Deutschland sehr verbreitete Regiefixiertheit auflöst. Weiter kommt, wer die besten Inhalte liefert.

Auch wenn die roten Teppiche in Berlin und an der Croisette und die Produktionen, die dort gefeiert werden, nie ganz verschwinden werden – dafür sind sie politisch zu gut geschützt und subventioniert – so werden sie doch nie wieder die Bedeutung haben, die sie früher hatten. Vor allem werden sie nicht das Denken, das Handeln und die Zielsetzungen der kommenden Generation von Kreativen bestimmen, die sich in eine neue Welt mit anderen Prioritäten hineinarbeiten.

21.1 Die Revolution frisst ihre Eltern

Was die Genrevielfalt betrifft, haben sich in den vergangenen zwanzig Jahren starke Verschiebungen innerhalb der Film- und Fernsehindustrie ergeben. Zusammenfassend gesagt ist diese erzählerische Bandbreite im Kino eher geschrumpft, im TV- und Streamingbereich hingegen deutlich gewachsen. Wichtigster Gradmesser dafür ist die US-amerikanische Fernsehlandschaft. Sie wurde jahrzehntelang von den großen Networks ABC, NBC, CBS und FOX – den Äquivalenten zu deutschen Privatsendern – beherrscht, die streng durchformatierte Serien für spezifische Sendeplätze produzierten: Sitcom 25 Minuten, alles andere 45 Minuten, als Genres Crime, Action, Medical, Legal, Drama und Comedy – also auch die Erzählformen, die bis heute im deutschen Linearfernsehen tonangebend sind.

Erst in den 1990er-Jahren wurde die Palette um Genres, die utopische oder übernatürliche Elemente enthielten und vorher nur sehr vereinzelt produziert worden waren, nachhaltig erweitert. Dafür waren vor allem zwei bahnbrechende Vorbilder verantwortlich: Chris Carters paranormale Ermittlerserie *Akte X – Die unheimlichen Fälle des FBI*, erstmals 1993 bei FOX ausgestrahlt, wurde zum globalen Hit und zeigte, dass Monster und Aliens, die bisher eher dem Kino vorbehalten waren, auch auf der Mattscheibe ihr schauriges Unwesen treiben können. Und zum anderen war da der Erfolg der Marke ›Star Trek‹, die nach dem Absetzen der Originalserie nach nur drei Staffeln Ende der 1960er-Jahre zwar einige erfolgreiche Kinofilme hervorgebracht hatte, im Fernsehen aber als tot galt – bis Paramount 1987 *Raumschiff Enterprise: Das nächste Jahrhundert* startete und an Sender rund um die Welt lizenzierte. Auf die klingelnden Kassen folgte eine Renaissance des Science-Fiction-Genres mit Serien wie *Babylon 5* oder *Firefly*, während das Kino zunehmend weniger Geschichten dieser Art erzählte.

Das galt auch für das Fantasygenre: Vor Peter Jacksons *Herr der Ringe*-Trilogie (2001-2003) hatte es seit den späten 1980er-Jahren keine Bedeutung mehr in Hollywood gehabt und sich höchstens in Form schlockiger italienischer Barbarenfilme in die hintersten Ecken der Videotheken verkrochen. Anders sah es im Fernsehen aus: Mit *Hercules* landete MCA/Universal 1995 einen sechs Staffeln umfassenden Riesenhit über den antiken Helden auf seinem Streifzug durch die griechische Mythologie, der das nicht minder beliebte Spin-Off *Xena – Die Kriegerprinzessin* hervorbrachte. Und kurz darauf gab es auch jugendliche Vampirjäger (*Buffy*) und Hexen (*Charmed*) im Fernsehen zu bestaunen. Dieses Angebot bildete ein Gegengewicht zum Kino, das in den späten Neunzigern eher auf groß angelegte Actionthriller im Michael-Bay-Stil und hochkarätig besetzte romantische Komödien fixiert war.

Einen Meilenstein setzte der Pay-TV-Sender HBO 1999 mit der Mafiaserie *Die Sopranos*. Sie war deswegen ungewöhnlich, weil das auf Massentauglichkeit ausgelegte amerikanische Fernsehen bis zu diesem Zeitpunkt auf sympathische, cleane Protagonisten gesetzt hatte – nun gab es mit Tony Soprano einen waschechten kriminellen Antihelden. Im Kino wäre das nichts Neues gewesen, im Fernsehen war es eine Revolution. Vor allem wenn man sich bewusst macht, dass Folge 5 der 1. Staffel, ›College‹, die erste Episode in der Geschichte des amerikanischen Fernsehens war, in der der Protagonist einer Serie bewusst und gezielt eine andere Figur ermordet – und damit auch noch davonkommt. Damit war ein Tabu gebrochen. Showrunner David Chase bewies: Das Genre des Gangsterfilms muss nicht dem Kino, den Scorseses und Coppolas überlassen bleiben, sondern profitiert in der Erforschung seines moralisch schattigen Sujets stark von der mehr Erzählzeit bietenden seriellen Erzählform (am Ende dauerte Tonys Reise zu sich selbst 86 Folgen).

Noch mehr auf die Spitze trieb die Genreerneuerung, aber auch den Tabubruch, *Deadwood* von David Milch. Von 2004 bis 2006 zeigte die Serie die menschlichen Abgründe der titelgebenden Westernstadt auf. Dabei provozierte sie nicht nur durch explizite Gewaltdarstellungen und eine Frequenz von Schimpfwörtern, die jedem braven Christen die Schamesröte ins Gesicht treibt, sondern auch durch seine schonungslose Abrechnung mit dem Gründungsmythos einer Nation und ihrem American Dream, der eben nicht auf harter Arbeit, sondern auf Verbrechen, Gier und Brutalität fußt. Bemerkenswert daran war auch, dass *Deadwood* ganz nebenher und scheinbar mühelos den Western reanimierte. Das Genre war im TV zwar in den 1950er- und 60er-Jahren sehr populär gewesen (man erinnere sich an Serien wie *Rauchende Colts*, *Bonanza* und *Die Leute von der Siloh Ranch*), aber dann in der Versenkung verschwunden, ebenso wie im Kino, wo es sich nach dem Ende des New Hollywood in den späten 1970ern, welches das Genre kritisch dekonstruiert hatte, weitestgehend verabschiedet hatte.

Das sind nur zwei Beispiele in einer langen Reihe von Serien, die sich etwas trauten und damit Erfolg hatten – nicht zuletzt, weil sie sich Genremechanismen bedienten und mit ihnen spielten. Sie wagten neue Betrachtungsweisen von Settings, Figuren und Handlungsverläufen, die von den Zuschauern lange gemieden wurden, da sie mit ausgetretenen Pfaden in Verbindung gebracht wurden. Dank des Einfallsreichtums ihrer Schöpfer erstrahlten sie nun in neuem Glanz. HBO war der Vorreiter, andere Pay-TV-Sender nahmen sich an diesem Mut ein Beispiel. So produzierte FX mit *Spartacus* eine blutige und aufgesexte Neuerfindung des Sandalenfilms und AMC brachte mit *The Walking Dead* erstmals Zombiemetzeleien (die vorher auch dem Kino vorbehalten waren) auf die Mattscheibe – sie sollte eine der erfolgreichsten Serien aller Zeiten werden.

Ab 2010 nahm die Genrebandbreite in Serien rapide zu. Bis sich der Trend in anderen Ländern durchsetzte, dauerte es etwas. Während das englische Fernsehen seine Genremarken ohnehin treu gepflegt hatte und man mit Hits wie Channel 4s *Black Mirror* lediglich alte Traditionen fortsetzte – man denke an *Dr. Who* (seit 1963), *Red Dwarf* (1988-99) oder die Fantasyvariante von *Robin of Sherwood* mit Michael Praed Mitte der 1980er-Jahre –, kamen die frischen Genreimpulse vor allem aus Skandinavien: *Borgen – Gefährliche Seilschaften* aus Dänemark (2010) war Politthriller in Serie, wie man ihn bisher nur aus Grisham-Verfilmungen oder Werken Oliver Stones kannte. In *Jordskott – Die Rache des Waldes* nahmen 2015 monströse Fabelwesen blutige Rache an den Bewohnern einer schwedischen Stadt und in Frankreich marschierten in Form von *Les Revenants* die Untoten ein. Der Damm war gebrochen, auch das Fernsehen der alten Welt hatte sich aus den Zwängen bisheriger Erzählformen befreit. Deutschland verschlief all das, setzte weiterhin auf Serien über Ärzte, Nonnen, Förster und Horden von Kommissaren und wachte erst zehn Jahre später auf, als ausländische Streamingdienste alle verfügbaren Kuchen bereits weitgehend unter sich aufgeteilt hatten.

Das Mainstreamkino der letzten Jahre vor Corona scheint sich wirtschaftlich hingegen nur noch auf zwei Genres zu stützen: einmal in Science-Fiction und Fantasy verwurzelte Superheldenstorys, gern in Überlänge, hier allen voran die sehr populären Marvel-Filme rund um die ›Avengers‹, und das Horrorgenre, zu dem vor allem listige kleinere Produktionsfirmen wie Blumhouse und A24 Beiträge leisteten, die nicht nur wirtschaftlich erfolgreich, sondern auch thematisch anspruchsvoll und vielfältig waren. Aber sonst? Gute Komödien, früher ein Aushängeschild Hollywoods? Kaum noch vorhanden, dafür viele spannende neue Comedys im Fernsehen. Fantasy überlässt man den Streamern, die neue *Herr der Ringe*-Serie kommt auf Amazon Prime Video. Es wirkt fast so, als hätte Hollywood sein popkulturelles Kapital, seine Ikonen, an TV und Web verloren. Zombies und Vampire? Tot, aber in Serie lebendig. Geheimagenten? Hin und wieder, in Serien sind sie aber plötzlich überall. Cowboys und ›Indianer‹? Im Film vereinzelt, in Serie bedeutend häufiger. Selbst die Megamarke ›Star Wars‹ stürzte im Kino bitter ab und feierte dafür 2020 mit *The Mandalorian* auf Disney+ eine hübsche Wiederauferstehung – nachdem bereits einige sehr gute animierte TV-Serien wie *Star Wars Rebels* auf verschiedenen Sendern vorangegangen waren, die das Potenzial des Franchises in einem anderen Medium bewiesen hatten.

Die Streamer und Pay-TV-Sender saugen alles auf. Sie erhöhen dabei auch die Budgets und Schauwerte, um die Konkurrenz alt aussehen zu lassen. Viele Serien sind mittlerweile technisch-ästhetisch auf dem Stand von Kinofilmen und die Zuschauer mit großen Fernsehern, Leinwänden und Dolby-Soundanlagen im Wohnzimmer ausgestattet. Die Grenzen zwischen Kino und TV verschwimmen - zulasten des Kinos. Und was die Genrebandbreite angeht, verlassen die Serien den Ring nach heutigem Stand als Sieger.

21.2 Ein Hoch auf die Nische

Als AMC im Jahr 2007 *Mad Men* startete, überschlug sich die amerikanische Presse vor Lob für das historische Drama. Die Geschichte des Kreativdirektors Don Draper, der wie kein anderer die Träume der Menschen kennt und für seine Arbeit anzuzapfen vermag, während seine eigenen Sehnsüchte unerfüllt bleiben, war smart, stylisch und nostalgisch. Sie war aber vor allem unheimlich ... nischig. Welcher Zuschauer sollte sich schon für die Welt der Werbeagenturen auf der New Yorker Madison Avenue in den 1960er-Jahren interessieren? Das schien zu speziell. Wo war die Andockstelle, der Reiz? Unmöglich, dass man mit diesem Ansatz ein breites Publikum erreichen würde.

Wobei aber eben das nie das Ziel des Senders gewesen war. Die von Matthew Wiener geschaffene Serie kam vor allem bei Frauen gut an. Hauptdarsteller Jon Hamm wurde über Nacht zum Star und damit zum Gegenstand des Celebrity-Gossip. Modemagazine begannen, die aufwendigen Kostüme der Serie hervorzuheben und erklärten eine Stilrenaissance der 60er. Auf Social Media wurden etwa die Darstellung der Geschlechterrollen in der Serie und die gesellschaftlichen Veränderungen seit der abgebildeten Ära diskutiert.

Die Rechnung des Senders ging auf: Es schaute zwar nicht jeder *Mad Men* (streng genommen taten das nur sehr wenige), aber fast jeder redete darüber - und damit auch über AMC. In der Folge stiegen die Abonnentenzahlen. Nicht nur, weil viele Zuschauer auf *Mad Men* neugierig geworden waren, sondern auch weil der Sender viele andere interessante Produktionen im Portfolio hatte, die die Kunden bei der Stange hielten. *Mad Men* war also von Anfang an als reines Prestigeprojekt entworfen worden, das *media buzz* generieren sollte, um das Standing von AMC im Markt zu verbessern. Und da der *buzz* durch das Internet die Grenzen Amerikas hinter sich ließ, verkaufte sich *Mad Men* später in die ganze Welt und ammortisierte sich dadurch.

Derlei Denkweisen wirkten auf die deutsche Fernsehindustrie anfangs befremdlich. In einem Land, in dem sich Pay-TV nie richtig durchgesetzt hat und in dem der Erfolg von Linear-TV-Produktionen noch heute in erster Linie an der Einschaltquote bemessen wird – einem antiquierten Auswertungssystem der Gesellschaft für Konsumforschung (GfK), in das nur wenige Haushalte Daten einspeisen können –, wurde nicht verstanden, warum jenseits des großen Teiches Unsummen für ein Programm ausgegeben werden, das niemand sieht. Vielmehr herrschte hier der Konsens, dass Fiction-Inhalte ein möglichst breites Publikum ansprechen müssen, um ihre Existenz zu rechtfertigen. Wobei die öffentlich-rechtlichen Sender dadurch, dass sie durch Gebühren der Bürger finanziert werden, unter einem besonderen Zugzwang stehen, diese Mehrheitsfähigkeit von Filmen und Serien durchzusetzen. Sie versuchten und versuchen stets, ein einziges, möglichst großes Lagerfeuer zu bauen, das möglichst viele Leute anlockt, statt viele kleine Feuer zu entzünden, die nur verschworene Gemeinschaften wärmen.

Das Problem ist: Wer versucht, es allen recht zu machen, macht es am Ende keinem recht, denn er hat am Ende ein Produkt, das zwar keinen stört, aber auch niemanden begeistert. Daher warfen amerikanische Pay-TV-Sender und im Anschluss auch die Streamingdienste die alten Dogmen über Bord. Im amerikanischen Free-TV existieren sie zwar auch noch; die Quotenerhebung verläuft dort nach ähnlichen Mustern, und Quotenerfolge sind für das wirtschaftliche Überleben der Sender, die ihr Geld durch Werbebuchungen verdienen, natürlich von größter Bedeutung. Aber diese Sender sind nun nicht mehr die, die kreativ voranpreschen. Die Rolle der Innovatoren, die diktieren, was cool ist und was nicht, haben die neuen Player eingenommen. Sie haben sich auf die Fahnen geschrieben, alles anders zu machen als bisher, und sehen das als ihr Alleinstellungsmerkmal. In ihrer Selbstwahrnehmung sind Netflix, Amazon & Co. auch keine Fernsehsender (ebenso wenig wie sich Tesla primär als Autobauer definiert), sondern Techunternehmen wie Google, Apple und Microsoft.

Ein auffälliger Wesenszug der ab dem Jahr 2000 in Fahrt gekommenen Serienrevolution war ein Hang zur inhaltlichen und ästhetischen Zuspitzung. Man war sich nicht mehr zu schade, Zuschauer außen vor zu lassen oder vor den Kopf zu stoßen, die mit einem Produkt nichts anfangen konnten. Als Denkweise wurde von HBO, AMC, FX und weiteren etabliert: Wenn die Idee auf einem herkömmlichen Sender laufen könnte, passt sie nicht zu uns.

Die Streamer übernahmen diese Haltung. Obwohl selbst sie nicht davor gefeit sind, sich den Bedürfnissen ihrer primären Zielgruppen zu unterwerfen (Netflix bedient als ›jüngste‹ Plattform die 14- bis 30-Jährigen, Joyn bedient das klassische werberelevante Pro7-Publikum von 14 bis 49, Amazon Prime Video ist eher mainstreamig aufgestellt und für Familien, Disney+ ebenso, aber auf noch cleanere Weise), bewiesen sie Mut zur Nische, indem sie ihr Publikum nicht als amorphe Masse behandelten, sondern vielmehr als fragmentierte Gemeinschaft mit Partikularinteressen und individuellen Geschmäckern, welche es zu bedienen galt.

Natürlich interessieren bei Weitem nicht alle Netflix-Kunden die Nöte nicht-weißer Teenagerinnen (wunderschön geschildert in *Never Have I Ever* von Mindy Kaling und Lang Fisher), aber man kann davon ausgehen, dass fast alle nicht-weißen Teenagerinnen unter den Abonennten das Programm schauen. Wer soll sich schon *G.L.O.W.* antun, eine Serie über Frauen, die im Los Angeles der 1980er-Jahre eine Wrestling-Truppe gründen? Antwort: Frauen, Männer die Frauen mögen, Leute, die auf Wrestling stehen, und die, die Nostalgie für die Eighties verspüren. Und da kommt dann doch noch einiges an Publikum zusammen.

Mit anderen Worten: Man hat lieber einen großen Hit in einer kleinen, dafür aber hingebungsvollen und auf Social Media austauschfreudigen Zielgruppe, als einen kleinen Hit bei vielen Leuten, die die Serie nur so ganz okay finden und entsprechend weniger darüber kommunizieren.

Die Nischigkeit der postmodernen Serienlandschaft hilft aber nicht nur, USPs zu schaffen und Produkte klarer voneinander abzugrenzen. Diese Gesichtspunkte sind vorrangig wirtschaftlicher Natur. Wichtiger ist, dass ›zugespitzte‹ Serien auf zielgerichtetere Weise menschliche Sehnsüchte befriedigen können. Vor allem die nicht zu unterschätzende Neugier, zu sehen, wie andere Leute leben, lieben, leiden und arbeiten. Film und Serie haben dadurch, dass sie Bewegtbildmedien sind, per se ein voyeuristisches Element. Und die, die besonders erfolgreich sind, zeichnen sich durch das aus, was Drehbuchguru Robert McKee in seinem Standardwerk *Story* den »anthropologischen Schauwert« nennt. Dieser braucht keine aufwendigen Actionszenen, Statistenmassen und visuellen Effekte, er ergibt sich allein daraus, dass ein Mensch (der Zuschauer) andere Menschen (fiktive Figuren) beobachten kann.

Der anthropologische Schauwert einer Serie ist dann besonders hoch, wenn die Erzählung in einer für die meisten Zuschauer ausgefallenen Arena spielt, also der Abgleich des eigenen Lebens mit dem der Charaktere einen möglichst starken Kontrast bildet. Wie entwickelte man in den frühen 80er-Jahren ein neues Computersystem? AMCs *Halt and Catch Fire* zeigte es. Wie sieht Polizeiarbeit wirklich aus? HBOs *The Wire* schilderte sie beklemmend realistisch. Wie arbeitet ein Bestattungsunternehmer? Ein Blick in HBOs *Six Feet Under* hilft. Und wie lebt es sich eigentlich heute als junge Frau in einer jüdisch-orthodoxen Gemeinschaft? Wer es wissen will, findet in der für mehrere Emmys nominierten deutschen Netflix-Serie *Unorthodox* Antworten. All das interessierte nicht jeden, aber es interessierte ausreichend viele.

Eine gute Serie entführt den Zuschauer in eine besondere Welt. Diese kann, wie die eben genannten Beispiele, ein hervorgehobener Teil der realen Welt, unserer angestammten Umgebung, sein. Sie kann sich aber auch auf fernen Planeten, in anderen Dimensionen oder der Zukunft befinden. Hauptsache, eine interessante Arena bildet das Fundament der Erzählung. Das ist es, wonach die Streamer suchen: Nicht etwa originelle Plots (die baut man später), es geht ihnen nicht einmal in erster Linie um signifikante Figuren, sondern um das Setting. Eine spannende Umgebung mit eigenen Regeln, die der Zuschauer nach und nach verstehen lernen muss. Die nächste und übernächste Folge lässt ihn tiefer in diese Welt eintauchen und ihre Regeln besser begreifen. Handlung und Charaktere sind lediglich Werkzeuge, um den Konsumenten möglichst lange in dieser Arena gefangen zu halten, damit er Zeit darin verbringt, ihn zu faszinieren und ihn dadurch davon zu überzeugen, dass der Abschluss des Abos genau dieses Streamingdienstes die beste Entscheidung seines Lebens war.

Das Zauberwort, um das Tor aufzustoßen, an dem sich gerade jeder Autor und Produzent zu schaffen macht, heißt *worldbuilding* – das Bauen von Welten. Die amerikanische Film- und Fernsehindustrie hat diesbezüglich einen enormen Erfahrungsvorsprung, der aus dem jahrzehntelangen Aufbau von Buch-, Comic- und Filmfranchises erwachsen ist.

Wie wir gesehen haben, operieren Genres mit spezifischen Szenarien, die sich darüber definieren, dass bestimmte narrative Elemente reduziert oder eliminert, andere hingegen betont werden. Dies erklärt auch die enorme Schwemme von genreorientierten Serien bei Streamingdiensten: Die Entscheidung für ein bestimmtes Genre ist zugleich eine Entscheidung für einen bestimmten Schauplatz mit bestimmtem Look-and-Feel, in dem ein archetypisches Personal mit relativ vorhersehbaren, dadurch aber auch leicht verständlichen, Konflikten konfrontiert wird. Das erleichtert den Zuschauern die Auswahl in einem Angebot von kaum noch überschaubaren Dimensionen.

Der Grund, warum sich eine solche Priorisierung im Internetzeitalter besonders durchgesetzt hat, ist wieder einmal in Social Media zu finden. Das Ziel von Streamingdiensten ist, Austausch über das eigene Programm anzuregen. Dazu bedarf es Themen, über die die Leute reden. Die einzelnen Aspekte einer Geschichte geben dabei unterschiedlich viel Gesprächsstoff her. Am wenigsten der Plot – die Geschichte verläuft halt so, wie sie es tut, und lässt sich dann ohnehin nicht mehr ändern. Eine Diskussion darüber ist also nur eine über Vergangenes.

Mehr Gesprächsstoff geben die Figuren her. Nicht nur, weil Menschen es lieben, über andere zu schwatzen, sondern auch, weil ein Charakter, der sich in horizontal erzählten Serien meist in irgendeiner Form entwickelt, nicht fix ist und sein sich langsam abzeichnender Bogen zu Spekulationen einlädt. Die Diskussion über eine Figur ist also nicht nur eine über die Vergangenheit (was sie bisher getan hat), sondern auch eine über die Zukunft (was sie noch tun wird).

Doch am meisten Gesprächsstoff birgt die Arena, die als Kitt alle anderen Elemente zusammenhält. Die fremde Welt, die uns gezeigt wird, regt unsere Fantasie an. Noch interessanter als die Person Tony Soprano ist die Welt der Mafia, der er entstammt. Hat diese wirklich Einfluss in höchste Kreise? Gehört mein italienischstämmiger Nachbar etwa auch dazu? Wie viel Geld verdient wohl so ein ›Pate‹? Ich wusste gar nicht, dass die Mafia die Müllentsorgung kontrolliert! Endlose Themen, die sich immer weiter vertiefen lassen, wenn man eine Suchmaschine dazu befragt und alle möglichen Artikel findet, die weitere Fragen und Antworten offerieren.

Wir leben nicht mehr primär in einer Konsumwelt, sondern einer Kommunikationswelt; einer Gesellschaft, in der das Reden über den Konsum noch wichtiger ist als der Konsum selbst.

21.3 Ein Medium wird renoviert

Der Siegeszug von Streamern und Pay-TV hat nicht nur für inhaltliche Neuerungen bei der Serienkonzeption gesorgt, sondern auch für formelle. Die Definition dessen, was eine Serie ist und wie sie produziert und konsumiert wird, hat sich verändert. Als Konsequenz wurde die Rigidität der Parameter, nach denen Fernsehsender ein halbes Jahrhundert lang serielles Erzählen praktiziert hatten, in vielerlei Hinsicht aufgeweicht.

Die klassische TV-Serie besteht aus in sich geschlossenen Folgen. Der ›Fall der Woche‹ wird gelöst, die ›Krankheit der Woche‹ geheilt oder der ›Planet der Woche‹ bereist und gerettet, und die Hauptfiguren verändern sich dabei im Laufe der Staffeln wenig bis gar nicht (wofür sie von den Zuschauern auch geliebt werden). Dieser episodischen wird seit dem Jahr 2000 verstärkt eine horizontale Erzählweise gegenübergestellt, die folgenübergreifend eine fortlaufende Geschichte erzählt (*serialized drama*). Die Serie fühlt sich dadurch wie ein einziger langer Film an, ist eher Roman als Kurzgeschichtensammlung. Der Trick, am Ende jeder Folge Cliffhanger zu setzen, die zu Beginn der nächsten aufgelöst werden, zwingt den Zuschauer förmlich zum Weitersehen, und der berühmte ›Binge-Effekt‹, der einen stundenlang gebannt auf den Bildschirm starren lässt, tritt ein. Wie sehr Zuschauer diesen Effekt schätzen, wurde deutlich, als Anfang der Nullerjahre die DVD-Verkäufe der stark actionbetonten Thrillerserie *24* von FOX in unerwartete Höhen schossen, denn die Serie, die ihre Folgen zuerst im wöchentlichen Turnus im Linear-TV brachte, machte erst dann richtig Laune, wenn man alle Folgen am Stück schauen konnte.

Besonders interessant wurde das Konzept, als man begann, es auf Genres anzuwenden, die traditionell in abgeschlossenen Folgen erzählt werden, zum Beispiel dem Krimi. Serien wie *True Detective* oder *Hannibal* erzählten nicht mehr wie früher einen Fall pro Episode, sondern einen Fall pro Staffel oder, wie *The Fall*, sogar einen einzelnen Fall über mehrere Staffeln hinweg. Wirklich neu war das nicht – *Twin Peaks* von David Lynch und Mark Frost hatte dies bereits 1990 auf ABC ausprobiert. Im Kriegsgenre wurden früher nur episodische Serien erzählt (etwa *Pazifikgeschwader 214* [1976-78] oder *NAM – Dienst in Vietnam* [1987-90]), HBOs Miniserie *Band of Brothers* (2001) führte hier die horizontale Form ein.

Obwohl die horizontal erzählte Serie als Königsdisziplin gilt und als Konzept sehr erfolgreich ist, ist die episodische Erzählweise längst nicht ausgestorben. Sie hat jedoch unter dem Druck der Umwälzungen neue Varianten ausgebildet, von denen die auffälligste die hybride Erzählweise ist. Es handelt sich dabei um ein Format, das zwar abgeschlossene Episoden erzählt, dabei jedoch größere Handlungsbögen und Figurenentwicklungen installiert. Die Methodik, parallel zu den wöchentlichen Fällen eine durchgehende *private line* für eine oder mehrere Figuren zu erzählen, etablierte sich bereits in den 1980er-Jahren (*Polizeirevier Hill Street* auf NBC war hier ein Vorreiter), das horizontale Element musste gegenüber der Episodenhandlung aber stets zurückstecken. In einer Zeit, als es noch kein Streaming gab und sich selbst Videoplayer noch nicht in der Breite durchgesetzt hatten, befürchteten die Sender, ihre Zuschauer zu verärgern, wenn sie sich ihrer Orientierung beraubt gefühlt hätten. Das hat sich geändert, aktuelle Hybridformate gewichten episodische und horizontale Elemente nicht nur gleich, sondern legen sogar, wie etwa *Teenage Bounty Hunters*, stärkeres Gewicht auf die *private line*, und die Helden lösen ihre Fälle eher nebenher. Die Hybriderzählung kann mehr Haken schlagen und Umwege nehmen, was sie von einem Überraschungseffekt profitieren lässt. Denn einen ›Binge-Effekt‹ können episodisch erzählte und horizontal erzählte Serien gleichermaßen auslösen.

Ebenfalls obsolet ist die Philosophie, dass eine Serie theoretisch ewig weitergehen können muss. Für Free-TV-Sender mag es immer noch eine erstrebenswerte Aussicht sein, für Streamer und Pay-TV-Anbieter ist sie nicht von Belang. Serien wie *Deutschland 83* oder *Dark* waren von ihren Machern von Anfang an auf drei Staffeln angelegt und erzählten ihre Geschichten dann innerhalb dieses festen Rahmens, was ihnen ein konsequentes, inhaltlich durchdachtes Image verlieh.

Allgemein hat sich der Trend zur Miniserie, also einer horizontalen Erzählung, die bereits nach einer Staffel (oft schon nur vier oder fünf Folgen) abgeschlossen ist, in den letzten Jahren verstärkt. Die Popularität der Sozialdramen *Tschernobyl* und *When They See Us* hat alle Plattformen dazu animiert, wieder verstärkt über diese Form des ›Mehrteilers‹ nachzudenken – die auch keineswegs neu ist, sondern im Free-TV seit den 1970er-Jahren als Eventprogrammierung etabliert ist (etwa die Dystopie *1990*, die ein England unter faschistischer Herrschaft zeigt [1977-78], die historische Aufarbeitungsminiserie *Holocaust* [1978], die Alternativhistorienstory *Amerika*, in denen die USA sozialistisch sind [1987], oder in Deutschland die vornehmlich aus den Genres ›Thriller‹ und ›Gangster‹ stammenden Werke von Dieter Wedel wie *Der Schattenmann* [1996]). Der große Vorteil an diesem Ansatz: Man kriegt halt mal ein Ende. Was bei gewöhnlichen Serien oft nicht der Fall ist – Netflix setzt 50 Prozent seiner Serien bereits nach der ersten Staffel ab, und deren Zuschauer werden nie erfahren, wie die Geschichten weiter- und ausgingen, was in den letzten Jahren für einigen Unmut bei den Abonnenten gesorgt hat.

Eine vergleichsweise neue Erzählform ist die der anthologischen Serie. Sie zeichnet sich dadurch aus, dass das Genre und oft ein Thema zwar durchgehend beibehalten, Elemente wie das Personal oder die Handlung aber nach jeder Staffel ausgetauscht werden. In HBOs *True Detective* erzählten die zweite und dritte Staffel jeweils einen anderen Fall, in einer anderen Stadt, mit anderen Protagonisten. Etwas anders, und noch erfolgreicher, macht es Ryan Murphys Horrorserie *American Horror Story* auf FX: Sie wählt für jede Staffel ein anderes unheimliches Setting (Spukvilla, Irrenhaus, Zirkus) und erzählt darin eine neue Geschichte – allerdings mit wiederkehrenden Darstellern, die jedoch jeweils andere Rollen verkörpern. Auf die Spitze treibt es die englische Science-Fiction-Serie *Black Mirror*, in der Welt, Charaktere und Darsteller sogar in jeder Folge wechseln, aber ein gemeinsames Thema alle Storys verbindet.

Mit der Ankunft von Pay-TV und Streaming hat sich auch das traditionelle wöchentliche Ausstrahlungsmodell überholt. Indem man alle Folgen einer eigenproduzierten Serienstaffel gleichzeitig online stellt, wie es Netflix und Prime einführten, lädt man den Zuschauer zum Bingen ein. Das hat Vor- und Nachteile: Einerseits mag es schön sein, sich bis zum Anschlag mit Süßigkeiten vollzustopfen, aber dafür muss man dann auch länger warten, bis die leergefressene Keksdose sich wieder gefüllt hat. Daher verfolgen keineswegs alle Plattformen die Strategie, sämtliche Inhalte auf einen Schlag verfügbar zu machen. HBO veröffentlicht seine Serienhalte nach wie vor wöchentlich (manchmal jedoch zwei Folgen, statt nur eine), um das Hinfiebern der Fans auf die nächste Episode zu schüren. CBS All Access verfolgt mit seinen neuen *Star Trek*-Serien *Discovery* und *Picard* (die anders als frühere Serien der Marke als Hybrid- bzw. Horizontalformat erzählt sind) dasselbe Prinzip der kleinen Dosen, was deren Erfolg keinen Abbruch getan hat. Und wer Geduld hat, kann die Serien dann trotzdem bingen, sobald sie komplett veröffentlicht sind – die Wartezeit lässt sich in Anbetracht des gewaltigen Alternativangebots ja gut überbrücken.

Ebenfalls verändert hat sich im Zuge der Serienrevolution die mögliche Anzahl der Folgen pro Staffel. Üblich sind im frei empfangbaren amerikanischen Network-TV nach wie vor 22 bis 26 Episoden. In Deutschland schwankt die Zahl je nach Sender und Serie etwas stärker, im Schnitt sind es 12 bis 16 Episoden. Da Streamer und Pay-TV-Anbieter keine festen Sendeplätze kennen, sondern ihre Inhalte in Form einer Bibliothek anbieten, sind sie an derlei Programmplanungen allerdings nicht gebunden. Dementsprechend kann die Episodenzahl frei gewählt werden, je nachdem was die Story braucht oder wie viel Budget für das Projekt bereitgestellt werden soll. HBO hat sich dabei sehr deutlich auf zehn Folgen pro Staffel eingeschossen, Produktionen von Sky und AMC folgen diesem Muster annähernd. Bei Netflix und Amazon hat sich ein Umfang von sechs bis acht

Folgen, seltener bis zu zwölf Folgen, etabliert. Das Minimum von sechs Folgen eignet sich gut, um ›vorzufühlen‹, ob das Format eventuell mehr hergibt, ohne ein zu großes finanzielles Risiko einzugehen.

Auch die Dauer der Folgen ist bei Streamern und Pay-TV-Anbietern nicht mehr vereinheitlicht. Während Networkserien mit ihren um Werbeblöcke herum gebauten festen Sendeplätzen nach wie vor peinlich genau darauf achten, dass jede Folge bei 23 Minuten oder einer Dreiviertelstunde landet, existieren derlei Limitationen im Bibliotheksmodell nicht. Obwohl die Laufzeiten auch früher schon von Sender zu Sender und Projekt zu Projekt variierten, haben sich die Formatierungen im Linear-TV seit dessen Anbeginn nicht groß verändert.

Ein Phänomen, das die Aufhebung dieser Regeln mit sich brachte, war, dass Serienfolgen im Schnitt länger wurden. Die der HBO-Klassiker liefen eine Stunde oder sogar darüber hinaus und packten die Bezeichnung *hourlong drama*, die zuvor auch für 45 Minuten plus 15 Minuten Werbung galt, bei der Ehre. Bei *Game of Thrones*, dem wohl größten Hit des Senders, liefen die Episoden in variabler Länge zwischen 50 und 71 Minuten. Andererseits entstand der Trend, Serien, von denen man traditionell eine längere Dauer erwartete, in einem Kurzformat zu erzählen. Bis etwa 2010 war das *half hour*-Format allein Sitcoms vorbehalten, seitdem werden auch Genres oder Genremischungen in der Länge von 23 bis 30 Minuten netto erzählt, die dieser Tradition nicht entsprechen (etwa die Splatterparodie *Ash vs. Evil Dead* oder die Gangsterdramedy *How to Sell Drugs Online (Fast)*). Im europäischen öffentlich-rechtlichen Fernsehen sind Serien, deren Episoden eine volle Stunde laufen, hingegen schon seit Anbeginn des Fernsehens verbreitet, da diese Formate keine Werbeblöcke aufwiesen. So waren die Folgen von Kultserien wie *Derrick* (1974-98) oder *Raumpatrouille Orion* (1966) stets 60 Minuten lang.

Was bedeutet es für Drehbuchautoren, wenn Spieldauer, Folgenanzahl, Erzählmodelle und selbst eine Ausrichtung auf narrative Endpunkte nicht mehr in Stein gemeißelt sind? Und wie spielt der Betrachtungsgegenstand dieses Buches, das Genre, da hinein?

Eine wesentliche Aufgabe wird bleiben, etablierte Seriengenres neu zu erfinden. Dazu muss man sich bewusst machen, dass es tatsächlich Genres gibt, die traditionell nur in Serienform populär sind und äußerst selten für Filme genutzt werden. Sie wurden bisher in diesem Buch nicht beleuchtet; umso wichtiger, das an dieser Stelle nachzuholen.

Das Genre, das davon am stärksten betroffen sein dürfte, ist das Medical Drama, in Deutschland ›Arztserie‹ genannt. Es ist im Fernsehen beliebt, hat im Kino aber keine Tradition. Ansätze, dieses sehr formelhafte Genre (Patient kommt mit Krankheit, Arzt heilt Patient, Ende) aufzufrischen, hat es schon einige gegeben – vom britischen *Der Doktor und das liebe Vieh* (1977-1990, warum nicht mal Tiere als Patienten?) über den amerikanischen *Dr. House* (2004-2012, warum müssen Ärzte immer nett sein, und kann man das nicht gleichgzeitig ein bisschen als Ermittlergeschichte erzählen?) bis hin zum deutschen *Doctor's Diary* (2008-2011, man muss das alles nicht so ernst nehmen und kann sich dabei auch verlieben).

Ein Ansatz, dem Genre die nötige Frischzellenkur zu verpassen, könnte sein, dem Trend zur Nische und Fragmentierung zu folgen und den Fokus mehr auf medizinische Fachbereiche zu legen. Stichwort *worldbuilding*: Wenn die Welt der Medizin sich durch vorherige Serien zu sehr abgenutzt anfühlt, muss man diese Welt eben umbauen. Warum muss es immer nur der Allgemeinmediziner sein, zu dem jeder kommt, oder das Krankenhaus am Rande der Stadt, wenn die Medizin doch so viele Spezialisten kennt?

Auch *edgier* zu werden, könnte sich lohnen. Ärzte sind schlecht bezahlt, viele sind drogensüchtig – eine Demontage des guten alten ›Halbgotts in Weiß‹ ist überfällig. (*Nip/Tuck* exerzierte das 2003 bis 2010 sehr schön und etwas verstörend mit einem Duo narzisstischer Schönheitschirurgen durch.)

Allerdings hat noch niemand den Coup gelandet, eine Arztserie für das Publikum von Prime Video oder Sky zu konzipieren, geschweige denn das noch jüngere Netflix, dessen Publikum das Genre eher als etwas Angestaubtes betrachtet, das nur die Großeltern schauen. Wie kann man Medical jünger machen, cooler machen, sodass das Genre auch auf den neuen Plattformen weiterlebt? Hier könnte es sinnvoll sein, das erweiterte Spektrum von Erzählmodellen zu nutzen. Wie wäre es mit einer anthologischen Medicalserie, die in jeder Staffel in eine andere Abteilung eines Krankenhauses eintaucht? Oder einer Arztserie mit horizontalem Narrativ, die eine Staffel lang einen einzigen Patienten und dessen Verhältnis zu seinem behandelnden Arzt beleuchtet? Nicht zu vernachlässigen sind auch Genremischungen: Mit der Komödie hat man die Arztserie schon öfter gekreuzt, aber was ist mit Abenteuer (da könnte so viel mehr drin sein als nur die *Klinik unter Palmen*)? Gangster – was wäre, wenn der Arzt für das organisierte Verbrechen arbeitet? Horror – was, wenn der Arzt untot ist?

Ebenfalls ein Genre, das als TV-Serie populärer ist als im Kino, ist das Legal Drama, zu Deutsch Anwaltsserie. In Hollywood wird – oder eher wurde – es zwar auch in filmischer Form aufgearbeitet (Stichwort Grisham-Verfilmungen), dies aber nur vereinzelt. Networkbeiträge wie *L.A. Law* (1986-94) und die surreal-komische *Ally McBeal* (1997-2002) wurden zu Klassikern des Seriengenres. In Deutschland verlässt es so gut wie nie die Mattscheibe, ist dort dafür aber gut etabliert und hat manch sehenswerten Beitrag hervorgebracht (*Liebling Kreuzberg* in den Achtzigern, *Edel & Starck* als Rom-Com-Variante Anfang der Nullerjahre oder *Die Heiland*, mit einer blinden Anwältin als Protagonistin, seit 2018).

Die Problemstellung gleicht hier der, mit der sich auch das Medical Drama konfrontiert sieht: Es gibt bisher keine coole sexy Anwaltsserie für Zuschauer unter 30. Anwalt ist, wie Arzt, für junge Menschen heute kein Traumberuf mehr wie für die Generation der Zeit, in der sich das Genre etablierte, was es schwer macht, jüngeren Zuschauern solche Storys zu vermitteln. Es existieren aber erfolgreiche Ansätze, vor allem aus den USA, um das Genre einem erwachsenen Publikum schmackhaft zu machen. Hier sind vor allem die Serien *The Good Wife* (2009-2016) und deren Spin-Off *The Good Fight* hervorzuheben, die das Genre eher aus weiblicher Sicht mit melodramatischen Schwerpunkten aufarbeiten, sowie *Suits* (seit 2011), die eine Männerfreundschaft ins Zentrum rückt und damit viele jüngere männliche Zuschauer gewinnen konnte, die sonst keine Anwaltsserien schauen.

Ansätze zur Renovierung des Genres wären, neben der Konzeption ungewöhnlicher Charaktere, auch wieder die Nutzung anderer Erzählformate: Warum nicht einen besonders vertrackten Fall horizontal über eine oder mehrere Staffeln erzählen? Oder im Rahmen eines Hybridformats die Fälle ganz an den Rand drängen und sich dafür auf das Privatleben des Protagonisten konzentrieren? Könnte man bisher unbeleuchteten Spezialgebieten des Rechts (Wirtschaft, Scheidung, Medien) mehr Raum geben? Auch hier drängt sich wieder die Frage nach Genremischungen auf: Kann man eine Anwaltsserie – neben der in dem Kontext bereits bewährten Komödie – mit Mystery oder Science-Fiction kreuzen?

Eine Sonderstellung nimmt in dieser Betrachtung der Krimi ein. Er erfreut sich sowohl im herkömmlichen Free-TV, wie auch auf Streamingdiensten und bei Pay-TV-Anbietern weltweit großer Beliebtheit. Medienhistorisch gesehen ist das Genre auch, obwohl es vor allem in Deutschland mit dem Fernsehen in Verbindung gebracht wird, im Kino verwurzelt, und Ermittlergeschichten begleiten uns im Gegensatz zu Arzt- und Anwaltsstories seit Beginn der Filmgeschichte. Krimi ist als Brot-und-Butter-Genre so wichtig für Sender, und der Druck, neue Wege zu gehen, durch das erbarmungslose Überangebot so groß, dass Variationen und originelle Blickwinkel bereits umfassend ausprobiert wurden. Hier ist allerdings festzustellen, dass die Innovationsfreude im angelsächsischen Bereich wieder einmal größer ist, als in hiesigen Gefilden. Ein deutsches Äquivalent zu *Broadchurch* (2013-17, horizontal und multiperspektivisch erzählt, wobei die erste Staffel die Lösung des Falls und die zwei nachfolgenden deren Konsquenzen für Gemeinde und Individuen schildert) gibt es ebenso wenig wie zu *Happy Valley* (seit 2014, starker Fokus auf das Privatleben der Ermittlerin, Fall eher im Hintergrund erzählt, starker sozialdramatischer Ansatz) oder *The Sinner* (seit 2017, derselbe Kommissar löst pro Staffel jeweils einen anderen Fall in einer neuen Stadt).

Innovationsstrategien können neben der narrativen Ebene auch auf den ästhetischen Bereich ausgeweitet werden, indem der Serie ein sehr spezifischer Look-and-Feel gegeben wird, selbst wenn Handlung und Figuren verhältnismäßig konventionell bleiben (*Der Pass*, seit 2019). Und was Genremixturen angeht: Wie wäre es mal, Krimi mit Western oder Fantasy in einen Topf zu werfen und gut umzurühren?

Die andere Herausforderung ist, im Serienbereich bisher nicht etablierte Genres salonfähig zu machen. Es ist für Autoren gar nicht so einfach, Erzählformen, die Geschichten normalerweise innerhalb von 90 bis 120 Minuten auserzählen, in ein ungewohntes Serienkorsett zu zwängen, das nicht nur die Erzählzeit, sondern oft auch die erzählte Zeit empfindlich verlängert und es damit notwendig macht, den Inhalt stark zu verbreitern und zu vertiefen. Und auch diejenigen Zuschauer, deren Sehgewohnheiten auf eine bestimmte Weise konditioniert sind, müssen sich erst darauf einlassen, dass Mechanismen, die sie nur aus Filmen kennen, plötzlich in Serien auftauchen.

Nehmen wir als Beispiel das Horrorgenre: Im Slasherfilm wird der Eishockeymaskenkiller innerhalb von ein oder zwei Nächten nach höchstens zwei Filmstunden zur Strecke gebracht, mehr gibt die Story meistens inhaltlich nicht her. Wie soll man aus der Idee eine horizontal erzählte Serie machen, die 9 mal 45 Minuten trägt und auch einen wesentlich längeren Zeitraum schildert? Staffel 9 von *American Horror Story* zeigte, dass es geht, indem man charakterorientiert mit viel psychologischem Tiefgang erzählte. Und Familien, die in Spukhäuser ziehen, erlösen für gewöhnlich entweder innerhalb von zwei Stunden die bösen Geister, die dort umgehen, werden von jenen in die Hölle gezogen oder suchen erschrocken das Weite – wie soll man eine solche Story in 10 mal 50 Minuten übertragen? *Spuk in Hill House* macht es seit 2018 auf Netflix vor, indem eine epische Familiengeschichte rund um Schuld und Sühne geschaffen wurde.

Preisfrage: Würden solche Konstellationen auch als episodische, nicht horizontal erzählte Serien funktionieren, und wenn ja, wie? Ran an die Tastatur! Grundsätzlich spricht nichts dagegen, dass ein Genre, das Jahrzehntelang im Kino funktioniert hat, sich auch in eine Serienform gießen lässt. Die in den letzten Kapiteln genannten Beispiele untermauern bereits hinlänglich, dass sich für jedes Problem eine Lösung finden lässt, wenn man nur genug Hirnschmalz investiert. Was sicherlich auch mehr gebraucht wird, ist Mut: der Mut der Entscheider, Geschichten zuzulassen, und der Mut der Autoren, sie zu schreiben.

21.4 Triff sie, wo es weh tut

Dass der Vorspann des in Deutschland am längsten laufenden serienähnlichen Formats, des *Tatort* (der streng genommen eine Reihe ist), seit 1970, also fünf Jahrzehnten, unverändert geblieben ist, spricht Bände über hiesige Fernsehlandschaft. Euphemistisch könnte man sagen: Sie pflegt ihre Traditionen.

Umso schöner ist es, wenn man Beispiele dafür anführen kann, dass der eben angesprochene Mut doch vereinzelt aufblitzt. Im Herbst 2020 erlebten die Zuschauer von *Alarm für Cobra 11 – Die Autobahnpolizei*, einem Serienformat, das mit einem Alter von 24 Jahren und einem Umfang von fast 400 Folgen dem *Tatort* in Sachen Tradition fast das Wasser reichen kann (und sogar international funktioniert), ihr blaues Wunder: Sender RTL und Produktionsfirma Action Concept hatten die Serie einer Generalüberholung unterzogen.

Abgesehen davon, dass Semir Gerkhan (die einzige Ermittlerkonstante über die gesamte Laufzeit hinweg) noch immer der Held war, wurde kein Stein auf dem anderen gelassen. Mit Vicky Reisinger wurde ihm erstmals eine Partnerin an die Seite gestellt – dazu noch eine mit dunkler Vergangenheit, die dann auch, ebenfalls neu im Format, eine stärker ausgestellte Horizontale begründete, in der es um die heiklen Themen ›Polizeigewalt‹ und ›Rassismus‹ ging. Perfekter hätte das Timing dafür angesichts der politischen Probleme in der realen Gegenwart nicht sein können und das alte Action-Spaß-Format wurde plötzlich zum relevanten Dramakrimi.

Die Gegenspieler wurden weniger cartoonig, und das Markenzeichen, die Action, auch aus Budgetgründen reduziert. Das leichte Augenzwinkern, mit dem die Serie früher erzählt wurde, verschwand ebenfalls und machte einer neuen Ernsthaftigkeit Platz, die von einem völlig neuen Look mit anderer Set- und Farbgestaltung unterstützt wurde. Sogar die kultige Sprecherstimme, die »Ihr Revier ist die Autobahn …« am Anfang des Vorspanns dröhnte, wurde geopfert, und die heroische Titelmusik waberte nun vermollt. Es war ein Reboot, wie es gründlicher und extremer kaum hätte ausfallen können.

Würden die Zuschauer diese Veränderungen annehmen? Anfangs sah es danach aus. Denn die Quoten der ersten Folgen waren besser als alle in den Staffeln der vorangegangenen paar Jahre. Die Unkenrufer in den Fanforen, die schworen, dass das »nicht mehr meine Cobra« sei und sie »nie wieder einschalten« würden, blieben natürlich nicht aus, aber die Mehrheit des Publikums gab dem neuen Ansatz zumindest eine Chance. Ob er dauerhaft funktioniert und die Serie fortgesetzt oder abgesetzt wird, mag zur Drucklegung dieses Buches noch unklar sein; klar ist hingegen, dass sich die Macher hier wirklich etwas getraut haben. Sie haben ihr eigenes Format kritisch unter die Lupe genommen und es gewagt, heilige Kühe zu schlachten. So viel Kühnheit würde man sich öfter wünschen – nicht nur im Bezug auf die Neuerfindung alteingesessener Formate, sondern auch auf die Entwicklung neuer Stoffe.

Revolutionen werden nicht von Zauderern angezettelt, sondern von Menschen, die sich gegen den Status Quo stemmen. Die Showrunner, die das goldene Zeitalter der Serie von den USA aus einleiteten, waren Autoren mit teilweise jahrzehntelanger Erfahrung – und, so wird kolportiert, keineswegs einfach im alltäglichen Umgang. Die David Milchs, David Simons, David Chases und Shawn Ryans dieser Welt sind keine Erbsenzähler, sondern kantige und teilweise ziemlich verschrobene Typen, die nur ungern Kompromisse eingehen. (Alan Sepinwalls Buch *Die Revolution war im Fernsehen* und *Difficult Men* von Brett Martin seien denen ans Herz gelegt, die das vertiefen möchten.) In einer Nation, deren Angehörige Nachfahren von Pionieren sind und sich auch heute oft noch als solche sehen, gibt es Raum für solche Kreativen; sie braucht solche Leute, um zu überleben.

Eines hatten diese Männer gemeinsam: Eben weil sie schon lange im Geschäft waren, ödete dieses sie an. Zu limitiert schien ihnen das Network-TV, in dem man keine Nacktheit zeigen und nicht fluchen darf, das vor allem ein weibliches Publikum anspricht und in dem alle Helden Saubermänner sind. Sie hatten das Gefühl, mit angezogener Handbremse zu fahren und sich kreativ im Kreis zu drehen; wollten lieber harte Serien über harte Männer, wie sie selbst welche waren (oder gern gewesen wären), machen. Sie wollten Kunst schaffen, und die war für sie nicht Konsens, sondern Widerstand.

Die Serienrevolution wurde von einem bestimmten Spirit getragen: der Sehnsucht, anders, gewagter, zu erzählen; dem Wunsch, dem Zuschauer Figuren zu präsentieren, die er bisher noch nie in Serien gesehen hatte; dem Drang, Lücken zu schließen. Aber auch der Freude daran, zu stören, zu provozieren und zu überfordern – also genau das zu tun, was breitenwirksames und konsensfähiges Fictionfernsehen nach gängiger Definition auf keinen Fall darf. Bemerkenswert ist dabei, dass das Tempo der Narration nicht angezogen, sondern, im Gegenteil, herausgenommen wurde. Es folgte die Wiederentdeckung der Langsamkeit, das Auswälzen, die epische Breite. Die HBO-Showrunner der ersten Stunde waren schon gesetzte Herren, als sie diese Positionen einnahmen, sie entstammten nicht der MTV-Generation, die hektisches Schnittstakkato propagierte – welches sich Ende der 1990er-Jahre ohnehin schon im Mainstreamfernsehen durchgesetzt hatte. Sie wollten keine Comicstrips, kein Fastfood machen, sondern *the great American novel* in Serienform, Bewegtbild gewordene Denkmäler für die Ewigkeit.

Gute Geschichten berühren – und berühren kann eben auch heißen: Schmerz zufügen, dahin gehen, wo es weh tut. Die High-End-Serien der ersten Stunde gingen gern weit, und am liebsten noch weiter. Was sie wie ein roter Faden durchzog, war ein tiefer gesellschaftlicher Pessimismus, gepaart mit Melancholie. Hier waren Männer angetreten, die Kultur, aus der sie stammten, kritisch zu sezieren, und was sie dabei entdeckten, war mitunter ziemlich hässlich. Der größte Fund: Gewalt, psychisch und körperlich, die an jeder Ecke und in jedem Menschen lauerte. Wie die Charaktere in *The Sopranos, Deadwood, The Wire* oder *The Shield* miteinander umgingen, erschreckte. Soviel Ruppigkeit, soviel Unflätigkeit hatte man im Fernsehen noch nicht gesehen, selbst im Kino traute sie sich Hollywood selten.

Manche älterere deutsche Zuschauer, vom öffentlich-rechtlichen Kuschelfernsehen verwöhnt, waren entsetzt, dass so etwas überhaupt produziert werden und dann auch noch als große Kulturleistung angepriesen werden konnte – sofern sie überhaupt wussten, dass diese Serien existieren, und sie sie sehen konnten. Die dargestellte Brutalität, die dazu führte, dass die DVD-Boxen der Serien in Deutschland teilweise mit dem Label ›FSK 18‹ verkauft wurden, mochte teilweise Selbstzweck gewesen und einer gewissen sadistischen Ader ihrer Schöpfer entsprungen sein, doch meistens stand sie im Dienst der Storys, die auf schonungslose Weise ein Land porträtierten, das mit Waffengewalt gegründet wurde und in dem bis heute das Recht des Stärkeren gilt. Schaut man mit Blick auf die Ära Trump darauf zurück, waren diese von Egoisten, Narzissten, Machiavellisten und Psychopathen bevölkerten Erzählungen fast prophetisch.

Die ersten Produkte der Serienrevolution waren somit vor allem Geschichten, die sehr spezifisch für ihren Ursprungsort sind. Und es war von vornherein klar, dass man ihre Prinzipien nicht ohne Weiteres auf andere Länder übertragen können würde. Keine der genannten Serien hätte in Deutschland entstehen können, weil sie der deutschen Kultur und Geschichte in keiner Weise entsprechen. Aber der Wunsch, Tabus zu brechen, radikaler zu erzählen, genauer hinzuschauen und serielles Erzählen zu einem relevanten Teil eines gesellschaftlichen Diskurses zu machen, überschritt die Grenzen Amerikas und inspirierte Film- und Fernsehschaffende auf der ganzen Welt. In der Folge wurde ein Medium, das im Vergleich zum ›großen Bruder‹ Kino zuvor nie ganz ernst genommen worden war, plötzlich respektvoll betrachtet und man entdeckte kreativ wie wirtschaftlich ungeahntes Potenzial in ihm. Es hatte immer als brav gegolten, nun konnte es auch schocken und dabei gleichzeitig Unsichtbares sichtbar machen und narratives Neuland betreten.

Auf den vorangegangenen Seiten wurde bereits die Notwendigkeit von Zuspitzung angesprochen, die sich dort auf eine präzise Justierung von seriellen Konzepten auf ihre jeweilige Zielgruppe bezog. Aber mit dem Begriff ist mehr gemeint. Zuspitzung bedeutet vor allem, in Extreme zu gehen, auch, sich den Exzess zu trauen. *Bigger, better, faster, more,* in jeder Hinsicht – bei den Rollen, im Casting, in Sound und Bildgestaltung und natürlich im Storytelling. Während Mainstreamfernsehen sich stets in der *middle of the road* hält und alles Vorbeiziehende nur ganz sachte streift, blicken Streamer und Pay-TV-Stationen genauer hin, was da rechts und links der Straße liegt – der tiefe Graben, die Gosse, die Obdachlosen, der Stripclub. Das Resultat ist der extrem von sich selbst berauschte Superheld (*The Boys*), die extrem dysfunktionale Familie (*Shameless*) und die extrem andersartige Puppenwelt (*Der Dunkle Kristall – Ära des Untergangs*) oder, um deutsche Beispiele zu bemühen, die extrem verschachtelte Handlung (*Dark*), der extrem ungeschickte Drogenhändler (*How to Sell Drugs Online*

[Fast]) und der extrem unwahrscheinliche Geheimagent (*Beat*). Wenn Serien, über die man spricht, eines nicht sind, dann normal. Lösen wir die Handbremsen.

21.5 Lokal denken, global handeln

Um absehen zu können, wie sich der Serienmarkt künftig entwickeln wird, muss man sich zuerst die Nutzerzahlen der verfügbaren Plattformen anschauen. Es gilt dabei zu berücksichtigen, dass es sich bei den Marktführern um global tätige Unternehmen handelt, die eine ungleich größere Reichweite haben als herkömmliche Fernsehsender in einzelnen Ländern. Zur Drucklegung dieses Buches hat Amazon Prime 150 Millionen Mitglieder, davon 17 Millionen in Deutschland. Wie viele davon Prime Video benutzen, ist nicht ganz klar, denn der Prime-Service umfasst mehr Dienstleistungen als nur Streaming. Es ist aber bekannt, dass auf ein Prime-Video-Abo zwei Nutzer kommen. Deutlicher wird es bei Netflix, einem Konzern, der im Gegensatz zum größten Wettbewerber keine Waschmaschinen verkauft, sondern tatsächlich nur Serien und Filme anbietet. Hier liegt die Zahl bei 200 Millionen Abonnenten, wobei auf ein Abo im Schnitt drei Benutzer kommen.

Die beiden Marktführer erreichen also zusammengenommen hypothetisch 900 Millionen Zuschauer weltweit. Disney+, wesentlich kürzer verfügbar, liegt bei 50 Millionen Kunden. Der rein europäische Anbieter Sky hat in Großbritannien, Deutschland, Österreich, der Schweiz und Italien 24 Millionen zahlende Abonnenten. Mit Joyn und TVnow sind zudem zwei Plattformen an den Start gegangen, deren Eigenproduktionen primär für den deutschen Markt entwickelt werden und die dadurch mehr mit den hiesigen etablierten Fernsehsendern konkurrieren.

Das entscheidende Stichwort ist: ›global‹. Wenn eine neue Netflix-Serie startet, dann tut sie das am selben Tag in allen Ländern rund um die Erde. Eine deutsche Serie ist dann also auch in Irland und Japan zu sehen. Amazon Prime Video ist etwas selektiver und stimmt sein Programm lokal genauer ab (*Pastewka* dürfte nicht in Argentinien verfügbar sein), funktioniert aber nach ähnlichen Prinzipien.

Wer eine Serie für einen Streamer produziert, produziert also in den meisten Fällen automatisch für den Weltmarkt. Diese Denkweise hat sich bei amerikanischen Networks schon lange etabliert, da sie ihre Serien seit Jahrzehnten auch ins Ausland exportieren, den bekannten Abläufen in Deutschland widerspricht das allerdings. Bei uns war stets der heimische Markt im Fokus und wenn dieser tatsächlich einen internationalen Verkaufsschlager wie *Cobra 11* oder *Derrick* hervorbrachte, war das eher ein seltener, wenn auch erfreulicher, Ausrutscher.

Serienmacher überall auf der Welt sehen sich also mit einer Gratwanderung konfrontiert: Sie sollen die Eigenheiten der Kultur, aus der die stammen, betonen, dabei aber die Geschichten für Menschen aus anderen Kulturen zugänglich halten. *Think local, act global* – klingt leichter, als es ist.

Ein Vorteil einer mehrere hundert Millionen umfassenden Abonnentenschar liegt allerdings darin, dass die Bemessungskriterien für den Erfolg oder Misserfolg einer Serie andere sind als die bisher Gekannten. So ist es gar nicht mal wichtig, dass Produktionen in dem Land erfolgreich sind, aus dem sie stammen, solange sie nur ein internationales Publikum fesseln können. Hier lassen sich gleich zwei Beispiele aus Deutschland anführen: Die Agentenserie *Deutschland 83* von Anna und Jörg Winger erhielt in Deutschland eher durchwachsene Kritiken, und die Quoten auf RTL, dem federführenden Sender, ließen zu wünschen übrig. Der Rest der Welt hingegen war von der Story um einen DDR-Agenten, der die Bundeswehr infiltriert, sehr angetan und sie wurde in den USA und England zum Erfolg. Das Format wurde von Amazon übernommen und weiterproduziert, es folgten zwei weitere Staffeln, die den guten internationalen Ruf der Serie festigten. Ähnlich verhielt es sich bei der Netflix-Produktion *Dark* von Baran Bo Odar und Jantje Friese, die in Deutschland verhältnismäßig wenig geklickt und eher verhalten bewertet wurde, während sie in den USA und vor allem in Brasilien eine riesige Fanbase gewinnen konnte. Dort liebte man die ›typisch deutschen‹ Elemente wie den dunklen Wald, den ewigen Regen und die depressive Grundstimmung, die die deutschen Zuschauer, welche kalifornische Sonnigkeit schätzen, wiederum eher verschreckten.

Die Denkweise, dass eine deutsche Serie gar nicht primär für den deutschen Markt hergestellt werden muss und dadurch ganz anderen inhaltlichen und ästhetischen Maßstäben entsprechen kann, darf und sogar muss, setzt sich nur langsam durch.

Dem Werkzeug ›Genre‹ kommt in diesem Zusammenhang erneut besondere Bedeutung zu. Denn so verschieden die Länder, in denen Netflix und Konsorten mittlerweile verfügbar sind, sein mögen, so ähnlich reagieren ihre Bewohner auf Storytelling. Menschen lachen gern, fürchten sich gern und empören sich gern, und so kommt es, dass Komödien, Horrorfilme und Sozialdramen rund um den Globus verstanden, gedreht und angeschaut werden. Die kulturspezifischen Elemente sind dabei kein Hindernis, im Gegenteil: Es ist besonders reizvoll zu sehen, wie Genrekonventionen in anderen Winkeln des Erdballs interpretiert und variiert werden, vor allem wenn die Erzählmuster in der betreffenden Kultur eher selten behandelt werden.

Ein gutes Beispiel ist die türkische Netflix-Serie *The Protector*, die seit 2018 läuft und mittlerweile vier Staffeln umfasst. Darin tritt ein junger Istanbuler mit einem Geheimorden in Kontakt, der ihn zu einem unsterblichen Kämpfer für das Gute trainiert. Die typische Geschichte vom Auserwählten, der die Welt rettet: Storys wie diese hat es schon häufig gegeben – nur eben nicht aus der Türkei. Das ehemalige Konstantinopel ist ein Ort, der reich an Geschichte ist, was die Serie auch ausgiebig nutzt, vor allem in Verweisen auf das osmanische Reich. Die gezeigten Szenen, Figuren und Artefakte wirken alle vertraut, oft gesehen, doch die landesspezifische Färbung macht die Serie so interessant, dass Zuschauer nicht nur im nahen Osten, sondern auch in Australien und Alaska gern dranbleiben.

Wie sähe sie aus: eine historische Zombieserie aus Südkorea (*Kingdom*)? Ein norwegischer Krimi mit zeitreisenden Wikingern als Kommissare (*Beforeigners*)? Eine Gangsterserie mit Mysteryelementen aus Indien (*Der Pate von Bombay*)? Ein Crime-Drama über Korruption aus Kroatien (*Uspjeh*)? Ein australischer Fantasykrimi in dem sich Menschen mit Meerjungfrauen paaren (*Tidelands*)? Eine deutsche Sci-Fi-Thrillerserie im Studentenmilieu (*Biohackers*) oder eine Geistergeschichte (*Hausen*) aus demselben Land?

Streamingdienste, Pay-TV-Sender und VoD-Anbieter liefern die Antwort. Und die lautet vor allem: Die Welt ist bunt. Und die Welt rückt dadurch, dass in allen Ländern dieselben Serien geschaut werden, näher zusammen. In den Foren und Social-Media-Gruppen zu diesen Produktionen tummeln sich traut Fans aus aller Herren Länder. Ist es nicht ein hehres Ziel, eine Geschichte zu erzählen, die einen solchen völkerübergreifenden Austausch ermöglicht? Die genannten Serien zeichnen sich dadurch aus, dass sie Genres durch ihre eigene kulturelle Brille betrachten. Das Landestypische wird dabei nicht etwa vertuscht oder negiert, sondern im Gegenteil ausgestellt und als USP genutzt. Dass sich die Kulturen der Welt in den letzten Jahrzehnten im Zuge der Globalisierung immer mehr angeglichen haben, kommt dabei erleichternd hinzu – fast jeder Erdenbürger hat mittlerweile ein Smartphone, nutzt das Internet und trägt Klamotten und fährt Autos von denselben Marken. Das Aussehen von Städten, aber auch die Werte innerhalb von Kulturen, vereinheitlichen sich zusehends. Allerdings noch nicht bis zu einem Punkt, an dem sie nicht mehr voneinander zu trennen wären, glücklicherweise, denn so kann die Serienrevolution die Gemeinsamkeiten ebenso wie die Unterschiede feiern.

21.6 Schön Mensch bleiben

Keine Serie kann sich auf Dauer nur durch eine interessante Welt, ein profundes Thema oder teure Bilder am Markt halten. Am Ende steht und fällt eben doch alles mit den Menschen, die für das Produkt verantwortlich sind. Und das ist aus Sicht der breiten Masse der Zuschauer der sichtbare Teil, die Leute vor der Kamera: die Schauspielerinnen und Schauspieler, die den Charakteren und ihren Geschichten Leben einhauchen. Im besten Fall bringt eine Serie Rollen hervor, die ikonisch werden und dabei unentdeckte Talente zu Stars machen oder große Stars noch größer werden lassen.

Und in der Tat hat das Streamingzeitalter seine ersten unvergesslichen Gesichter gefunden. Louis Hofmann, einer der Hauptdarsteller von *Dark*, wird rund um die Welt angehimmelt. Phoebe Waller-Bridge war als Schauspielerin und Stand-up-Comedian nur in England bekannt – bis Amazons *Fleabag* ihr Weltruhm brachte. Und der in Deutschland aufgewachsene Ex-*Tatort*-Kommissar Mehmet Kurtuluş wurde durch *The Protector* schließlich auch in seinem Geburtsland zum Star.

Serien haben in den letzten zwanzig Jahren nicht nur die Genrebandbreite vom Kino ›abgesaugt‹, sondern auch die guten Rollen. Der Spielfilm mag vielleicht nach wie vor die größten Bilder liefern, aber die besten Geschichten werden heute in Serien erzählt. Für Darsteller hat das nicht nur den Vorteil, eine Figur intensiver ausloten und sein Talent auf möglichst vielfältige Weise beweisen zu können, sondern auch medial präsenter zu werden. Während in den Visual-Effects-Schlachten des Hollywood-Blockbustersystems die Menschen fast zum Beiwerk verkommen sind, das pflichtbewusst eingewoben wird, um den klinischen Computerbildern ein Mindestmaß an Humanität einzuhauchen, stehen sie in Serien, die sich eben mehr auf Storytelling als auf optisches Blendwerk verlassen (müssen), im Vordergrund.

Das Starsystem des alten Schlages hat sich einigermaßen überholt; seit der Jahrtausendwende sind Marken und Bilder wichtiger für einen Kinoerfolg als die Hauptdarsteller. Keiner geht für den neuen Chris-Evans-Film ins Kino, auch wenn der Darsteller dank *Captain America* und *Avengers* recht populär sein mag. Die Rollen sind mittlerweile wichtiger als die, die sie spielen, da sie Bestandteil gigantischer *cinematic universes* sind, in denen das Augenmerk auf Markenbildung, Verknüpfungen und Querverweisen liegt. Der einzelne Star geht darin völlig unter. Der beste Spezialeffekt, den *Breaking Bad* von AMC hatte, war sein Hauptdarsteller, Bryan Cranston. Der Meinung war auch Kollege Anthony Hopkins, der Cranstons Auftritt als Serienantiheld Walter White 2013 in einer persönlichen E-Mail, die der Presse zugespielt wurde, als »das beste Schauspiel, das ich jemals gesehen habe« pries.

Dass Fernsehserien und deren Darsteller mit derlei Lob bedacht werden, war nicht immer so. Während im Nachkriegsdeutschland die Grenzen zwischen Kino und Fernsehen verhältnismäßig fließend waren, also eine Menge Darsteller ohne viel Federlesens in beiden Medien aktiv waren, waren diese Welten in den USA strikt getrennt. Ob man ein Film- oder Fernsehschauspieler, ein Film- oder Fernsehautor war, war ein himmelweiter Unterschied, und die Kinogötter blickten ein wenig dünkelhaft vom Hollywood-Olymp auf die Kollegen herab, die ›nur‹ den kleinen Bildschirm bedienten.

Noch in den 1990er-Jahren wäre kein Megastar auf die Idee gekommen, sich so klein zu machen, in einer Serie mitzuspielen. Serien galten als schnell heruntergekurbelte, billig hergestellte Massenware ohne künstlerischen Anspruch. Zudem ging es darum, das Standing des Kinos, das sich vom Fernsehen seit Beginn seiner Existenz angegriffen und unter Druck gesetzt fühlte, zu verteidigen. Von einem Filmstudio zu einem Sender überzulaufen, galt als Verrat. Fernsehdarsteller hofften inbrünstig darauf, einmal einen ›richtigen‹ Film zu drehen, und TV-Autoren träumten davon, ihr Spec Script wie Joe Eszterhas für vier Millionen Dollar an ein Studio zu versteigern, statt sich mit 25.000 Dollar für eine Serienfolge abspeisen zu lassen. Das Fernsehen wurde immer nur als Sprungbrett ›nach oben‹ gesehen – und in der Tat wären Ted Danson, Woody Harrelson und Kirstie Alley niemals Hollywoodgrößen geworden, wenn die Kultsitcom *Cheers* (1982-1993) schon nach der ersten Staffel abgesetzt worden wäre. Diese Betrachtungsweise änderte sich spätestens mit der auf einer israelischen Vorlage basierenden HBO-Serie *In Treatment* (2007-2010), ein Drama um einen Psychotherapeuten und seine Klienten. Die Hauptrolle übernahm Gabriel Byrne. Obwohl er nie ein Superstar gewesen ist, war er ein bekanntes Gesicht und hatte zuvor ausschließlich für das Kino gearbeitet. Die weibliche Hauptrolle – die Therapeutin des Therapeuten – spielte Dianne Wiest, eine renommierte Theaterschauspielerin, die Filme mit Woody Allen gedreht hatte, für drei Oscars nominiert war und zwei davon auch gewann.

Was wollten diese großen Künstler plötzlich beim Fernsehen? Ungeheuerlich! Doch die Botschaft schlug Wellen: Serien können jetzt auch Starbesetzung haben, sie zu drehen war plötzlich kein Tabu mehr, sondern hip. Es war der Beginn eines neuen Zeitalters, und der Trend setzt sich bis heute fort: Einige der größten Namen der Filmindustrie der zweiten Hälfte des 20. Jahrhunderts fühlen sich mittlerweile pudelwohl im Streaming. Michael Douglas persiflierte selbstironisch das Image als alternder Schauspieler in *The Kominsky Method* auf Netflix, Nicole Kidman spielt für HBO in *Big Little Lies* und Ed Harris in *Westworld*, Julia Roberts in der Amazon-Serie *Homecoming*, Tom Hiddleston brachte sich in *The Night Manager* als neuer Bond ins Gespräch und Al Pacino verkörperte einen beinharten Nazijäger in *Hunters* auf Amazon.

Sie alle haben erkannt: Wer häufiger und länger für das Publikum sichtbar ist, macht es ihm leichter, von ihm geliebt zu werden, zumindest solange keine Überpräsenz und damit Übersättigung eintritt. Mancher alte Haudegen, der nichts mehr beweisen muss und einfach tun und lassen kann, was ihm Spaß macht, ist endlich noch einmal Gesprächsthema, und zwar nicht nur in Los Angeles, sondern im gesamten *global village*.

Dass Stars dieses Kalibers nicht für Minimalgage arbeiten, versteht sich auch von selbst: Die Hauptrolle in einer zehnteiligen Serie zu spielen, kann die Rentenkasse gehörig aufbessern. Serien zu drehen, verlangt Darstellern aber auch künstlerisch und handwerklich viel ab, sodass die eigenen Grenzen ausgelotet werden können – etwas, das Schauspieler per se reizt.

Die unfassbare Explosion der Serienwelt (allein im Jahr 2019 wurden laut einer Statistik von Ampere Analysis 807 neue Serien entwickelt oder gedreht) hat die Expansion aller Elemente, die das Medium ausmachen, beflügelt und eben nicht nur in Sachen Genrevielfalt, sondern auch Storyvielfalt und damit Figurenvielfalt, das Spielfeld ordentlich vergrößert. Das daraus resultierend viel diskutierte Stichwort: Diversität. Noch nie wurden in Bewegtbildgeschichten so verschiedene Welten erforscht und so verschiedene Lebensentwürfe gezeigt. Damit ist nicht nur Geschlechterparität gemeint – 2021 arbeiten schon mehr Frauen vor und hinter der Kamera als jemals zuvor –, sondern auch ein neuer narrativer Fokus auf, und damit ein steigendes Zuschauerinteresse an, Fragen der sexuellen Orientierung, religiösen Anschauung, Geschlechteridentität oder ethnischen Zugehörigkeit.

Eine Serie wie *Pose* über die New Yorker Ballroomszene der 1980er-Jahre wäre wahrscheinlich vor dem Jahr 2000 nicht nur wegen der schieren Nischigkeit ihres Szenarios schwer vorstellbar, weil als unverkäuflich geltend, gewesen. Heute sind solche Serien fester Bestandteil einer bunten, inklusiven Medienlandschaft und begeistern Millionen Zuschauer.

In den Protagonisten von Serien wie *The L-Word* oder *Transparent* fanden sich viele Konsumenten aus Communities, die zuvor marginalisiert worden und nicht medial präsent waren, zum ersten Mal wirklich wieder. Sie erhielten Identifikationsflächen, die ihnen die Film- und Fernsehwelt mit ihrem Dogma der Massenkompatibilität – die eben vor allem weiße, christliche und heteronormative Beziehungs- und Familienmodelle zur Bedingung machte – vorenthalten hatten.

Man sollte sich dabei jedoch der Tatsache bewusst sein, dass etwa die Selbstverständlichkeit, mit der in den Vereinigten Staaten mit dem Thema ›ethnische Diversität in Fictioninhalten‹ umgegangen wird, nicht in jedem Winkel der Erde anzutreffen ist. Gesellschaftliche Entwicklungen verlaufen nicht in jeder Kultur gleich und vor allem nicht gleich schnell. In einem Polizeirevier in einer Großstadt arbeiten in den USA nicht nur im Krimi, sondern auch in der Realität Asiaten und Afroamerikaner, Muslime und Juden, irischstämmige und polnischstämmige Amerikaner zusammen. Auf ethnisch homogenere Umgebungen wie Japan, China oder Finnland ist dieses Prinzip hingegen nicht so einfach übertragbar. Kulturen haben, aller Globalisierung zum Trotz, in der Majorität zum Teil radikal verschiedene Haltungen zu Themen wie Sexualität, Familienplanung oder Respekt vor Obrigkeiten, wodurch auch die Offenheit gegenüber einem breiteren Spektrum von Lebensentwürfen nicht auf der ganzen Welt gleich groß ist. Aber was nicht ist, kann ja noch werden.

Was auch immer sich Konsumenten gemäß ihrer sittlichen Prägung zumuten oder zutrauen wollen, oft werden sie dabei zusätzlich auch noch von Vater Staat bevormundet – in vielen Winkeln der Erde herrscht Zensur, und die macht auch teilweise vor Streamingdiensten nicht halt. So gab es etwa 2019 eine große Debatte in Indien darüber, ob staatliche Regulierungsbehörden, die die Inhalte von Kino- und Fernsehproduktionen kontrollieren, ihren Einfluss auch bei Streamern geltend machen sollten. Die erste indische Netflix-Eigenproduktion *Sacred Games* war aus konservativen Kreisen stark für ›aufreizende Szenen‹ und ›abschätzige Kommentare über einen früheren Premierminister‹ kritisiert worden. In anderen Ländern wurden Inhalte einfach sang- und klanglos gestrichen – etwa 2018 die Cannabis-Programme *Disjointed, Cooking on High* und *The Legend of 420* in Singapur, einem Land mit einer extrem strengen Drogengesetzgebung. 2019 wurde die Episode *Saudia Arabia* der Comedyshow *Patriot Act with Hassan Minhaj*, wenig überraschend, in Saudi-Arabien verboten, und schon seit 2017 darf Stanley Kubricks Klassiker *Full Metal Jacket* von 1987 nicht mehr in Vietnam gestreamt werden. Was in einem Land der Norm entspricht, tut es eben manchmal bei den Nachbarn schon nicht mehr.

In den Beschreibungen der einzelnen Genres in der Mitte dieses Buches wurde an einigen Stellen bereits am Rande auf Fragen des Geschlechts oder der sexuellen Orientierung eingegangen. Betrachtet man diese narrativen Systeme unter den genannten Gesichtspunkten, so stellt man fest, dass sie teilweise Rollenbilder transportieren, die sich zwar beim Publikum großer Beliebtheit erfreuen, aber zugleich sehr stereotyp sind und Vorurteile verfestigen können. Das Paradebeispiel dafür dürfte der ›schwule beste Freund‹ sein, der in kaum einer Romantic Comedy mit weiblicher Hauptfigur fehlt.

Wird es nicht Zeit, diese Klischees zu demontieren oder mit ihnen zu spielen? Warum können heterosexuelle Männer, in egal welchem Genre, keinen schwulen besten Freund haben – liegt hier nicht ein ganzer Schatz an Erzählpotenzial vergraben, den es zu heben gilt? Serien sind dafür genau das richtige Experimentierfeld. Kinofilme, vor allem die *tentpole pictures* der großen Studios, werden immer teurer. Damit sie nicht floppen, muss Risikominimierung betrieben werden, und das bedeutet meist, die Storys rundzulutschen und jegliche inhaltliche Gewagtheit über Bord zu werfen. Dass diese Filme heute vor allem auch auf dem chinesischen Markt (also in einer Kultur, in der es mit Diversität nicht besonders weit her ist) bestehen müssen, macht die Sache nicht leichter. Bei einer Serie, die nur eine Million oder weniger pro Folge kostet, sieht das etwas anders aus: Wenn die Qualität stimmt, wird sich diese Investition lohnen und das Werk wird dank moderner Distributionsformen und Mund-zu-Mund-Propaganda im Social Web seine Anhänger finden.

Erst wer Folge 3 von Jordan Peeles *Lovecraft Country*, die eine klassische Haunted-House-Geschichte erzählt, gesehen hat, dem wird bewusst, dass im amerikanischen Horrorkino bisher immer nur weiße Familien eine Spukvilla gekauft haben und nie schwarze (was sich durch diese Episode ändert) – und dass das eigentlich verdammt traurig ist. Erst rückblickend dämmert einem, wie bahnbrechend Roland Emmerichs Entscheidung war, 1996 im Blockbuster *Independence Day* einen afroamerikanischen Soldaten – gespielt von Will Smith – die Welt vor einer Alieninvasion retten zu lassen.

Es lohnt sich, Dinge anders zu machen und Horizonte zu erweitern, weil auf diese Weise das Medium an sich inhaltlich und formell, und damit eben letztlich auch wirtschaftlich, weiterentwickelt werden kann. Genrekonventionen verstärkt infrage zu stellen, wird im Film- ebenso wie im Serienbereich auch zukünftig zu spannenden Resultaten führen. Warum ist der maskierte Killer im Slasher-Subgenre immer männlich? Und warum überlebt am Ende stets das Final Girl, nicht der Final Boy? Müssen die knutschenden Pärchen im Wald, die sich das Monster holt, eigentlich immer hetereo sein oder können sie nicht auch mal schwul oder lesbisch sein? Und warum sind das immer der Jock und die Cheerleaderin, nicht mal zwei Nerds, einer davon taubstumm? Wenn in der Realität eine Frau Bundeskanzlerin werden kann, müssten Frauen in der Fiktion doch erst recht Revolverheldin, Rekordbergsteigerin oder nutzlose Kifferin sein dürfen. Das Spektrum des Menschseins ist größer als das, was bisher erzählt und gezeigt wurde.

Und dies wird auch berücksichtigt werden. Eine neue Generation, für die Genrevielfalt ebenso normal ist wie Diversität im Alltagsleben, wird die Grenzen einreißen und dafür sorgen, dass von der deutschen Film- und Fernsehindustrie auch Kunden bedient werden, die bisher ungehört auf die Klingel an der Rezeption schlugen. Wie das Buch gezeigt hat, sind Genres trotz immer wiederkehrender Mechanismen keine ›fertigen‹ Systeme, sondern dynamische, die sich im Laufe der Jahrhunderte bereits verändert haben und es weiter tun. Indem Autoren sie einsetzen und an die Anforderungen ihrer Lebenswirklichkeit anpassen, beteiligen sie sich aktiv an der Weiterentwicklung der Genres, damit auch der Kunst des Geschichtenerzählens und vielleicht sogar der Gesellschaft, die diese Storys konsumiert. Alles bewegt sich, alles ist im Fluss – jetzt lasst uns gemeinsam die Türen zu dieser schönen, neuen Genrewelt weiter aufstoßen!

Literatur

Cawelti, John G.: *Adventure, Mystery and Romance: Formula Stories as Art and Popular Culture.* Chicago [University of Chicago Press] 1976

Jacobs, Lewis: *The Rise of the American Film: A Critical History.* New York [Harcourt] 1939

Martin, Brett: *Difficult Men. Behind the Scenes of a Creative Revolution: From The Sopranos and The Wire to Mad Men and Breaking Bad.* New York [Penguin Press] 2013

McKee, Robert: *Story: Die Prinzipien des Drehbuchschreibens.* Berlin [Alexander Verlag] 2011

Roberts, T.J.: *An Aesthetics of Junk Fiction.* Athens [University of Georgia Press] 1990

Schönig, Tobias: Marktanalyse: Streaming-Plattformen und TV profitieren von Corona. In: *Audiovision*, 27. Mai 2020. https://audiovision.de/marktanalyse-streaming-plattformen-und-tv-profitieren-von-corona/ [28.7.2021]

Sepinwall, Alan: *Die Revolution war im Fernsehen.* Wiesbaden [Luxbooks] 2014

Index

Sachindex

Filmindex

Serienindex